LAURA SCHROFF
ALEX TRESNIOWSKI

Bevor du weitergehst

Immer wieder beste Freunde

Aus dem Amerikanischen
von Marie Rahn

DIANA

Verlagsgruppe Random House FSC® N001967

Copyright © 2016 by Laura Schroff and Alex Tresniowski
Die Originalausgabe erschien 2016 unter dem Titel
*Angels on Earth. Inspiring Stories of Fate, Friendship,
and the Power of Connections* bei Howard Books,
an Imprint of Simon & Schuster, Inc., New York
Copyright © der deutschsprachigen Ausgabe 2017
by Diana Verlag, München,
in der Verlagsgruppe Random House GmbH,
Neumarkter Straße 28, 81673 München
Redaktion: Claudia Krader
Umschlaggestaltung: Eisele Grafik·Design, München
Umschlagmotiv: © ESB Professional/Sutterstock
Satz: Leingärtner, Nabburg
Druck und Bindung: CPI books GmbH, Leck
Printed in Germany
Alle Rechte vorbehalten
ISBN 978-3-453-29071-6

www.diana-verlag.de
Besuchen Sie uns auch auf www.herzenszeilen.de
Dieses Buch ist auch als E-Book lieferbar.

Für all die Engel auf Erden, die durch Freundlichkeit und Mitgefühl die Lebenswege ihrer Mitmenschen verändern.

INHALT

EINLEITUNG

Soweit ich mich erinnern kann, bestand mein erster Akt der Nächstenliebe darin, zumindest beim Kirchenbesuch am Sonntag Geld in die Kollekte zu geben.

Ich war zu jung, um genau zu verstehen, wofür das Geld gedacht war, und wusste nur, dass es irgendwie Menschen half, die weniger Glück hatten als wir. Es gefiel mir einfach, ein paar Münzen, die meine Mutter mir gegeben hatte, in das Körbchen fallen zu lassen, wenn es endlich zu mir kam. Ich erinnere mich auch, dass ich meist kurz darauf in eine Art Trance wegdriftete, weil ich vor dem Gottesdienst weder etwas gegessen noch getrunken hatte. Das war damals so üblich.

Als kleines Mädchen hatte ich außerdem großes Interesse an Engeln. Ich fragte mich, ob ich je einen sehen würde, und stellte mir vor, wie er mit seinen Federschwingen über mir flatterte. Dann wurde ich erwachsen und dachte erst wieder über Engel nach, als meine Mutter starb. Noch viele Jahre danach spürte ich ihre Präsenz in meinem Leben. Ich spürte, wie sie über mich wachte, mir half, mich anfeuerte, und konnte mir vorstellen,

11

dass meine Mutter wirklich ein Engel geworden war, der mich beschützte und mich durch Freud und Leid begleitete.

Nächstenliebe und Engel. Das sind die beiden Themen, über die ich in letzter Zeit viel nachdenke. In gewisser Weise sind sie zu Themen meines Lebens geworden – und ganz gewiss zum Thema des Buches, das Sie gerade in Händen halten.

Offen gestanden glaube ich immer noch im ganz traditionellen Sinn an himmlische Wesen mit wunderschönen Federschwingen. In den letzten fünf Jahren habe ich jedoch gemerkt, dass sie anders auftreten, und sie überall unter meinen Mitmenschen entdeckt.

Im Jahre 2011 schrieb ich das Buch *Immer montags beste Freunde*. Darin ging es um einen Schlüsselmoment meines Lebens im September 1986, als ich im Alter von fünfunddreißig Jahren als erfolgreiche Vertriebsmanagerin in New York lebte und arbeitete. Eines Tages kam ich an der Ecke Broadway und 56. Straße an einem verwahrlosten elfjährigen Jungen vorbei, der mich um Geld anbettelte.

»Verzeihung, Lady«, sagte er zu mir. »Haben Sie ein bisschen Kleingeld? Ich habe Hunger.«

Zuerst ging ich einfach weiter. In den 1980ern wimmelte es auf New Yorks Straßen von Bettlern. Es war einfacher, den Kopf gesenkt zu halten und sie zu ignorieren. Doch während ich mich von dem Jungen entfernte, machte etwas in meinem Kopf *klick*. Seine Worte, seine schlichte Erklärung.

Ich habe Hunger.

Ich blieb mitten auf dem Broadway stehen, drehte mich um und ging zurück zu dem Jungen, der Maurice Mazyck hieß. Ich bot ihm an, ihm bei einer *McDonald's*-Filiale in der Nähe ein Mittagessen zu spendieren, und fragte, ob ich mich zu ihm gesellen dürfte. Da erfuhr ich, dass er seit zwei Tagen nichts gegessen hatte. Big Mac, Fritten und Schokoshake, extra sahnig. Das war unser erstes gemeinsames Essen, aber nicht unser letztes. Wir trafen uns am folgenden Montag zum Abendessen und dann die nächsten vier Jahre jeden Montag und an anderen Tagen. Wir wohnten nur zwei Blocks voneinander entfernt. Ich in einem luxuriösen Wolkenkratzer, Maurice in einem für Drogen und Gewalt berüchtigten Sozialbau. Es war, als lebten wir auf zwei verschiedenen Planeten.

Trotzdem wurden Maurice und ich Freunde. Diese Freundschaft hat dreißig Jahre lang gehalten, bis zum heutigen Tag.

In *Immer montags beste Freunde* habe ich erzählt, wie diese ungewöhnliche Freundschaft gewachsen ist und uns beide verändert hat. Das Motto jenes Buches ist ein chinesisches Sprichwort: *Ein unsichtbares Band verbindet ungeachtet von Zeit, Raum und Umständen diejenigen, deren Begegnung vorherbestimmt ist. Auch wenn dieses Band aufs Äußerste gespannt oder völlig verheddert ist, wird es niemals reißen.* Dieses Motto trifft den Kern der Freundschaft zwischen mir und Maurice. In einer betriebsamen Stadt mit elf Millionen Einwohnern gingen buchstäblich Tausende von Menschen an Maurice vorbei, ohne ihn eines Blickes zu würdigen. Bis wir uns in genau dem Augenblick begegneten, da wir einander brauchten.

Es begann mit einer kleinen, unbedeutenden Geste: Ich drehte mich um und ging zurück. Das war nicht dramatisch und schon gar nicht heldenhaft. Aber ebendieser kurze, entscheidende Moment veränderte alles. Manche bezeichnen solche Momente als Schicksal, andere als Fügung. Manche sagen, sie seien Gottes Werk.

Ich betrachte sie lieber als ein unsichtbares Band, als etwas, das größer ist als Maurice oder ich, das uns zueinanderführte und uns miteinander verband.

Unsere Begegnung hatte tief greifende Auswirkungen auf unser beider Leben. Doch das eigentliche Geschenk dieses Schlüsselmoments ging nicht von mir an Maurice, obwohl ich ihm dadurch die Chance gab, seinen Traum zu verwirklichen.

Es ging auch nicht von Maurice an mich, obwohl seine Freundschaft sich als ein großer Segen für mein Leben erwies.

Nein, das wahre Geschenk dieses Augenblicks machten wir uns selbst.

Wir schenkten uns Flügel.

In den verschiedenen Kulturen und Religionen übernehmen Engel ganz unterschiedliche Rollen. Manche sind Beschützer. Manche sind Boten. Manche sind geistige Führer. Manche setzen Gottes Willen um.

Wenn man es genau betrachtet, sind wir Menschen ohne Weiteres in der Lage, jede einzelne dieser Rollen zu übernehmen.

Wir können Beschützer sein, Botschafter und geistige Führer. Wir können Gottes Willen umsetzen, indem wir einander in Nächstenliebe begegnen, einander verzeihen, mitfühlend sind, uns helfen und lieben. *Wir können sogar selbst die Engel sein, die wir in unserem Leben so verzweifelt ersehnen.*

Das ist keine weltfremde Theorie, die ich mir zusammengebastelt habe, keine Wischiwaschi-Esoterik. Ich glaube fest an die Existenz von Engeln auf der Erde. Habe ich sie doch in den Menschen gesehen, denen ich begegnet bin und deren Geschichten ich hörte. Ich habe erfahren, dass sie Ungeheures bewirken können.

Vielleicht kann man ihre Flügel nicht sehen. Aber man spürt es, wenn einer dieser Engel in sein Leben tritt.

Nach der Veröffentlichung von *Immer montags beste Freunde* schickten mir Hunderte von Menschen ihre Geschichten über unsichtbare Bänder zu. Wie ein roter Faden durchzog all diese Briefe und Erzählungen der Umstand, dass diese Menschen nicht einmal bemerkt hatten, wie bedeutsam bestimmte Momente oder Handlungen in ihrem Leben gewesen waren. Sie hatten keine Bezeichnung für die merkwürdige Verbindung gehabt, die sie mit jemandem schufen, der eigentlich nicht in ihr Leben gehörte.

Dank Maurices und meiner Geschichte waren sie auf einmal in der Lage, auf diese bedeutsamen Momente und Handlungen zurückzublicken und zu erkennen, dass diese Wendepunkte ihrem Lebensweg eine neue Richtung gegeben hatten. Sie bekamen einen Namen für ihre mächtigen Verbindungen. Es waren unsichtbare Bänder.

Doch das Wichtigste war, dass sie endlich wertschätzen konnten, welch unglaubliche Macht sie besaßen. Die Macht, die Welt zu verändern. Durch die Güte, die uns Menschen angeboren ist.

Sie können sich nicht vorstellen, wie es für mich war, von all diesen Menschen zu erfahren. Als ich mein Buch schrieb, hatte ich keine Ahnung, was es bewirken würde. Ich schickte es einfach in die Welt hinaus und harrte der Dinge, die da kommen würden. Dann strömten Briefe und E-Mails aus dem ganzen Land, ja, aus der ganzen Welt zu mir. Menschen dankten mir für meine Geschichte und erzählten mir, wie viel sie ihnen bedeute. Menschen dankten mir, dass ich einer besonderen Bindung in ihrem Leben einen Namen gegeben hätte. Menschen

15

lasen das Buch und verknüpften alte unsichtbare Bänder aufs Neue. Menschen fühlten sich inspiriert und machten sich auf die Suche nach solchen Bindungen.

Da erkannte ich, dass die Geschichte von Maurice und mir nicht nur von uns beiden handelt. Sondern von der tiefen Sehnsucht nach bedeutsamen, wahrhaften Bindungen im Leben.

Der Veröffentlichung von *Immer montags beste Freunde* folgte eine fünfjährige Reise, die mir half, mein Leben, die Liebe, meine Freundschaften und, ja, auch Engel, mit völlig neuen Augen zu betrachten.

Der Beginn meiner Reise war die Entdeckung der unsichtbaren Bänder, die uns alle verbinden. Mit der Zeit erkannte ich, dass diese Bänder nur ein Teil einer größeren, mächtigeren Wahrheit sind. Entscheidend ist, dass wir diese Bindungen würdigen. Durch den Akt der Nächstenliebe.

Diese Erkenntnis beruht auf drei Säulen:
- Jeder besitzt solche Bindungen.
- Wir aktivieren sie durch Nächstenliebe.
- Dadurch werden wir zu Engeln auf Erden.

Sie werden lesen, dass ich nicht mein ganzes Leben umkrempeln und keine einschneidenden Veränderungen herbeiführen musste, um die wohltuenden Auswirkungen meiner neuen Sicht auf die Welt zu erfahren. Das Einzige, was sich änderte, war meine Wahrnehmung dessen, wie die Welt funktioniert, meine Sichtweise auf das, was wirklich im Leben zählt und was nicht.

Diese Veränderung meiner Sichtweise veränderte alles.

Allerdings vollzog sich diese Veränderung nicht über Nacht, sondern im Verlauf der fünf Jahre nach der Veröffentlichung meines Buches.

Etwa zwei Wochen nachdem es erschienen war, erhielt ich einen Anruf von Vicki Sokolik, der Gründerin und Leiterin einer einzigartigen Organisation in Tampa namens *Starting Right, Now.*

Vicki hat zahllose Highschoolschüler aus prekären Verhältnissen unter ihre Fittiche genommen und kümmert sich wie eine Mutter um sie. Sie stellt jedem Teenager einen engagierten Mentor zur Seite, der ihm bei der Suche nach Unterkunft und Job sowie bei der Lösung schulischer und privater Probleme hilft. Vor allem aber schenkt Vicki den Schülern bedingungslose Liebe und Unterstützung. Als Ergebnis davon sind diese benachteiligten Schüler geradezu aufgeblüht und haben den Teufelskreis aus Armut und Obdachlosigkeit durchbrochen.

Vicki erzählte mir, ihre Organisation veranstalte im Oktober ein großes Wohltätigkeitsfest. Sie fragte mich, ob ich dort nicht eine Rede über meine Erfahrungen halten wolle. Mein erster Gedanke war: Dafür bin ich nicht die Richtige! Mir wäre nie in den Sinn gekommen, dass mich jemand einladen könnte, meine Geschichte vor Publikum zu erzählen.

Ehrlich gesagt hatte ich mein ganzes Leben Angst davor gehabt, mich vor eine Gruppe von Menschen zu stellen und zu reden.

In der Grundschule mied ich alle Theaterstücke, in denen ich etwas hätte sagen müssen, und wich auf kleine Tanzvorführungen aus. In der zweiten Klasse sollten ich und ein anderes kleines Mädchen zu *O My Darlin' Clementine* tanzen. Da bekam ich so große Angst, dass ich lieber ohnmächtig wurde, als aufzutreten.

Ein paar Jahre später musste jeder Schüler einmal pro Jahr die Ankündigungen des Tages über Lautsprecher vorlesen. Als ich an der Reihe war, ging ich zum Mikrofon, verstummte nach den ersten Worten, drehte mich um und rannte tränenüberströmt davon. Glücklicherweise befreite mich der Schulleiter danach von dieser Aufgabe.

Es war nicht nur schlichtes Lampenfieber. Die Vorstellung, vor einer großen Gruppe aufzutreten, erfüllte mich geradezu mit Panik. Später, als Vertriebsleiterin für Medienunternehmen wie *Time Inc.* und *Conde Nast*, arbeitete ich hart daran, vor kleinen Gruppen zu sprechen, die aus Kunden und Kollegen bestanden. Aber mehr als zehn oder zwanzig durften es nicht sein. Ein größeres Publikum war immer noch ein Albtraum für mich. Als ich einmal mit einer wichtigen Präsentation vor fünfzig Kollegen in einem großen Konferenzraum betraut wurde, setzte mir das wochenlang zu.

Also war nach dem Erscheinen von *Immer montags beste Freunde* der nächste große Schritt für mich, öffentlich aufzutreten.

Meine erste Rede hielt ich in der St. John's Episcopal Church in Ivyland, Pennsylvania. Ich fuhr in zwei Stunden dorthin und schaffte es irgendwie, nicht zusammenzuklappen, während ich den etwa dreißig Zuhörern die Geschichte von Maurice und mir vortrug.

Danach wurde die Zuhörerschar immer größer.

Ich wurde eingeladen, auf der *Greater Houston Conference for Women* vor Hunderten von Menschen zu sprechen. Ich erzählte meine Geschichte fünftausend Interessierten auf der *School Nutrition Association Conference*. Danach sollte ich auf einer internationalen Konferenz namens *Leadercast Live* sprechen, die in einer Arena im Gwinnett Center von Atlanta stattfand – vor achttausend Menschen und weiteren hundertzwanzigtausend Zuschauern weltweit, denen die Rede übertragen wurde. Bei dieser Konferenz war ich einer der Hauptredner und kam direkt nach Erzbischof Desmond Tutu!

Am Ende reiste ich durchs ganze Land, von Boston bis Hawaii. Insgesamt waren es über hundertfünfzig Vorträge bei Firmen- und Wohltätigkeitsevents, in Kirchen, Synagogen und Buchläden. Man lud mich an viele Schulen und Universitäten ein, und ich entdeckte, dass Schüler jeden Alters ein großartiges Publikum für die Botschaft meines Buches sind. Durch all diese Events bin ich Tausenden von Menschen begegnet und habe Hunderte von Einzelgesprächen über das geführt, was zum bestimmenden Thema meiner Reden und auch meines Lebens wurde: Nächstenliebe.

Wohin ich auch kam, hörte ich dasselbe: »Die Welt braucht mehr Geschichten wie Ihre.«

Worauf oft genau eine solche Geschichte folgte.

Die Möglichkeit, Ihnen ein paar der Geschichten nahezubringen und Ihnen einige bemerkenswerte Menschen vorzustellen, ist eines der schönsten Ergebnisse meiner über fünfjährigen Reise quer durchs Land. Die Frau, die durch den Kauf eines einzigen Buches ein Leben rettete. Den Mann, der für einen vollkommen fremden Menschen ein unglaubliches Opfer brachte. Den Jungen, der ein Wunder erlebte, als er Tacos in einem gefährlichen Viertel verkaufte. Ich kann es kaum erwarten, Ihnen diese Menschen vorzustellen.

Ich habe ihre Geschichten in sieben Kapiteln zusammengefasst: Nächstenliebe, Bejahung, Zugewandtheit, Aufmerksamkeit, Einzigartigkeit, Klarheit und Verbundenheit. Denn ich hatte das Gefühl, dass die Berichte mich in unterschiedlicher Weise ansprachen, mir unterschiedliche Blickwinkel auf unsichtbare Bänder eröffneten. Manche Geschichten lehrten mich kleine, andere große Wahrheiten. Alle zusammen veränderten sie meine Sichtweise auf die Welt. Diese sieben Kapitel stehen im Grunde für meine Reise und die schrittweise Erkenntnis dessen, warum wir auf der Erde sind.

Das Wunder, das mit meiner Begegnung mit Maurice vor dreißig Jahren seinen Anfang nahm, wird durch diese Geschichten fortgeführt. Ich hoffe, Sie werden das Gleiche empfinden wie ich, wenn Sie sie gelesen haben.

Freude und Staunen, Glück und Hoffnung.

Selbstverständlich haben wir alle Menschen in unserem Leben, die uns etwas bedeuten. Menschen, die wir lieben, mit denen wir arbeiten oder denen wir auf unseren Hundespaziergängen begegnen. Verwandte, Freunde, Geliebte und Vertraute. Diese Bindungen bilden das Gewebe unseres Lebens und prägen uns. Wir alle geben unser Bestes, sie nicht für selbstverständlich zu halten.

Aber manchmal tun wir es eben doch. Manchmal verlieren wir uns in der Hektik des Alltags, in der Routine unseres Lebens. Wir lassen zu, dass unsere Welt kleiner wird, ziehen den Kreis immer enger und enger um uns. Stück für Stück konzentrieren wir uns mehr auf uns selbst, bis wir irgendwann nicht mehr über den Tellerrand schauen.

Damit verpassen wir die Möglichkeit, Bindungen einzugehen, die unsere Entwicklung und unser Glück fördern.

Ich weiß, das passiert einfach. Denn genauso erging es auch mir.

Als ich vor all den Jahren auf der 56. Straße an Maurice vorbeiging, hätte mein Fokus nicht eingeengter sein können. Ich war vollkommen auf mich konzentriert, auf meine Arbeit und mein durchgeplantes Leben. In meinen hektischen Tagen gab es keine Zeit für echte Dankbarkeit, keinen Platz für jemanden wie Maurice. Daher ging ich einfach weiter.

Und hätte den Engel in Maurice fast übersehen.

Heute weiß ich, dass es dort draußen Millionen von Lauras und Maurices gibt. Menschen, die unter seltsamen und wunderbaren Umständen zueinandergefunden haben. Menschen, die über Jahrzehnte und Ozeane hinweg miteinander verbunden blieben.

Während Sie die Geschichten lesen, sollten Sie auf die Wendepunkte achten. Auf die winzigen Momente, in denen eine einfache Handlung, ein schlichter Akt der Nächstenliebe alles verändert.

Dieses Buch ist die Aufforderung an Sie, die unsichtbaren Bänder in Ihrem Leben zu erkennen und zu würdigen, eine Anleitung dafür, wie auch Sie ein Engel auf Erden werden können.

Der Philosoph Seneca hat einmal gesagt: »Wo auch immer ein Mensch ist, da ist eine Gelegenheit zur Wohltat.« Genau das habe ich auf meiner Reise gelernt.

Doch ich habe auch erfahren, dass die Möglichkeit eines Wunders besteht, wo auch immer ein Mensch ist. Keiner von uns kann allein ein Engel werden. Nur das Miteinander zweier Menschen lässt Flügel wachsen.

Ich hoffe mehr als alles andere, dass Sie durch die Geschichten dieses Buches inspiriert werden, sich auf die Macht der Menschen zu besinnen, einander zu lieben und zu schützen.

21

ERSTER TEIL

Nächstenliebe

Nächstenliebe ist einfach. Nächstenliebe ist schlicht. Sie verlangt kein großes Bemühen oder Nachdenken. Manchmal geschieht sie automatisch, denn die meisten Menschen sind von Natur aus gütig. Nächstenliebe ist nichts, was Sie tun, sondern eher etwas, was Sie geschehen lassen müssen. Die folgenden Geschichten haben mir gezeigt, dass wunderbare Akte der Nächstenliebe aus ganz normalen Umständen entstehen können.

DIE UMARMUNG

Dru Sanchez ist eine Mutter aus Tucson, Arizona, die bei der dortigen Lokalzeitung arbeitet. Eines Tages fuhr sie zu einem Supermarkt in der Nähe ihrer Arbeitsstelle, um sich für die Mittagspause etwas zu essen zu besorgen. Als sie einen Gang hinunterging, fiel ihr eine Familie auf, die Waren aus den Regalen nahm.

Die junge Mutter schob den Einkaufswagen, während ihre etwa dreijährige Tochter vorne im Kindersitz thronte und die beiden Jungen, circa sechs und acht Jahre alt, der Mutter halfen, Waren in den Wagen zu packen. Sie wirkten wie eine ganz normale Familie. Dru ging ohne ein Wort an ihnen vorbei.

Ein paar Minuten später sah sie die Familie in einem anderen Gang. Doch dieses Mal fiel ihr auf, dass der älteste Junge etwas in der Hand hielt.

Einen kleinen Taschenrechner.

Der Junge addierte die Preise der Waren, die die Mutter kaufen wollte. Dru warf einen Blick in den Einkaufswagen und sah, dass sie keine großen Müslipackungen, keine Sechsergebinde

Wasser und auch keine Cookies eingepackt hatten, sondern nur Grundnahrungsmittel. Brot, Milch, Butter und Eier. In diesem Augenblick geschah mit Dru etwas Bemerkenswertes.

»Ich kann es nur als einen spürbaren Ruck in meinem Herzen beschreiben«, sagt sie. »Irgendetwas zupfte an mir und sagte: *Du musst etwas für diese Familie tun.*«

Aber warum? Aus welchem Grund verspürte Dru eine derart starke emotionale Reaktion?

»Weil ich diese Mutter verstand«, erklärt sie. »Sie war wie ich.«

Zwanzig Jahre zuvor hatte Dru als alleinerziehende Mutter zweier Kinder zu kämpfen gehabt. Da ihr Exmann sie in keinerlei Hinsicht unterstützte, war Dru mit ihren Kindern auf sich gestellt. Sie musste sie füttern, baden, anziehen, zur Kita bringen, mit ihren Problemen umgehen – und gleichzeitig Vollzeit bei der *Los Angeles Times* arbeiten, zuerst als einfache Angestellte, später als Vertriebsleiterin. Jeden Morgen und jeden Abend fuhr sie anderthalb Stunden zu ihrer Arbeitsstelle und zurück, wodurch sie noch weniger Zeit für ihre Kinder hatte.

»Es war ein echter Kampf«, sagt sie heute. »Ich konnte mich glücklich schätzen, einen guten Job zu haben. Doch es gab Zeiten, da ich die Kinder irgendwo unterbringen musste. Wenn ich sie dann abholte, musste ich gestehen, dass ich nicht dafür bezahlen konnte. Man ließ es mir durchgehen, und ich versprach jedes Mal, es wiedergutzumachen.«

Dru musste ihre Kinder oft zum Einkaufen mitnehmen. Zwar benutzte sie dabei keinen Taschenrechner, doch achtete sie stets ganz genau darauf, was im Einkaufswagen landete. So bekamen ihre Kinder immer, was sie brauchten, und manchmal auch etwas, das sie sich wünschten.

Nun sah sie zwanzig Jahre später in diesem Supermarkt in Tucson in der Mutter mit den drei Kindern ihr jüngeres Ich.

»Ich konnte sehen, dass diese Familie zu kämpfen hatte«, erklärt Dru. »Ich wusste, dass diese Kinder nicht genug zu essen bekamen, und sah, dass ihre Mutter es auch wusste. Und ich stellte mir vor, wie schmerzlich das für sie sein musste.«

Dennoch ging Dru einfach an der Familie vorbei und bog in einen anderen Gang ein.

Ein paar Minuten später begegnete sie ihnen ein drittes Mal.

»Das war Gott, der mir sagte: *Okay, hier ist deine Chance*«, sagt Dru. »Gott sagte: *Du machst das, und zwar sofort.*«

Langsam näherte Dru sich der Familie. Als sie selbst noch alleinerziehende Mutter war, hätte sie nie jemanden um Hilfe gebeten und wahrscheinlich auch keine angenommen, wenn man sie ihr angeboten hätte. Nun befürchtete sie, diese junge Mutter würde ähnlich empfinden.

»Verzeihung«, sagte sie schließlich. »Ich möchte Sie nicht in Verlegenheit bringen, aber … ich würde gerne Ihre Lebensmittel bezahlen.«

Dann wappnete sie sich, denn sie befürchtete eine peinliche Szene. Die blieb jedoch aus. Stattdessen sah die junge Mutter Dru nur an und fing an zu weinen.

»Wirklich?«, fragte sie.

»Ja. Sicher«, erwiderte Dru und spürte, wie ihr selbst die Tränen kamen. »Sie suchen sich aus, was Sie brauchen, und wir treffen uns an der Kasse.«

Dann ging sie rasch weiter. Sie wollte nicht, dass jemand mitbekam, was sie da tat. Stattdessen stellte sie sich neben die

Kasse und wartete geduldig darauf, dass die Familie ihren Einkauf beendete und zur Kasse kam.

Fünf Minuten vergingen. Dann zehn. Dann fünfzehn.

Die Familie kam nicht.

Dru machte sich Sorgen, die junge Mutter könnte sich gedemütigt fühlen. Möglicherweise war sie zu stolz, jemand anderen ihre Lebensmittel bezahlen zu lassen. Vielleicht hatte sie sich über einen Seitenausgang davongestohlen.

Also ging sie zu einer der Kassiererinnen und kaufte dort einen Gutschein für hundert Dollar. Dann suchte sie nach der Familie.

Sie fand sie in der Obst- und Gemüseabteilung. Noch bevor die Mutter etwas sagen konnte, überreichte Dru ihr den Gutschein.

»Ich möchte Sie nicht zur Eile antreiben«, sagte Dru. »Ich wollte Ihnen den nur geben. Bitte nehmen Sie ihn. Mehr möchte ich nicht.«

Die Mutter nahm den Gutschein, sah Dru an und streckte die Arme aus. Dann lehnte sie sich zu ihr und drückte Dru fest an sich. Dru erwiderte die Umarmung.

»Es war überwältigend«, sagt sie. »Wir mussten beide heulen wie die Schlosshunde.«

Schließlich löste sich Dru von ihr und ging. Sie wollte der Familie ihre Privatsphäre lassen. Doch als sie ein paar Schritte gegangen war, hörte sie eine Stimme.

»Warten Sie.«

Als Dru sich umblickte, sah sie, dass die beiden Jungen auf sie zurannten. Kaum hatten sie sie erreicht, schlangen sie ihre

Arme um sie. Dann drückten sie sich fest an sie und sagten immer wieder: »Danke, danke.« Das hatte ihnen ihre Mutter nicht befohlen. Sie hatten es von allein getan. Dru versuchte, die Fassung zu bewahren, doch vergeblich.

»Ich brach in lautes Schluchzen aus«, sagt sie. »So etwas wie diese Umarmung der Jungen hatte ich noch nie erlebt. Dass ihre Mutter und ich uns umarmt hatten, verstand ich. Doch nie hätte ich damit gerechnet, dass auch die Kinder mich umarmen würden. Ich hatte nicht erwartet, dass sie nachempfinden konnten, was da geschah. Doch das taten sie! Sie spürten dasselbe, was ich auch spürte. Es war einfach unglaublich!«

Irgendwann verließ Dru den Laden und ging, immer noch zu Tränen gerührt, zur Arbeit. Sie erzählte niemandem, was geschehen war, musste jedoch ständig daran denken. »Für mich war es ein sehr wichtiger Augenblick«, erklärt sie. »In diesem Moment erkannte ich, worum es im Leben wirklich geht.«

Danach kehrte Dru noch ein paar Mal in diesen Supermarkt zurück, weil sie hoffte, die Familie wiederzutreffen. Aber dazu kam es nie. Doch von da an betrachtete sie alle Kunden mit anderen Augen. Sie betrachtete alle Menschen mit anderen Augen. Die Begebenheit hatte ihr buchstäblich die Augen geöffnet. »Ich halte ständig Ausschau nach Situationen, in denen ich etwas Gutes tun kann«, sagt sie. »Diese eine Umarmung hat etwas wirklich Mächtiges in mir geweckt, das wohl nie mehr verschwinden wird.«

Dru weiß, dass dieser eine Gutschein nicht das ganze Leben dieser Familie verändert haben wird. Vermutlich hat er der jungen Mutter nur etwas Druck genommen und ihr das Leben ein bisschen leichter gemacht. Andererseits, das erkannte Dru, war er auch genau dazu gedacht gewesen.

»Es geht doch darum, jemandem etwas zu geben, was er in genau diesem Moment braucht«, sagt Dru. »Mein einziger Gedanke war: Kann ich dieser Frau ein bisschen Luft verschaffen? Kann ich ihr jetzt, in diesem Augenblick, ein klein wenig helfen? Mir wurde klar, dass Gott uns aus genau diesem Grund mit anderen Menschen zusammentreffen lässt. Damit wir uns helfen können, im Großen und im Kleinen.«

Seitdem geht Dru mit offenen Augen durch die Welt, um zu sehen, ob sie helfen kann. In der Schlange an der Supermarktkasse achtet sie immer darauf, ob jemand vielleicht nicht genug Geld dabeihat. Dann hilft sie aus, manchmal mit fünfzehn Cents, manchmal auch mit fünfzehn Dollar. Das erfüllt sie jedes Mal mit Freude und Dankbarkeit. »Solche Gefühle sind unersetzlich«, sagt sie. »Sie zeigen dir deinen Platz in dieser komplizierten Welt. Vielleicht sehe ich die Familie nie wieder, doch diesen Augenblick werde ich nie vergessen und sie wahrscheinlich auch nicht. Mir gefällt die Vorstellung, dass die Kinder vielleicht für jemand dasselbe tun, wenn sie erst mal erwachsen sind.«

Einhundert Dollar und eine Umarmung. Mehr brauchte es nicht, um etwas Großes, Mächtiges, Dauerhaftes zu erschaffen.

»Manchmal«, sagt Dru, »müssen wir den anderen einfach zeigen, dass sie uns nicht gleichgültig sind.«

AUF EIN HÖHERES LEVEL

Wie kann ein Mensch mit etwas so Einfachem wie einem Gutschein zu einem Engel auf Erden werden?

Weil Nächstenliebe uns menschlich auf ein höheres Level bringt.

Nächstenliebe erhebt einen schlichten Augenblick zu etwas sehr viel Größerem. Nächstenliebe bringt uns weiter, weil unsere Verbundenheit mit der Welt zunimmt. Wissenschaftlich gesehen erhöhen Akte von Nächstenliebe nachweislich die Dopaminkonzentration in unserem Gehirn und sorgen dafür, dass wir uns besser und glücklicher fühlen.

Darüber hinaus habe ich erlebt, dass Nächstenliebe eine geradezu transzendente Macht hat. Nächstenliebe verändert alles, womit sie in Kontakt kommt. Kleine Handlungen werden größer, alltägliche Momente werden zu Wendepunkten, Menschen werden Engel. Das Ergebnis ist viel mehr als die Summe der einzelnen Teile.

In der Nächstenliebe ist ganz besondere, heilende Magie am Werk.

2

DAS GARAGENTOR

Laura Lahey Chambers lernte ihren Mann Russ auf der Hochzeit einer Freundin kennen. Sie war die Brautjungfer, Russ der Trauzeuge. Das war vor fünfunddreißig Jahren, und seitdem sind sie unzertrennlich. Sie haben zwei hinreißende Kinder namens Josh und Emily, einen liebenswerten Schwiegersohn namens Adam und einen Enkel namens Ben. Sie leben ihr angenehmes, geschäftiges Leben in North Canton, Ohio, und haben, wie ich, viel Glück gehabt.

Doch vor zehn Jahren, als Lauras jüngeres Kind aufs College ging, bemerkte sie, dass es ihr fehlte, für jemanden zu sorgen. »Auf einmal hatte ich keine Kinder mehr im Haus. Ich war aber nicht bereit, die Mutterrolle aufzugeben«, sagt sie. »Ich glaube nicht, dass ich jemals dazu bereit sein werde.« Sie hatte das Gefühl, eine Menge geben zu können: Aufmerksamkeit, Fürsorge, Lebenserfahrung. Daher entschied sie sich, ehrenamtlich bei einem Leseprogramm in ihrer Stadt zu arbeiten.

Dort lernte sie Felice kennen.

Laura und Felice wurden ein Team, als Felice sieben Jahre

alt war. »Sie war ein munteres, lustiges, absolut hinreißendes kleines Mädchen, das den Schalk im Nacken hatte«, sagt Laura. »Ständig in Bewegung, hüpfte, tanzte, lachte und kicherte sie die ganze Zeit. Sie hatte jede Menge Energie.« Zwar wusste Laura kaum etwas über Felices häusliche Verhältnisse, hatte aber das Gefühl, sie würden gut zueinanderpassen. »Ich hatte sofort einen Draht zu ihr. Als ich sie sah, war mein erster Gedanke: Sie braucht mich«, erinnert sich Laura. »Gleichzeitig wusste ich, dass ich sie auch brauchte.«

Nach zwei gemeinsamen Lesestunden fasste Laura sich ein Herz und rief Felices Mutter an. Sie wollte sie um Erlaubnis bitten, Felice auf ein Eis einzuladen. »Ich wusste, dass sie hungrig zum Unterricht kam und die Schulmahlzeit möglicherweise ihre einzige Mahlzeit war«, sagt Laura. »Mir war erzählt worden, dass sie sogar das Gemüse vollständig aufaß, weil sie hungriger war als die anderen Kinder.«

Irgendwann erreichte Laura Felices Mutter und fragte sie, ob sie mit ihrer Tochter Eis essen gehen dürfe. »Holen Sie sie ab«, sagte die Mutter nur.

Laura fuhr also zu Felices Wohnung, die in einem der ärmsten Viertel der Stadt lag. Kaum betrat sie das kleine, verwohnte Apartment, kam Felice zu ihr gelaufen und umarmte sie.

»Können wir gleich los? Bitte!«, sagte sie.

Da bemerkte Laura ein weiteres kleines Mädchen, Felices zwei Jahre jüngere Schwester Lucy.

»Gerade als ich mit Felice aufbrechen wollte, fing Lucy an zu quengeln«, sagt Laura. »Sie rief: *Ich will auch mit! Felice darf nicht ohne mich gehen. Ich will auch!*«

Die Mutter befahl Lucy, still zu sein. »Diese Dame will nur mit Felice gehen«, schalt sie sie. Da beugte sich Laura zu dem kleinen Mädchen hinunter und sagte: »Wenn deine Mutter es erlaubt, kannst du auch mitkommen.«

»Nehmen Sie ruhig beide mit«, erwiderte die Frau nur.

»Es war offensichtlich, dass ihre Mutter eine sehr schwere Zeit durchmachte«, erzählt Laura. »Mir fiel auf, dass diese Familie so wenig besaß, dass die beiden kleinen Schwestern gefährdet waren. Das brach mir das Herz.«

Laura setzte die Mädchen auf den Rücksitz ihres SUV und schnallte sie an. »Sie staunten sehr über das Auto«, sagt Laura. »Es war für sie wie ein Wunder. Sie saßen einfach nur da, baumelten mit ihren dünnen Beinchen und sprudelten über vor Begeisterung.«

Dann schaltete Laura das Radio ein, und Musik erfüllte den Wagen. »Da brachen bei ihnen alle Dämme, denn sie hatten noch nie in einem Auto gesessen, in dem es Musik gab.«

Laura fuhr mit ihnen zu *McDonald's* und bestellte ihnen alles, was sie wollten. In Rekordzeit verschlangen die Mädchen Unmengen von Essen. »Aber was sie besonders toll fanden, waren die Getränkehalter im Wagen«, erzählt Laura. »Ich weiß, für uns ist das nichts Besonderes, aber sie waren völlig aus dem Häuschen, dass jede einen Getränkehalter für sich hatte. Felice sagte ständig: ›Okay, das da ist deiner, und dieser hier ist meiner.‹ Sie freuten sich unbändig darüber.«

Danach ging es zu Laura nach Hause, wo sie mit den Mädchen vor dem Heimbringen ein bisschen spielen wollte. Als sie in ihre Einfahrt einbog, drückte sie auf die Fernbedienung für die Garage, worauf das Garagentor sich zu heben begann.

»Mit einem Mal hörte ich entzücktes Gelächter hinter mir«, erzählt Laura. Sie begriff zuerst nicht, was so lustig war, doch dann dämmerte es ihr.

Die Fernbedienung für die Garage.

»Sie konnten es einfach nicht glauben, dass ich nur einen Knopf drücken musste, um die Garage zu öffnen. Als sie das sahen, konnten sie sich kaum halten vor Lachen und baten mich, es noch mal zu machen.«

Also hob und senkte Laura das Garagentor erneut.

Darauf lachten die Mädchen noch lauter.

Da fragte Laura: »Wollt ihr es selbst versuchen?« Sie gab Felice die Fernbedienung.

Vorsichtig nahm Felice sie und drückte sanft auf den Knopf. Dann sah sie mit weit aufgerissenen Augen zu, wie das Garagentor sich langsam schloss. Sie drückte wieder, worauf sich das Tor hob. Dann war Lucy an der Reihe. Dann noch einmal Felice. Danach wieder Lucy. Die ganze Zeit über konnten sie nicht aufhören zu lachen. Im Gegenteil, sie lachten immer lauter.

Ganze zwanzig Minuten saßen alle drei nur in Lauras Wagen und sahen staunend zu, wie das Garagentor sich hob und senkte.

In den nächsten elf Jahren wurde Laura die Mentorin der beiden Schwestern und nahm sich ihrer an. Sie kamen bei Familienausflügen mit. In den Sommerferien wohnten sie sogar bei ihr. Laura kaufte ihnen Kleider, Weihnachtsgeschenke und Bücher, sie brachte ihnen Schwimmen, Lesen und Kochen bei. Als Felice neun war und mit ansehen musste, wie ihr Vater ihre Mutter erstach, ging Laura mit ihr zur psychologischen Betreuung.

»Am liebsten hatten die beiden es, wenn ich ihnen gleiche Kleider kaufte«, erzählt Laura. »Die trugen sie dann, wenn wir zu Weihnachten ins Ballett *Der Nussknacker* gingen.«

Sie schenkte ihnen viele Dinge – ihre ersten Fahrräder, ihre ersten schönen Schuhe, ihre ersten Gymnastikanzüge. Doch vor allem schenkte sie ihnen Zeit und Aufmerksamkeit. »Es ging nie ums Materielle«, sagt Laura heute. »Sondern um die Augenblicke. Die Erfahrungen. Das Leben! All das, was wir für selbstverständlich halten, bedeutete diesen beiden Mädchen unendlich viel.«

Nachdem Felice volljährig geworden war, verbrachte sie weniger Zeit mit Laura. Mit Lucy war es ähnlich. So kam es, dass Laura und die Schwestern sich auseinanderlebten. »Unsere Beziehung war ja nie etwas Offizielles«, erklärt Laura. »Nur etwas, das sich irgendwie ergeben hatte. Als sie endete, war das schwierig für mich. Ich bemerkte, wie die Mädchen sich von mir entfernten, und konnte nichts dagegen tun.«

Hin und wieder hörte Laura etwas von den Mädchen, doch was sie hörte, war nicht nur erfreulich. Es waren rebellische Teenager, und manchmal gerieten sie in Schwierigkeiten. Hin und wieder schrieb Laura Felice eine SMS, nur um in Kontakt zu bleiben. »Ich simste zum Beispiel: *Ich hab dich ganz doll lieb.* Dann schrieb sie zurück: *Ja, ich dich auch.* Aber manchmal reagierte sie gar nicht.« Im Augenblick lässt sich kaum sagen, ob Laura etwas Gutes bei den Mädchen bewirkt hat oder ob sie überhaupt nachhaltigen Einfluss auf sie hatte. Laura ist klar, dass die Geschichte dieser unsichtbaren Bänder noch nicht zu Ende ist. »Es fehlen ein paar Kapitel. Wer weiß, wie das Ende aussieht?«

Doch ganz gleich, was aus den Mädchen wird, Laura ist zutiefst dankbar für das, was sie in ihrem eigenen Leben bewirkten. »Während all der Zeit mit ihnen spürte ich diesen wunderbaren inneren Frieden«, erzählt sie. »Es fühlte sich einfach richtig an. Manche haben sich vielleicht gefragt, was ich da eigentlich mache und ob das Ganze nicht des Guten zu viel ist, doch das interessierte mich nicht. Mein ganzes Interesse galt den Mädchen. *Sie brauchen mich. Wir brauchen einander.* Das war mein einziger Gedanke. *Wir brauchen einander.*«

Im Leben gibt es nur wenige Gewissheiten, doch von einem ist Laura vollkommen überzeugt: »Das unsichtbare Band zwischen uns wird niemals reißen. Das weiß ich tief in meinem Herzen. Ich weiß, wenn ich die beiden jetzt anriefe und sagte: Hey, ihr verrückten Hühner, wollen wir was zusammen essen, würden sie kommen. So stark ist unsere Verbindung.«

Neulich überprüfte Laura diese Überzeugung.

Sie rief Felice und ihre Schwester an und fragte sie, ob sie Lust hätten, mit ihr in ihr Lieblingsrestaurant zu gehen. »Sie sagten sofort zu«, erzählt Laura. »Kaum holte ich sie ab und sie saßen in meinem Wagen, da war alles wieder beim Alten. Wir plauderten, scherzten und lachten miteinander, genau wie früher. So, als hätte sich gar nichts geändert.«

Eine unauflösliche, eine lebenslange, eine ewige Verbindung – und diese Verbindung begann in einer Auffahrt mit einem Garagentor, das nicht still stehen durfte.

»Selbst heute denke ich jedes Mal, wenn ich auf die Fernbedienung drücke, an Felice und Lucy, und mein Magen schlägt einen Purzelbaum«, sagt Laura. »Das war der Moment, als die beiden mein Herz eroberten. Etwas Kleines, Unbedeutendes, aber für uns drei war es riesig. Es war magisch.«

KREISE ZIEHEN

Kurz nachdem Immer montags beste Freunde *erschienen war, bekam ich eine E-Mail von Talia Bardash, einer Elftklässlerin von der* Frisch School *in New Jersey.*

Talia hatte das Buch gelesen und wollte das Thema für ein Twitter-Projekt verwenden. »Ich hoffe, ich habe die Kraft, so selbstlos wie Sie zu sein«, *schrieb sie mir in ihrer E-Mail. Dann bat sie darum, mich für ihr Projekt interviewen zu dürfen, da ein Interview mit einem Autor ein Garant für eine gute Note sei.*

Unglücklicherweise befand ich mich gerade auf einer Reise und konnte nicht rechtzeitig für das Projekt nach Hause kommen. Doch ich versprach Talia unter der Bedingung, dass sie vorher eine kleine Einführungsrede halten würde, ihre Schule zu besuchen und dort einen Vortrag zu halten.

Am Tag des Vortrags lernte ich Talia persönlich kennen und war begeistert. Sie war blitzgescheit und zielstrebig. Genau, wie ich erwartet hatte. Ihre Eltern und Großeltern waren ebenfalls gekommen und sahen stolz zu, wie Talia auf die Bühne ging und über Immer montags beste Freunde *redete. Als sie fertig war,* kam sie von der Bühne und setzte sich zu ihren Eltern. Mir fiel auf, dass ihr Vater, Jody Bardash, Tränen in den Augen hatte.

Nach meinem Vortrag kam auch er zu mir, um mir zu danken.

»Sie haben das Leben meiner Tochter verändert«, sagte er. »Sie hat sich gefragt, ob Sie wohl Wort halten und wirklich ihre Schule besuchen würden, und konnte es kaum erwarten, Sie kennenzulernen. Danke für alles, was Sie für sie getan haben. Ich würde mich gerne dafür revanchieren.«

Er hatte sogar schon eine Idee.

Talias Vater ist ein erfolgreicher Zahnarzt, der in seiner freien Zeit Menschen auf der ganzen Welt hilft, die sich keinen Zahnarzt leisten können. Als er ein Video von Maurice und mir sah, fiel ihm auf, dass einer von Maurices Frontzähnen abgebrochen war. Also bot er an, ihn kostenlos zu richten.

»Ich will Maurice sein schönes Lächeln zurückgeben«, erklärte Dr. Bardash.

Und das machte er dann auch.

Niemals werde ich den Tag vergessen, an dem mir Maurice ein Foto von seinem neuen Frontzahn schickte. Ich weiß nicht, ob ich ihn je so breit habe grinsen sehen.

Es gehörte zum Schönsten meiner ganzen Reise, Talia und ihre Eltern kennenzulernen. Dass Dr. Bardash etwas so Besonderes für Maurice getan hat, werde ich nie vergessen.

Aber Talia lehrte mich auch etwas Bemerkenswertes über Engel auf Erden.

Sie zeigte mir, dass jeder Akt der Nächstenliebe einen neuen anstößt. Jeder Akt der Nächstenliebe bringt einen zweiten Akt hervor.

Vielleicht bemerken wir es nicht, weil es nicht immer so auffällig ist wie Maurices blinkender neuer Zahn. Aber es geschieht unfehlbar, irgendwo und irgendwem. Deshalb ist Nächstenliebe ansteckend. Nächstenliebe führt zu mehr Nächstenliebe. Nächstenliebe zieht Kreise.

Es ist, als würde das Universum jeden Akt der Nächstenliebe mit einem neuen Akt vergelten.

3

DIE BRIEFTASCHE

Mein Freund Chuck Posternak erzählte mir vor Jahren eine erstaunliche Geschichte von einer Brieftasche. Damals war ich davon richtig ergriffen. Dann verloren Chuck und ich den Kontakt zueinander, und ich vergaß sie irgendwann.

Als mein Buch veröffentlicht wurde, meldete Chuck sich bei mir und erinnerte mich an die Geschichte. Da sie mich erneut berührte, fragte ich ihn, ob ich sie in dieses Buch aufnehmen dürfte.

Alles fing damit an, dass Chuck in seiner Kindheit und Jugend unheimlich gerne in Sommercamps fuhr. Zunächst als Teilnehmer und später als Betreuer. »Weil ich Kindern helfen, sie auf ihrem Weg leiten und zusehen konnte, wie sie bestimmte Werte entwickelten«, sagt Chuck, der mittlerweile ein erfolgreicher Investmentmanager ist. »Als ich schließlich nicht mehr in Sommercamps arbeitete, wusste ich, dass ich wieder etwas Ähnliches finden musste.«

So kam er zu *Big Brothers Big Sisters,* einer altehrwürdigen gemeinnützigen Organisation, die gefährdeten Jugendlichen ältere Mentoren an die Seite stellt.

Chuck wurde der »große Bruder« eines Zwölfjährigen namens Lonnie, der mit seiner Mutter und seinen vier Brüdern vaterlos in einer kleinen Wohnung im Problemviertel Crotona Park in der Bronx aufwuchs. »Ich war erst dreiundzwanzig, und als ich Lonnie zum ersten Mal zu Hause besuchte, brachte er mich hinterher zur U-Bahn, weil er sich Sorgen um mich machte«, erzählt Chuck. »Die Gegend war definitiv ein raues Pflaster.« Als Chuck in ihrem ersten gemeinsamen Jahr Lonnie zu einer Wochenendreise nach Massachusetts einlud, erschien Lonnie mit einer Pappschachtel am Flughafen, weil seine Familie sich keinen Koffer leisten konnte.

Fünf Jahre lang war Chuck Lonnies Mentor. In dieser Zeit gingen sie zu Spielen der *New York Knicks* und der *Rangers,* sahen sich viele Filme an, machten Pizza in Chucks Wohnung und hingen manchmal einfach nur zusammen ab. Chuck kam sogar zu Lonnies Bar-Mizwa in einem Gemeindehaus in Pelham Parkway. Auch nachdem ihre Zeit als *Big-Brother*-Team offiziell endete, blieben sie zunächst in Kontakt, verloren sich aber irgendwann aus den Augen. »Meine Hoffnung war, ihm neue Träume und Perspektiven aufgezeigt zu haben«, sagt Chuck. »Ehrlich gesagt profitierte ich mehr von unserer Beziehung als Lonnie. Er war mein Freund.«

Am Ende entwickelte Lonnie sich gut. Mittlerweile besitzt er eine Versicherungsagentur, ist verheiratet und hat Kinder. »Als ich ihn nach seiner Hochzeit einmal besuchte, fuhr er einen besseren Wagen als ich«, lacht Chuck.

Was noch wichtiger ist: Lonnie vergaß nie, wie *Big Brother* sein Leben verändert hatte, und wurde selbst zum großen Bruder. 2004, auf der Hundertjahrfeier der Organisation, trafen sich Chuck, Lonnie und Lonnies Schützling Jake erneut und erzählten ihre Geschichte. Die Geschichte von drei Generationen, deren Leben durch Unterstützung und Liebe verändert worden war.

»Der Tag, an dem wir uns kennenlernten, veränderte mein Leben so dramatisch, wie du es dir kaum vorstellen kannst«, schrieb Lonnie neulich an Chuck. »Ich betrachte dich als wahren Freund.«

Der zweite Teil von Chucks Geschichte beginnt in einem Taxi.

Es war an einem ganz normalen Wochentag. Chuck befand sich auf dem Weg von seinem Büro zu einem Meeting mitten in Manhattan. Er winkte ein Taxi heran und setzte sich auf den Rücksitz.

Da lag die Brieftasche.

»Es war eine ganz normale braune Brieftasche«, sagt er. »Ich sah sie mir genauer an. Es waren mehrere hundert Dollar darin und ein paar Kreditkarten mit dem Namen des Besitzers.«

Chuck hatte damals noch kein Handy, also suchte er sich eine Telefonzelle und machte sich daran, den Besitzer der Brieftasche zu ermitteln. Er brauchte ein paar Anrufe, doch mit der Hilfe seiner Sekretärin spürte er ihn schließlich auf und verabredete sich für die Übergabe der Brieftasche an der Grand Central Station. Chuck wartete in der riesigen Eingangshalle am Fuß der großen Uhr – dem berühmten Treffpunkt für unzählige Bekannte und Fremde, die sich treffen wollen. Doch der andere Mann tauchte nicht auf. Chuck umrundete dauernd die Uhr, aber vergeblich.

Schließlich stellte sich heraus, dass John Scardino, der Besitzer der Brieftasche, bereits da war und dasselbe tat wie Chuck.

45

Er wartete und umrundete die große Uhr. »Es dauerte eine Weile, bis wir das schließlich bemerkten«, sagt Chuck. »Und dann war er sehr dankbar.«

Als Zeichen seiner Dankbarkeit bot John ihm zwei Karten für den Drehtag einer populären Kochshow mit Emeril Lagasse an. Das war eine nette Geste, doch Chuck lehnte das Angebot höflich ab.

»Ich sagte: Wenn Sie wirklich etwas für mich tun wollen, dann hören Sie sich etwas über die Organisation an, der ich angehöre. Und dann hielt ich meinen dreiminütigen Standard-vortrag über *Big Brothers Big Sisters*. Den hielt ich ständig vor irgendwelchen Leuten und bat sie dann um Hilfe.« Tatsache ist, dass Chuck die Organisation so am Herzen lag, dass er erst Mitglied des Beirats wurde, dann dessen Vorsitzender, danach jüngstes Mitglied des Aufsichtsrats und schließlich eine trei-bende Kraft in den Gremien für Finanzen und Management.

John hörte Chuck zu, dankte ihm noch einmal und ver-schwand in der Menschenmenge. Chuck hatte keine Ahnung, ob er je wieder von ihm hören würde. Schließlich hatte er ein paar Wochen zuvor schon einmal eine Brieftasche gefunden und zurückgegeben, ohne dass etwas daraus erfolgt wäre. Also dachte er nicht weiter an seine Begegnung mit John und machte weiter wie zuvor.

Aber Chuck wusste nicht, dass John Scardino, ein erfolgrei-cher Bauprojektentwickler aus Kalifornien, seine Mutter be-reits mit elf Jahren verloren hatte und gezwungen gewesen war, praktisch für sich allein zu sorgen, da sein Vater viel ar-beiten musste. John wohnte damals in einer Gegend in Süd-kalifornien, die von gewalttätigen Gangs beherrscht wurde, und brauchte dringend einen sicheren Ort, um ganz normal Kind sein zu können.

Den fand er in einem Jugendclub in Santa Monica. Nach dem College und dem Jurastudium unterstützte er mehrere Wohltätigkeitseinrichtungen, die Kinder aus prekären Verhältnissen mit Essen versorgen. John lag das Wohl gefährdeter Kinder sehr am Herzen, genau wie Chuck.

Im Jahr 2004 flog er dann geschäftlich nach New York und ließ seine Brieftasche in einem Taxi liegen. Als er bemerkte, dass er keinerlei Ausweis hatte und daher nicht zu seinem Meeting ins Bürogebäude kam, ging er die Madison Avenue auf und ab und suchte nach dem Taxi, in dem er die Brieftasche liegen gelassen hatte. Doch vergeblich – sie war weg.

Als er etwa eine Stunde später von Chuck hörte, war seine Erleichterung groß. Sie trafen sich in der Grand Central Station, und am gleichen Tag flog John nach Kalifornien zurück.

Drei Wochen später rief er Chuck in der Arbeit an.

»Er erzählte mir, er wolle wieder nach New York kommen und sich mit mir treffen«, erklärt Chuck. »Wir verabredeten uns auf einer Fundraising-Party von *Big Brothers Big Sisters* in der City.«

Bei dieser Party überreichte John Chuck und *Big Brothers Big Sisters* einen Scheck über zehntausend Dollar.

»Er sagte, er wolle mir mit dieser Spende danken«, erinnert sich Chuck.

Aber das war noch nicht alles. John versprach, die nächsten drei Jahre jedes Jahr eine Spende in gleicher Höhe zu machen.

»Das haute mich wirklich um«, sagt Chuck. »Ich war unendlich gerührt von seiner Großzügigkeit. Das waren vierzigtausend Dollar, die wir sonst nicht bekommen hätten. Ich wusste, damit konnten wir richtig vielen Kindern helfen.«

Danach veröffentliche eine Zeitung die Geschichte von Chuck, John und der Brieftasche, was eine weitere Spendenflut zur Folge hatte. »Ich bekam Anrufe von Leuten, von denen ich seit Jahren nichts mehr gehört hatte«, sagt Chuck. »Es war unglaublich. Außerdem erhielten wir jede Menge anonyme Spenden. Mit dem Geld konnten wir unzähligen Kindern helfen.«

All das nur wegen einer Brieftasche in einem Taxi.

»Für mich war das kein Zufall«, erklärt Chuck jetzt. »Ich meine, zwei Männer mit demselben Wunsch, Kindern zu helfen? In einer Stadt mit Millionen von Menschen? Für mich war das Ganze tatsächlich ein kleines Wunder.«

KLEINE SCHRITTE

Wie ich bereits schrieb, muss man nicht sein ganzes Leben um-
krempeln oder irgendetwas Dramatisches tun, um einen neuen
Blick auf die Welt zu entwickeln. Selbst das kleinste Zeichen von
Liebe, der winzigste Akt der Freundlichkeit kann weitreichende,
lebensverändernde Konsequenzen haben, und zwar sowohl für
denjenigen, der Liebe gibt, als auch für denjenigen, der sie emp-
fängt.

Also: kleine Schritte.

Versuchen Sie's. Vielleicht beginnen Sie mit einem »Hallo«.

»Hallo« oder »danke« ist der einfachste Weg, die Verbindung
zu einem anderen Menschen herzustellen. Und am schnellsten
geht einem beides bei den Menschen über die Lippen, die man
häufig trifft, den Nachbarn zum Beispiel.

Wir alle haben Nachbarn. Es sei denn, man lebt auf einem
Berggipfel oder einem Schiff mitten auf dem Meer. Nachbarn
sind die Menschen, die uns geografisch am nächsten stehen.
Das Pärchen von nebenan, die Familie auf der anderen Straßen-
seite, die nette Frau oder der nette Mann von der Ecke. Aber ich

meine nicht nur Menschen, die bei uns in der Nähe wohnen, sondern auch sogenannte »Nachbarn im Leben«. Verkäufer, Tankwarte, unsere Lieblingskellner – alle, die zu unserem Alltag gehören.

Zu unseren Nachbarn sagen wir ständig Hallo. Aber manchmal geht es uns mit ihnen wie mit so vielem im Leben. Wir betrachten sie als selbstverständlich. Vielleicht wird aus unserem Gruß ein zerstreutes Nicken. Vielleicht fahren wir an ihnen vorbei, ohne einen Gedanken an sie zu verschwenden. Vielleicht fahren wir im Aufzug mit ihnen, ohne auch nur den Blick zu heben.

Während manche unsichtbaren Bänder sich über Tausende von Meilen erstrecken, vergessen wir manchmal, dass andere nur über einen Vorgarten oder eine Aufzugskabine reichen müssen.

Also versuchen Sie es und bedenken Sie einen Nachbarn mit einem herzlichen Hallo. Betrachten Sie ihn als Begleiter auf ihrer inneren Reise. Würdigen Sie die schlichte, aber wichtige Verbindung zu diesem Menschen. Versuchen Sie es und schauen Sie, was passiert.

Beachten Sie, wie es sich anfühlt.

Denn manchmal kann es unerwartete und wunderbare Konsequenzen nach sich ziehen, einen Nachbarn richtig wahrzunehmen.

• •

4

DIE NACHBARIN

Annie McCormick Bonners Vater diente in der Armee, weswegen sie in ihrer Kindheit und Jugend sehr oft umziehen musste – dreizehn Mal, um genau zu sein. Ihre Umgebung änderte sich ständig und mit ihr die Nachbarn. Da Annie jedoch neun Geschwister hatte, war sie nie allein.

»Meine Eltern waren Mormonen und wollten eigentlich vierzehn Kinder, hörten aber bei zehn auf«, erklärt Annie. »Ich wusste schon früh, dass ich ebenfalls eine große Familie wollte, aber so groß auch wieder nicht.«

Annie und ihr Mann Kevin gehörten vor ihrer Heirat beide zur selben Rockband aus Seattle, *Mind Over Water*. Sie bekamen vier Kinder, alles Jungen. Annies Geschichte von ihrem ganz persönlichen unsichtbaren Band begann, als ihr ältester Sohn Peter geboren wurde.

Damals lebten Annie und Kevin in Bremerton, einem bescheidenen Städtchen, das etwa eine Stunde mit der Fähre von Seattle entfernt liegt. Kevin arbeitete als Ingenieur. Annie kündigte ihre Stelle in der Logistik bei Amazon, um zu Hause zu

51

bleiben und ihr Kind aufzuziehen. »Ich wollte eine Vollzeitmutter sein, was sich als eine ziemliche Umstellung für mich herausstellte«, sagt sie. »Ich hatte mich sehr mit meiner Arbeit identifiziert und fragte mich jetzt, wer ich ohne sie eigentlich war. Mir wurde klar, dass ich dringend Freunde finden und Teil einer Gemeinschaft werden musste.«

Ihre erste Freundschaft schloss sie mit Gale, die ebenfalls bei Amazon gearbeitet hatte und nur zwei Straßen entfernt wohnte. Dann machte Gale sie mit ihrer Nachbarin bekannt, einer Frau namens Shirley. »Shirley war schon dreiundachtzig und hatte gerade ihren Mann verloren«, führt Annie aus. »Sie war wirklich reizend, konnte interessante Geschichten erzählen und hatte noch richtig Schwung.«

Annie hatte sofort das Gefühl, sie und Shirley könnten Freundinnen werden. »Mir gefiel einfach die Vorstellung«, sagt sie. »Man spürt, wenn etwas gut für einen ist, und freut sich darüber. Die Vorstellung, mit Shirley befreundet zu sein, hatte so etwas Lebensbejahendes an sich.«

Als Peter zwei Wochen nach ihrem Kennenlernen geboren wurde, brachte Annie ihn zu Shirley, um ihn ihr zu zeigen. »Ich gab ihn ihr, und sie hielt ihn während meines ganzen Besuchs im Arm«, sagt Annie. »Sie gab ihm sein Fläschchen und wiegte ihn, während sie mir Geschichten aus ihrem Leben erzählte.« Geschichten darüber, wie sie in dieser Gegend aufgewachsen war, wie ihr Vater als Holzfäller gearbeitet und sie ihren Sohn aufgezogen hatte. Darüber, wie viel Spaß sie gehabt hatte, als sie und ihr Mann jung und hübsch gewesen waren.

Für Annie waren diese zwei, drei Stunden mit Shirley unglaublich wichtig. »Wenn man ein Baby bekommt, hat man das Gefühl, man brächte gar nichts mehr zustande, man hätte nicht mal Zeit zum Duschen und das ganze Leben wäre plötzlich gegen einen. Das fand ich sehr beängstigend. Manchmal hatte ich den Eindruck, mein Dasein wäre außer Kontrolle geraten. In dieser Zeit wurde Shirleys Haus zu einer Zuflucht der Ruhe und Schönheit für mich. Es bedeutete mir unendlich viel, dass sie einfach nur mein Baby im Arm hielt und mit mir redete.«

Shirley lud Annie ein wiederzukommen, und das tat Annie. Am Anfang schwang ein bisschen Unsicherheit mit, wie immer bei einer neuen Freundschaft. Man fragt sich: »Habe ich für diesen Menschen genug Platz in meinem Leben und in meinem Herzen?« Doch nach ihrem dritten oder vierten Besuch bei Shirley war alle Unsicherheit verflogen. »Ich wusste, sie würde Peter in ihr Herz schließen, und so kam es auch. Und ich fühlte mich von ihr ebenfalls geliebt. Ich glaube, sie war einsam und freute sich über unsere Gesellschaft, aber ich brauchte sie auch. Sie hatte so viel Liebe und Weisheit zu geben. Sie bedeutete mir genauso viel wie ich ihr. Unsere Freundschaft war wirklich echt.«

Shirley hatte eine Sammlung winziger Glasfigürchen, die alle Flächen in ihrem Häuschen besetzten. »Nicht gerade die beste Umgebung für ein Kleinkind«, sagt Annie. Als Peter irgendwann anfing zu krabbeln und dann zu laufen, machte Shirley ihr Haus kindersicher und stellte alles Zerbrechliche auf höhere Regalebenen. Trotz ihrer kleinen Rente kaufte sie Peter ein rotes Dreirad und ein wunderschönes Schaukelpferd. Sie hatte immer seine Lieblingskekse da und gab ihm seinen Saft stets in dem regenbogenbunten Plastikbecher, den sie eigens für ihn gekauft hatte.

»Peter liebte sie abgöttisch«, sagt Annie. »Er wusste, dass er irgendwie zu ihr gehörte. Als er laufen lernte, rannte er ständig zu ihr hin und umarmte sie. In Shirleys Haus hatte er immer viel Spaß.«

Es dauerte nicht lang, da nannte er Shirley *Grandma*. Und Annie ertappte sich dabei, dass sie sie *Grandma Shirley* nannte. »Meine eigenen Großeltern waren gestorben, als ich klein war«, erklärt sie. »Als Shirley und ich uns kennenlernten, dachte ich nicht daran, aber später fiel es mir wieder ein. Meine Mutter sagte immer, dass die Liebe einer Großmutter etwas ganz Besonderes sei. Jetzt erst verstand ich, was das bedeutete.«

Shirley hingegen nannte Annies Sohn gerne »mein kleiner Peter«.

»Das sagte sie immer, wenn sie ihn kommen sah«, erklärt Annie: »Wie geht's meinem kleinen Peter denn heute?«

Shirley hatte stets ein liebes Wort und einen Keks für ihn übrig. So ging sein erstes Lebensjahr vorüber, dann sein zweites, dann sein drittes und schließlich begann sein viertes.

Eines Tages fiel Annie auf, dass Shirley ihr bereits mehrfach dieselbe Frage gestellt hatte.

»Sie wusste nicht mehr, worüber wir uns gerade unterhalten hatten«, sagt Annie. »Sie fragte mich ständig dasselbe. Da sie Medikamente nehmen musste, machte ich mir Sorgen, sie würde auch das vergessen. Mit einem Mal bekam ich Angst.«

Bei Shirley zeigten sich die ersten besorgniserregenden Anzeichen einer sich entwickelnden Demenz. Annie rief Shirleys Sohn Larry an, der fast zweihundert Meilen entfernt wohnte. »Er wusste, dass sie eines Tages Hilfe brauchen würde, und als wir miteinander sprachen, wurde ihm schwer ums Herz«, sagt Annie. »Er wollte ihr nicht ihre Freiheit nehmen.« Zuerst stellte

Larry Pflegekräfte ein, die seine Mutter daheim betreuten. Aber Shirley fand fremde Menschen in ihrem Haus beunruhigend. Sie war nicht mehr so munter, sondern wurde nervös. Ihr Erinnerungsvermögen verschlechterte sich zusehends. Annie und Larry wussten beide, wie der nächste Schritt aussehen würde.

»Sie war nicht mehr sicher in ihrem Haus«, sagt Annie. »Sie musste in ein Seniorenheim. Das war zwar immer als allerletzte Möglichkeit in Betracht gezogen worden, doch irgendwann rief Larry mich an. Wir besprachen es, und dann traf er die Entscheidung.«

Am schwersten fiel es Annie, das ihrem kleinen Sohn zu erklären.

»Ich setzte mich mit ihm zusammen und sagte: ›Grandma Shirley wird fortgehen.‹ Aber ihm war klar, dass sie krank war. Er wusste, was geschah. Er verstand, dass Shirley an einen Ort gehen würde, an dem sie sicher war.«

Am Tag, als Larry seine Mutter abholte, brachte Annie Peter zu ihr, damit sie sich voneinander verabschieden konnten. Annie versuchte, die Fassung zu bewahren, genau wie Larry, aber das war sehr schwer. Shirleys Gedächtnis war so schlecht geworden, dass sie nichts mehr von ihrem Umzug wusste.

»Sie muss ein paar persönliche Sachen mitnehmen«, flüsterte Larry Annie zu. »Könnten Sie etwas für sie packen?«

Also ging Annie in Shirleys Haus umher und suchte Verschiedenes zusammen: Kleider, Schuhe und so weiter. Alles andere, Shirleys geliebte Glasfiguren eingeschlossen, sollte später gepackt und in ihr neues Heim gebracht werden. Der kleine Korb, in dem Shirley Peters Spielzeug, seinen Regenbogenbecher und all die Dinge aufbewahrte, die sie ihm über die Jahre gekauft hatte, würde auch bald verschwunden sein.

Dann war es Zeit für Larry und Shirley aufzubrechen.

Annie ging zu ihrer Freundin, umarmte sie, hielt sie eine ganze Weile lang an sich gedrückt und sagte dann: »Wir kommen dich besuchen, das verspreche ich.« Sie versuchte, ihre Tränen zurückzuhalten, aber vergeblich. »Es fühlte sich an, als würden wir ihr das Herz brechen, weil wir sie fortbrachten«, sagt sie. »Es war einfach schrecklich.«

Auch Peter musste sich verabschieden. Er sprang Grandma Shirley auf den Schoß, umarmte sie und drückte ihr einen dicken Kuss auf die Wange. »Er war eigentlich zu jung, um zu begreifen, was geschah«, sagt Annie. »Dennoch sah ich, dass er traurig war.«

Am Ende stiegen Shirley und Larry in den Wagen und fuhren davon.

Alle paar Tage schickte Annie Shirley etwas: einen Brief, eine Zeichnung, ein kleines Geschenk. Peter malte farbenfrohe Bilder für sie und krakelte *Du fehlst mir* darunter. Annie schickte ihr auch ein gerahmtes Foto von *deinem kleinen Peter,* das sie auf ihren Schreibtisch stellen konnte. Sie entdeckte ein Armband mit kleinen Fotorahmen, bestückte es mit Bildern von Peter und schenkte es ihr.

Schließlich fuhren Annie und ihre ganze Familie zu dem Seniorenheim, in dem Shirley lebte. »Es war eine wunderschöne Einrichtung, und sie hatte ihre eigene kleine Wohnung. Ich befürchtete, sie würde uns nicht mehr erkennen«, sagt Annie. »Doch dann rannte Peter zu ihr und umarmte sie, und sie erwiderte seine Umarmung. Sie erinnerte sich an ihn. Und an mich auch.«

Ein paar Monate später klingelte Annies Telefon. Es war Larry.

»Ich wollte Ihnen mitteilen, dass meine Mutter heute gestorben ist«, sagte er sanft.

Annie dankte Larry, verabschiedete sich von ihm und beendete das Gespräch. Dann ging sie ins Wohnzimmer, wo Peter spielte. Sie erklärte, sie müsse mit ihm reden, worauf sich beide auf dem Sofa zusammensetzten.

»Ich muss dir was Trauriges sagen«, begann sie. »Grandma Shirley ist gestorben. Sie ist jetzt im Himmel.«

Einen Moment lang saß Peter nur ganz still da, dann fing er an zu weinen. Annie redete weiter: »Jetzt ist Grandma Shirley nicht mehr krank. Und auch nicht mehr alt. Sie ist bei all den Menschen, die sie liebt. Sie ist wieder mit ihrem Mann zusammen.«

Dann stellten sich Annie und Peter gemeinsam vor, wie Shirleys Leben im Himmel wohl aussähe.

»Wir stellten sie uns in ihrem besten Alter vor«, erklärt Annie. »Als junge, schöne Frau mit ihrem jungen und gut aussehenden Ehemann. Wir stellten sie uns im Kreis ihrer Lieben vor, die wir aus all ihren wunderbaren Geschichten kannten. Wir stellten uns vor, sie würde ein wunderschönes Abenteuer erleben.«

Mittlerweile sind ein paar Jahre vergangen. Peter ist kein Kleinkind mehr, sondern vierzehn Jahre alt und wird mit jedem Tag größer. »Doch ich nenne ihn immer noch ›mein kleiner Peter‹«, erzählt Annie. »Wenn ich ihn sehe, frage ich: Wie geht's meinem kleinen Peter denn heute?«

Hin und wieder unterhalten sich Annie und Peter über Grandma Shirley und erinnern sich an die glückliche Zeit mit ihr. »Er hatte fünf Jahre mit ihr«, erklärt Annie. »Diese Zeit war sehr wichtig für ihn. Shirley hat ihn geprägt. Sie hat uns alle geprägt.«

Die Essenz ihrer Freundschaft, davon ist Annie überzeugt, war die Botschaft, die wir in unserer Kindheit alle gehört haben: *Liebe deinen Nächsten wie dich selbst.*

»In den Häusern um uns herum gibt es so viel Potenzial für Liebe und Herzlichkeit, für Weisheit und Glück«, sagt sie. »Wir müssen uns nur dafür öffnen.«

Mit anderen Worten: Annie hat nicht mehr getan, als sich Zeit für eine Nachbarin zu nehmen. Sie zu besuchen. Die Verbindung zu würdigen, die bereits bestand. Sie wusste nicht, wohin das führen würde, doch es entwickelte sich etwas Wunderschönes daraus. »Peter und ich haben so viel von Shirley gelernt«, sagt sie. »Wir lernten etwas übers Älterwerden, über Freundschaft, über die Bedeutung von Erinnerungen. Peter wusste, dass Shirley ihn sehr lieb hatte. Und er wusste, dass ihr Leben schöner wurde, nur, weil er sie auch lieb hatte.«

Doch am wichtigsten ist ihr Folgendes: »Peter lernte, dass er nur dadurch, dass er er selbst war und seine Zeit mit jemandem teilte, etwas Wichtiges und Bedeutsames für jemand anderen tun konnte.«

So wurden Shirley und der kleine Peter Engel auf Erden.

»Vor langer Zeit erzählte mir jemand, dass ein Apfelkern fünf Jahre braucht, um ein kleines Bäumchen zu werden«, schrieb Annie in ihrer E-Mail an mich. »Ich habe oft gedacht, dass Shirleys Einfluss auf mich und Peter immer noch anhält. Wir hatten fünf kurze, kostbare Jahre zusammen, aber vielleicht war das nur der Anfang. Vielleicht werden wir noch sehen, wie diese bemerkenswerte Freundschaft bis in die nächsten Generationen Früchte trägt.«

ZWEITER TEIL
Bejahung

Annie McCormick Bonner benutzte einmal ein Wort, das ich wirklich liebe: *Yesness* – Bejahung. Es umfasst ein Gefühl, den Augenblick, wenn es in einem *klick* macht, die Erkenntnis, dass etwas richtig ist. Die Geschichten in diesem Kapitel zeigten mir, dass Engel nicht für das Neinsagen und die Ablehnung zuständig sind. Sie fördern das Bejahen, das Annehmen von Situationen und Gefühlen. Unser Leben gewinnt an Bedeutung, wenn unsere Handlungen auf Liebe und nicht auf Angst basieren. Wenn es bei uns *klick* macht und wir Ja sagen, nicht Nein.

5

DER SCHNEESTURM

Stellen Sie sich vor, Sie sind siebzehn und werden aus dem Haus geworfen. Ohne ihre Sachen, ohne Geld und ohne Aussicht auf einen Schlafplatz.

Mitten in einem entsetzlichen Schneesturm.

Genau das widerfuhr meiner Freundin Linda DeCarlo.

Linda und ich arbeiteten in den 1980ern zusammen beim *People Magazine*. Wir machten gerne zusammen Mittagspause und redeten über die Arbeit. Manchmal unterhielten wir uns auch über unsere Familien, aber das Hauptthema war meist der Job. Unsere Beziehung war nicht so, dass wir in unseren Gesprächen in die Tiefe gegangen wären, eher eine wirklich nette, ungezwungene Bekanntschaft. Dann bekam ich einen anderen Job, und wir verloren uns aus den Augen, wie das bei Arbeitskollegen manchmal geschieht.

Viele, viele Jahre hörte ich nichts mehr von Linda, bis ich Ende 2011 eine E-Mail von ihr bekam. Sie hatte zufällig *Immer montags beste Freunde* gelesen und den starken Drang verspürt, mir zu schreiben.

In dieser E-Mail, die nur drei Absätze enthielt, verriet mir Linda mehr über sich und ihr Leben als in all unseren Mittagspausen.

Sie erzählte mir eine wunderbare Geschichte mit einer mächtigen Botschaft. Ich schrieb ihr zurück und fragte sie, ob wir uns unterhalten könnten. Denn ich wollte mehr darüber erfahren, wie es ihr in jener Nacht vor vielen Jahren ergangen war und welcher ungewöhnliche Akt der Nächstenliebe sie gerettet hatte.

Lindas Leben verlief ohne große Höhen und Tiefen, bis sie fünf wurde. Dann verließ ihr Vater ohne Vorwarnung die Familie. Irgendwann heiratete Lindas Mutter, eine Schulbibliothekarin aus Brooklyn, einen verwitweten Hafenarbeiter mit vier Kindern und einem schweren Alkoholproblem. Lindas Mutter und ihr Stiefvater Sal kauften zusammen ein Haus und zogen mit ihren insgesamt sieben Kindern dort ein.

Doch fast sofort danach versuchte ihr Stiefvater, Linda und ihre beiden Schwestern loszuwerden.

»Wenn er trank, wurde er sehr wütend auf uns, und eigentlich trank er immer«, erzählt Linda. »Also pickte er sich eine nach der anderen heraus. Meine jüngere Schwester Nancy musste als Erste gehen. Sal stellte meiner Mutter ein Ultimatum. Und meine Mom schickte Nancy zu meinem Dad nach Kalifornien.«

Lindas zweite Schwester Sara kam als Nächste dran. »Kaum war sie weg, war ich an der Reihe«, erzählt Linda. Nur wollte Lindas Mutter sie dabehalten, sonst hätte sie keines ihrer Kinder mehr bei sich gehabt. Sal erlaubte Linda zu bleiben, doch er gab es nie auf, sie rauszuekeln. »Die nächsten Jahre waren die reinste Hölle«, erzählt Linda. »Er war sehr erfinderisch darin, mich zu quälen.«

Zum Beispiel verbot Sal Lindas Mutter, auch nur einen Cent für ihre Tochter auszugeben. Wenn Linda nicht da war, ging er in ihr Zimmer und warf ein paar ihrer Kleider weg. Er versteckte ihre Bücher oder räumte ihr Zimmer um, nur um sie zu ärgern.

»Schließlich ist es mein Haus«, sagte er. »Da kann ich machen, was ich will.«

An einem eiskalten Tag im Februar dann redete Sal sich ein, Linda hätte etwas von einer ihrer Schwestern gestohlen, die gerade zu Besuch war. Linda stritt das ab, was Sal nur noch wütender machte. Am Ende schlug er ihr ins Gesicht.

Linda schlug zurück.

»Es war einer der besten Augenblicke meines Lebens«, erklärt sie. »Ich hatte eine Menge aufgestauter Wut in mir.«

Doch für Sal war das der Tropfen, der das Fass zum Überlaufen brachte. Am nächsten Tag platzte er in Lindas Zimmer und verkündete, sie habe zu verschwinden. Ohne Diskussion, ohne Widerrede, ohne Zeit zu packen. Nur: Raus! Lindas Mutter weinte, hatte aber keine Kraft, es zu verhindern.

»Also ging ich nach unten, nahm mein Fahrrad und verließ das Haus«, erzählt Linda.

Und landete direkt in einem Schneesturm.

Der Wind peitschte, und der Schnee türmte sich immer höher. Die Straßen waren menschenleer, die wenigen Autos fuhren Schritttempo. Es war einer dieser Schneestürme, bei denen man nur das Haus verließ, wenn es gar nicht mehr anders ging.

Sie stand auf dem Bürgersteig vor ihrem Haus und fragte sich, was sie machen sollte. Die einzige Zuflucht, die ihr einfiel, war ihre Freundin Cynthia, doch die wohnte vier Meilen entfernt in Brighton Beach. Dennoch blieb ihr nichts anderes übrig. Also stieg Linda auf ihr Rad und fuhr los. Es war eine lange, kalte Fahrt durch den Schnee. Linda durfte nicht aufgeben, sondern musste beständig in die Pedale treten.

Drei Stunden später schließlich stand sie vor dem Wohnhaus ihrer Freundin. Mit zitternder Hand klopfte sie dreimal an die Wohnungstür.

»Mein Stiefvater hat mich rausgeschmissen«, verkündete sie schluchzend, als Cynthia aufmachte. »Ich kann sonst nirgendwohin.«

Natürlich konnte Cynthia nicht entscheiden, ob sie bleiben durfte. Das lag ganz bei ihrem Vater.

Irving war ein Witwer mit vier Kindern, der nur Teilzeit arbeiten konnte und nicht viel Geld hatte. Er wohnte in einer kleinen, engen Wohnung, die für seine eigene Familie kaum genug Platz bot. Warum in aller Welt sollte er also die halbwüchsige Tochter eines anderen aufnehmen? Fast erfroren stand Linda im Flur, während Cynthia ihrem Dad die Lage erklärte. Schließlich kam Irving zur Tür und blickte ernst auf das zitternde junge Mädchen.

Dann legte er ihr die Hand auf die Schulter und sagte etwas, was sie nie vergessen sollte.

Er sagte: »Bleib, solange du willst.«

Das war alles. Eine Hand auf ihrer Schulter und fünf Worte. Bis zum heutigen Tag spürt Linda die ungeheure Erleichterung, die sie daraufhin durchflutete.

»Ich fühlte mich wie eine Ertrinkende, der ein Rettungsring zugeworfen wird«, erklärt sie.

Von außen besehen war die Wohnung ziemlich erbärmlich. Sie lag direkt unter der Hochbahn, sodass ständig Krach herrschte und die Wände wackelten, wenn die Züge vorbeifuhren. Irving war so arm, dass er kein Geld zum Heizen hatte, daher wurde es im Winter sehr kalt.

Aber für Linda war es ein Zuhause.

Ein warmes, schönes, wunderbares Zuhause.

Wenn Waschtag war, wurde Lindas Wäsche mitgewaschen. Abends aß sie im Kreis der Familie. Zu Ausflügen wurde sie selbstverständlich mitgenommen.

»Sie behandelten mich wie ein echtes Mitglied der Familie«, erzählt Linda. »Nicht ein einziges Mal fühlte ich mich als Außenseiterin.«

Am Ende blieb Linda ein ganzes Jahr.

Schließlich rang sie sich dazu durch, ihrem richtigen Vater zu schreiben, den sie kaum kannte. Sie zog zu ihm nach Kalifornien, ging aufs College, heiratete, bekam zwei Kinder und arbeitete über fünfundzwanzig Jahre als Bilanzanalystin im selben Unternehmen wie ich. Wann immer sie es schwer hatte, dachte sie an das, was Irving sie gelehrt hatte und was sie an ihre eigenen Kinder weitergab: Uns werden ständig kleine Wohltaten zuteil, und wir müssen lernen, sie wahrzunehmen.

»Irving sagte immer, an einem sonnigen Tag kann man sich nicht ärgern«, erzählt Linda. »Das war seine Philosophie. Ganz gleich, was dich stört: Wenn draußen die Sonne scheint, dann muss man lächeln – und manchmal sogar, wenn nicht.« Also lächelt Linda, wann immer sie aus dem Fenster blickt und blauen Himmel sieht.

Wenn Linda heute daran denkt, dass sie mit siebzehn rausgeschmissen wurde, wird ihr klar, dass es sie viel schlimmer hätte treffen können. Sie hätte in schlechte Gesellschaft geraten oder obdachlos werden können. Sie hätte ohne Weiteres in die Drogenszene abgleiten können. Linda fallen viele Szenarien ein, in denen sie ihren einundzwanzigsten Geburtstag nicht erlebt hätte.

Stattdessen nahm ein großherziger Mann sie in seinem Haus auf, ein ganzes Jahr lang, und dies nur aus Anstand und Güte. Das veränderte Lindas gesamtes Leben.

»Man braucht viel Mut, um auf jemanden zu setzen und sich wirklich in sein Leben einzubringen«, erklärt sie. »Wenn ich Irving sage, was er alles für mich bewirkt hat, zuckt er nur mit den Schultern und erwidert: ›Gib's einfach weiter.‹«

Vor nicht allzu langer Zeit besuchte Linda ihn zu seinem neunzigsten Geburtstag, der im Haus seiner Tochter in Livingston, New Jersey, gefeiert wurde.

Dort sah sie Irving in einem Sessel im Wohnzimmer sitzen, umringt von seinen fünf erwachsenen Enkeln. Sie ging zu ihm und lauschte der Geschichte, die er gerade erzählte.

Es war ihre Geschichte.

Irving beschrieb, wie Linda in einer verschneiten Nacht auf seiner Türschwelle erschien und wie er sie in sein Haus und seine Familie aufnahm.

»Dann erklärte er seinen Enkeln die Moral dieser Geschichte«, sagt Linda. »Er schloss mit den Worten: *Wann immer sich einem die Gelegenheit bietet, Gutes zu tun, muss man sie ergreifen. Denn diese Gelegenheit ist ein Segen.*«

Danach wurde die Torte hereingebracht. Irving blies die Kerzen aus. Linda ging zu ihm und umarmte ihn, und Irving drückte seine Ziehtochter fest an sich.

Leider konnte Irving das Erscheinen dieses Buches nicht mehr miterleben. Sein Leben war der Inbegriff von Güte und Mitgefühl, und er hinterlässt eine große Lücke.

ZWEI WELTEN

Lindas Geschichte half mir zu begreifen, dass es um uns herum tausend Gelegenheiten gibt, ein Engel zu werden. Es hängt von unserer Wahrnehmung ab, ob wir sie erkennen.

Niemand hätte es Irving verdenken können, wenn er Linda zur nächsten Polizeiwache, Kirche oder zu einer Einrichtung gefahren hätte, die sich um unerwünschte Kinder kümmert.

Doch so nahm Irving das Geschehen nicht wahr. Für ihn war Lindas Erscheinen auf seiner Schwelle keine Zumutung, kein Ärgernis oder Problem, dem es aus dem Weg zu gehen galt. Für ihn war es eine Gelegenheit, Ja zu sagen.

Alles hängt von unserer Sichtweise ab. Sieht man die Welt als kalten Ort, in dem Willkür und Chaos herrschen?

Oder sieht man ihn als einen Ort voller Verbindungen, Beziehungen und Gelegenheiten für Liebe, Gemeinschaft und inneres Wachstum?

Wichtiger noch: In welcher dieser beiden Welten würde man lieber leben?

6

DAS KLOPFEN AN DER TÜR

An einem ganz normalen Nachmittag spielten LaJuana Mosers drei Kinder ausgelassen im Garten ihres Hauses in Südkalifornien. LaJuana faltete gerade Wäsche, als sie ein Klopfen hörte. Sie öffnete die Haustür, sah jedoch niemanden – bis sie den Blick senkte.

Da stand ein schmutziger kleiner Junge mit einem niedlichen Gesicht.

»Darf ich mit deinen Kindern spielen?«, fragte er leise.

»Wie bitte?«, erwiderte LaJuana, weil sie meinte, sich verhört zu haben.

»Ich kann sie in deinem Garten hören«, erklärte der Junge. »Darf ich mitspielen?«

»Wo wohnst du denn?«

»Die Straße runter.«

»Und wo ist deine Mutter?«

»Die Straße runter.«

»Weiß sie, dass du hier bist?«

»Ja.«

»Weiß sie, dass du mitspielen willst?«

»Das ist ihr egal.«

LaJuana überlegte. Sie hatte den Jungen schon einmal gesehen. Da war er um elf Uhr nachts durch die Straße geradelt, und sie hatte sich gefragt, was so ein kleiner Junge nachts ganz allein draußen machte.

Sie glaubte, dass er zu der Frau gehörte, die zwei Häuser weiter wohnte, einer Alleinerziehenden mit einem Drogenproblem.

»Wie heißt du denn?«, fragte sie den Jungen.

»Jeffrey.«

»Jeffrey, kannst du Regeln befolgen?«

»Ja.«

»Gut. Wir haben ein Trampolin im Garten, wenn du da drauf willst, musst du dir vorher die Schuhe ausziehen.«

»Okay.«

»Gut, dann komm rein«, sagte LaJuana und ließ den Jungen in ihr Haus.

LaJuana stellte Jeffrey ihren drei Kindern vor – das jüngste war neun, das älteste zwölf. Sie setzte sich ein Weilchen dazu, um ihnen beim Spielen zuzusehen. Als Jeffrey auf dem Trampolin hüpfte, lachte er fröhlich und versuchte, immer höher zu kommen. Danach setzte er sich auf die Schaukel und stürzte sich später ins Planschbecken. Die Kinder spielten eine ganze Ewigkeit miteinander, bevor Jeffrey wieder ins Haus kam. Er ließ sich aufs Sofa fallen und schlief sofort ein.

»Ich ließ ihn schlafen, so lange er wollte«, sagt LaJuana. »Ich wusste, dass bei ihm zu Hause nachts ständig Leute kamen und gingen, wohl wegen Drogen. Da konnte ich mir gut vorstellen, dass er nie genug Schlaf bekam. Also sollte er sich ausruhen.«

Stunden vergingen, ohne dass jemand Jeffrey abholen kam. Schließlich, es war bereits später Abend, klopfte es erneut an ihrer Tür. LaJuana öffnete und sah einen Fremden vor sich.

»Ist Jeffrey hier?«, fragte der Mann.

»Ja, ist er«, antwortete LaJuana.

»Tja, seine Mom ist gerade verhaftet worden«, erklärte der Mann und ging davon.

LaJuana behielt den Jungen über Nacht bei sich. Am nächsten Morgen wartete sie darauf, dass ihn jemand abholte, aber es kam niemand. Irgendwann, als LaJuana wieder aus dem Fenster blickte, sah sie Jeffreys Mutter die Straße herunterkommen.

»Möchtest du zu ihr?«, fragte sie Jeffrey.

»Nein«, sagte der Junge.

Irgendwann ging Jeffrey doch zurück zu seiner Mutter. Doch am nächsten Tag stand er wieder vor LaJuanas Tür und klopfte.

»Jeffrey«, sagte LaJuana, als sie ihn vor sich stehen sah.

»Meine Mom sagt, du sollst auf mich aufpassen«, verkündete er.

»Na dann«, erwiderte LaJuana und zog die Tür weiter auf. »Komm rein.«

So ging es die nächsten drei Jahre. Jeffrey tauchte an LaJuanas Tür auf, manchmal mit einer Nachricht von seiner Mutter. *Ich muss zum Zahnarzt, passen Sie auf ihn auf.* Manchmal auch ohne. Über die Jahre häuften sich die Zettel in ihrer Schublade, von denen sie die meisten gar nicht gelesen hatte.

»Ist doch ganz gleich, welche Ausrede sie benutzt«, dachte LaJuana. »Hauptsache uns beiden ist klar, dass wir uns die Verantwortung für Jeffrey teilen.« LaJuana hatte die Verbindung zu ihm gespürt, bevor sie etwas über den Jungen oder seine Lage wusste.

»In der Sekunde, als ich ihn auf meiner Türschwelle sah, war es um mich geschehen«, erklärt sie. »Als ich dann von seinen Lebensumständen erfuhr, beschloss ich einfach, für dieses Kind eine Zuflucht zu schaffen. Es interessierte mich nicht, ob es schwierig werden oder ob ich Ärger bekommen würde. Ich wusste, dass ich ihn beschützen und für ihn da sein wollte.«

In diesen drei Jahren wurden Jeffrey und seine Mutter mehr als dreißigmal aus ihrer Wohnung geworfen. Eine Zeit lang wohnten sie in einem Müllcontainer im Park. »Jeffrey erzählte mir, seine Mutter würde sofort einschlafen, aber er habe zu viel Angst. Außerdem sei der Geruch so schrecklich, dass er die ganze Nacht nicht schlafen könne.«

Sie konnte nichts tun, um Jeffrey das zu ersparen, da seine Mutter sich weigerte, das Sorgerecht abzugeben. Doch sie bemühte sich nach Kräften, ihm das Leben so schön wie möglich zu machen. Sie richtete ihm ein eigenes Zimmer ein und spielte ihm abends leise Musik vor, damit er besser einschlafen konnte. (Seine Mutter hörte ständig laute Musik.) Sie kaufte ihm seine Lieblingsstofftiere, einen ganzen Zoo von *Beanie Babys*. »Die waren neben seinem Bett aufgereiht«, sagt sie.

Bevor Jeffrey zu LaJuana kam, hatte er nie eine Mahlzeit am Tisch eingenommen. Selbstverständlich brauchte sie eine Weile, um ihm beizubringen, wie man still sitzt, mit Messer und Gabel isst und nicht mit vollem Mund spricht. Er hatte auch noch nie etwas wirklich Nahrhaftes gegessen. Wenn

LaJuana ihm einen Teller mit selbst gekochtem Essen vorsetzte, fragte er:

»Schmeckt das?«

»Ja, das schmeckt«, antwortete LaJuana dann.

»Okay. Aber was ist das?«

»Hackbraten und Kartoffelbrei.«

»Okay.«

Ganz gleich, was es war: Es schmeckte Jeffrey immer.

LaJuana brachte ihm vieles bei. Zähneputzen, Baden, Beten. »Mit vier wusste er bereits, wie man einen Joint dreht«, erklärt sie. »Aber sonst kaum etwas.«

Wenn sie mit ihm zum Einkaufen fuhr, achtete sie darauf, ihn auf schöne Dinge aufmerksam zu machen. Bäume, Vögel, Wolken. »So was fiel ihm normalerweise gar nicht auf«, sagt sie. »Als ich das erste Mal mit ihm unterwegs war, zeigte er auf einen Mann in einem Wagen und sagte: ›Das ist ein Zivilbulle.‹«

Als Jeffrey in die Vorschule kam, kaufte sie ihm neue Kleidung, behielt aber seine schönen Sachen bei sich im Haus, damit sie nicht gestohlen oder verkauft werden konnten. »Ich habe seinen Rucksack mindestens zehnmal ersetzen müssen, weil er ständig weg war«, erzählt sie. Doch wenn sie Jeffrey gab, was er brauchte, erzählte sie ihm auch, dass es Kinder gebe, die weniger hätten als er.

LaJuana leitet eine gemeinnützige Organisation namens *Bags4Kids*, die arme Kinder mit dem Notwendigsten versorgt, mit Schuhen, Kleidern, Spielzeug und, ja, Rucksäcken. »Jeffrey half mir, die Rucksäcke für andere Kinder zu packen, und das gefiel ihm sehr«, erzählt LaJuana. »Nicht ein einziges Mal sagte er: ›Hey, das will ich aber auch.‹ Er war glücklich mit dem, was er hatte. Ich kaufte ihm nie etwas Überflüssiges. Aber jedes Kind verdient ein Bett, Kleider und ein paar Bücher.«

Als Jeffreys Mutter schließlich einen Wohnwagen zugesprochen bekam, hoffte LaJuana, Jeffreys Lage würde sich ein bisschen verbessern. Doch eines Tages erschien die Polizei, um sie aus dem Wohnwagen zu werfen.

»Möchten Sie noch ein paar Sachen für Ihren Sohn mitnehmen?«, fragten sie Jeffreys Mutter.

»Nein, aber kann ich das Bier im Kühlschrank haben?«, erwiderte diese.

Es war LaJuana, die in den Wohnwagen eilte, um das wenige zu retten, was Jeffrey besaß. Im Wohnwagen standen überall leere Flaschen herum. Auf einem Haufen Müll sah LaJuana einen Schuh von Jeffrey und nahm ihn mit. Sie fand noch einen weiteren Schuh, der nicht zum ersten passte. Sie nahm alles, was sie finden konnte, zu sich nach Hause und reinigte es. »Aber es brach mir das Herz«, sagt sie. »Es war entsetzlich zu sehen, wie Jeffrey leben musste.«

Eines Tages klopfte Jeffrey nicht mehr wie sonst an LaJuanas Tür. Auch der nächste Tag verging ohne ein Zeichen. Als LaJuana sich nach seiner Mutter erkundigte, erfuhr sie, dass sie überstürzt die Stadt verlassen hatte und nach Las Vegas gezogen war.

Jeffrey hatte sie mitgenommen.

Das war vor mehreren Monaten gewesen, und seitdem hat LaJuana ihn nicht mehr gesehen. Als sie mir ihre erste E-Mail schickte, war Jeffrey noch bei ihr. Jetzt ist er fort, aber die Verbindung besteht weiterhin.

Wenn sie zusammen waren, spielte LaJuana immer ein

eigens erfundenes Spiel mit ihm, in dem sie ihm Fragen über sich selbst stellte. »Ich fragte ihn: ›Wie lautet mein Vorname? Und wie mein Nachname? Wo wohne ich? Wo arbeite ich?‹ Und dann sagte ich zu ihm: ›Sollte dich jemals ein Sozialarbeiter fragen, ob du eine Großmutter hast, dann sagst du Ja.‹ Und dann riefen wir beide ganz laut: ›Ja!‹ Sollte Jeffrey eines Tages wieder an meine Tür klopfen, werde ich ihn in die Arme nehmen und sofort ins Haus ziehen.«

Nur weil LaJuana den Kontakt zu dem süßen Jungen verloren hat, der vor ihrer Tür stand, heißt das noch lange nicht, dass die Geschichte vorbei ist. Im Gegenteil, sie geht weiter. Sie ist noch nicht zu Ende.

Am meisten staunte ich darüber, welches unglaubliche Wunder die beiden zusammengeführt hatte. Jeffreys Mutter wechselt willkürlich den Wohnort. Es war reiner Zufall, dass sie schließlich in einer Wohnung nur zwei Häuser von LaJuana entfernt landete. Das Unglaubliche daran ist, dass LaJuana nicht nur ein besonders großherziger Mensch ist. Sie ist auch der Mensch, der wahrscheinlich am besten geeignet war, sich in diesem Moment um Jeffrey zu kümmern.

LaJuana wurde adoptiert und wuchs bei einem Paar auf, das insgesamt sieben Kinder hatte, davon zwei aus Korea. »Meine Familie war ein einziger Schmelztiegel«, erzählt sie. »Mein Vater arbeitete als Arzt und kümmerte sich um vernachlässigte Kinder.« Als LaJuana noch klein war, malte sie sich aus, dass sie eines Tages auch eine große Familie haben würde. »In allen Einzelheiten. Ich wollte zwölf Kinder«, führt sie aus. »Und alle sollten unterschiedliche Hautfarben haben.«

Dieses Ziel setzte sie fast um. Als Pflegemutter nahm sie, zusätzlich zu ihren eigenen drei Kindern, insgesamt sieben

Pflegekinder auf. »Wenn meine Kinder morgens aufwachten, konnte es durchaus vorkommen, dass jemand Fremdes am Frühstückstisch saß«, sagt sie. »Es geschah nicht selten, dass mir mitten in der Nacht Kinder gebracht wurden, die aus konfliktreichen Haushalten geholt worden waren.«

So kam es also, dass Jeffrey eines Tages das unschuldige Lärmen spielender Kinder in einem Garten hörte, darauf zum betreffenden Haus ging und anklopfte. Und er begegnete jemandem, der mehr als andere befähigt war, ihm eine Zuflucht zu gewähren.

Das ist die Macht eines unsichtbaren Bandes: Es verbindet uns mit denen, für die wir Engel sein können. Es führt uns genau dann zusammen, wenn wir es am meisten brauchen.

Und hält uns in Verbindung, wenn wir räumlich voneinander getrennt sind.

»Im Augenblick kann ich für Jeffrey nur noch beten«, sagt LaJuana. »Dennoch bin ich überzeugt, sein Leben zum Positiven verändert zu haben. Ich wollte ihn nie seiner Mutter wegnehmen, sondern nur beiden zu verstehen geben, dass ich für Jeffrey da bin, ganz gleich, was passiert. Das hat sich nicht geändert und wird sich auch nie ändern. Ich weiß, eines Tages werde ich Jeffrey wiedersehen. Denn ich glaube felsenfest daran, dass ihn ein Engel zu meiner Tür geführt hat.«

LEBEN IN EINER ICH-BLASE

Manchmal klopft das Schicksal tatsächlich an die Tür und gibt einem die Chance, ein Engel auf Erden zu werden, wie das bei Linda und Irving, bei LaJuana und Jeffrey der Fall war. Doch das mit dem Klopfen darf nicht wortwörtlich verstanden werden. Es kann alles Mögliche sein, was unsere Aufmerksamkeit weckt. In meinem Fall waren es drei Worte.

Ich habe Hunger.

Das hörte ich, als ich 1986 auf dem Broadway an Maurice vorbeiging. Stehen blieb ich erst, als ich registrierte, was er da gesagt hatte. Es brach mir das Herz.

Manchmal werden wir zu Menschen, die in einer Blase leben. Wohin wir auch gehen, sind wir von einer Blase umgeben, die wir uns selbst geschaffen haben – einer Ich-Blase. Ich sollte es wissen, denn ich war so ein Mensch. Als ich jünger war und mich voll und ganz meiner Karriere im Anzeigenvertrieb widmete, lebte ich fast ausschließlich in dieser Ich-Blase. Glücklicherweise ließen Maurices drei schlichte Worte die Blase platzen.

Was ich von Menschen wie Linda und LaJuana und von vielen

anderen gelernt habe, denen ich auf meiner Reise begegnet bin, ist Folgendes: In einer Blase können wir nicht unser bestmögliches Leben leben.

Wenn wir unser bestmögliches Leben leben, sehen wir nicht nur, wir nehmen tatsächlich wahr. Wir hören nicht nur, wir hören zu. Wir ignorieren nicht, sondern engagieren uns.

Auf diese Weise bleiben uns die Chancen, ein Engel auf Erden zu werden, nicht mehr verborgen, sondern werden offenbar.

• •

7

DER BUCHLADEN

Ein paar Jahre nach dem Erscheinen von *Immer montags beste Freunde* bekam ich eine E-Mail von einem netten Mann namens Jim Kettlewell.

Jim ist der Sohn eines presbyterianischen Geistlichen und wuchs in einer Familie auf, die großen Wert auf gemeinnützige Werke legte. Er und seine Frau Kathy, mit der er früher zur Schule gegangen und nun seit vierundvierzig Jahren verheiratet war, hatten ihr ganzes Leben mit Engagement und Nächstenliebe verbracht. Es erfüllte mich mit großem Stolz, dass mein Buch einem so wunderbaren Menschen gefallen hatte.

Doch am meisten beschäftigte mich seine Schilderung der wundersamen Begebenheit, die zwei Minuten nach der Lektüre meines Buches geschah.

Wäre er nicht der Sohn eines Geistlichen gewesen, hätte ich Jim wahrscheinlich nicht geglaubt.

Am Morgen der Begebenheit fuhr Jim zu einem Buchladen in der Nähe seines Hauses in einem Vorort von Canton, Ohio. Er hatte sein ganzes Leben als Bäcker gearbeitet, war jedoch inzwischen im Ruhestand und las für sein Leben gern. Da er mit *Immer montags beste Freunde* fast durch war, wollte er es im Laden zu Ende lesen und sich sofort ein neues Buch kaufen. Er ging in das kleine Café, das zum Buchladen gehörte, und machte es sich in einem schönen Lesesessel bequem.

Nach etwa einer Stunde hatte er mein Buch ausgelesen.

Danach lehnte er sich mit geschlossenen Augen zurück und dachte ein, zwei Minuten über meine Geschichte nach. Gerade als er die Augen öffnete und aufstehen wollte, hörte er hinter sich einen Mann in ein Handy sprechen. »Er begann damit, als ich mich zum Gehen anschickte«, sagt Jim. »Dreißig Sekunden später, und ich hätte nichts mitbekommen.«

Jim wollte nicht lauschen, doch der Mann telefonierte lauter als angemessen. Jim drehte sich nach ihm um. Der Mann war Mitte zwanzig und offensichtlich so aufgebracht, dass es ihm nicht gelang, seine Stimme zu dämpfen. Er sprach höflich, und sein Südstaatenakzent verriet, dass er sich weit weg von zu Hause befand. Obwohl mehrere andere Kunden in seiner Nähe saßen, achtete niemand auf ihn. »Er wusste, dass wir in einer Lesezone waren, dennoch telefonierte er ziemlich laut«, sagt Jim. »Mein Eindruck war, dass er nicht unhöflich sein wollte, sondern Probleme hatte.«

Jim blieb sitzen, wo er war, und hörte weiter zu. Nach und nach konnte er sich einen Reim auf das Telefonat machen. Offenbar hatte der Mann gerade einen Gehaltsscheck für die ersten zwei Wochen in seinem neuen Job bekommen. Den hatte er am Tag zuvor bei der Bank abgegeben, doch die Bank prüfte erst einmal, ob er gedeckt war. Das war wohl das Problem. Denn der Mann brauchte sofort Geld.

»Er wohnte mit seiner Tochter in einem Motel und flehte den Manager an, ihm eine weitere Nacht das Zimmer zu überlassen, obwohl er nicht dafür bezahlen konnte«, erinnert sich Jim. »Ich weiß noch, dass er sagte: ›In meiner Brieftasche sind nur noch vier Dollar.‹« Doch Jim hatte den Eindruck, dass der Geschäftsführer des Motels sich nicht erweichen ließ.

Daraufhin rief der Mann bei mehreren Obdachlosenasylen an.

Jim hörte, wie ihm entweder beschieden wurde, man habe keinen Platz mehr, oder man könne keinen alleinstehenden Mann mit einem Kind aufnehmen. Jim bemerkte, wie die Stimme des Mannes mit jedem neuen Anruf verzweifelter klang. »Da ertönte die Stimme meines Vaters in meinem Kopf«, erzählt Jim. »Mein Vater war ein wirklich wohltätiger Mensch gewesen, und jetzt hörte ich ihn sagen: *Jim, Geld ist nicht so wichtig, aber manchmal kann man mit einer kleinen Summe ein großes Problem lösen.*« Da wusste ich, ich würde diesem Mann helfen.

Andererseits: Was, wenn das nur ein Trick war? Was, wenn der Mann ein Betrüger war? Genau dieser Gedanke ging Jim durch den Kopf, aber nur wegen des unglaublichen Timings. Konnte es wirklich ein Zufall sein, dass er das Telefonat des Mannes in genau dem Moment hörte, als er ein Buch über Mitgefühl ausgelesen hatte?

»Tatsache ist, dass ich nur selten in Buchläden gehe und mich fast nie dorthin setze, um zu lesen«, erklärt Jim. »Und bei einer dieser seltenen Gelegenheiten entspinnt sich direkt neben mir eine solche Geschichte? Das kam mir so absurd vor, dass ich wirklich das Gefühl hatte, es könnte ein Trick sein.«

Doch dann entschied er sich, diesen Verdacht abzutun. Er entschied sich, es nicht als Trick zu betrachten und auch nicht als Zufall, sondern als etwas ganz anderes. »Es war, als hätte Gott das für mich geplant«, sagt er.

Jim ist ein Mensch, der sich normalerweise auf seinen Glauben und seinen Instinkt verlässt. Also beschloss er, sich in diesem Fall auch daran zu halten. Er sah, wie der Mann seinen letzten Anruf beendete, etwas in seinem Notizbuch durchstrich und den Kopf in den Händen barg. Das war sein Zeichen, in Aktion zu treten.

»Junger Mann«, sprach er ihn an.

Doch der Mann hörte ihn zunächst nicht.

»Junger Mann«, wiederholte Jim etwas lauter.

Da blickte der Mann auf. Jim bedeutete ihm mit einer Handbewegung, zu ihm zu kommen. Langsam stand der Mann auf und nahm neben Jim Platz.

»Ich habe gehört, was bei Ihnen los ist«, sagte Jim. »Sie stecken in Schwierigkeiten. Lassen Sie uns gemeinsam überlegen, wie Sie da wieder rauskommen.«

Jeglicher Verdacht, den Jim gehegt haben mochte, verflog, kaum dass der Mann sich zu ihm setzte. »Es war nur ein Gefühl«, sagt er. »Aber ich wusste, dass der Mann ehrlich war.«

Auf der anderen Seite zeigte auch der Mann keinerlei Misstrauen Jim gegenüber, keinerlei Zögern oder Zweifel an seinen Beweggründen. Es war, als hätte sie von Anfang an etwas Unausgesprochenes verbunden.

»Ich nannte ihm meinen Namen, worauf er mir sagte, dass er Rick heiße. Das war's schon. Nachnamen waren überflüssig«, erzählt Jim. »Ich sagte: ›Gehen wir!‹, und dann standen wir auf und verließen das Café.«

Vor dem Buchladen erfuhr Jim mehr von Rick. Er arbeitete

als Elektrikerlehrling auf einer Baustelle an der nahe gelegenen Universität. Sein Boss hatte ihm freigegeben, damit er seine Privatangelegenheit klären konnte. Die bestand darin, sich eine Unterkunft für die Nacht zu suchen. Er war mit seiner dreijährigen Tochter aus Akron hergezogen und hatte eine Tagesstätte für sie gefunden, sodass er arbeiten konnte. Doch als sein Gehaltsscheck nicht ausgezahlt wurde, ging ihm das Geld aus. Der Manager seines Motels drohte, ihn mit all seinen Habseligkeiten auf die Straße zu setzen. Und die Obdachlosenasyle des Orts hatten ihn auch abgewiesen.

»Was ist mit der Mutter Ihrer Tochter?«, fragte Jim.

»Die hat nichts mehr mit uns zu tun«, sagte Rick. Er erklärte, er habe das alleinige Sorgerecht für seine Tochter, doch die Scheidung habe all seine Ersparnisse aufgebraucht.

»Dann kommen Sie mal mit«, forderte Jim ihn auf. »Meine Bank ist nicht weit entfernt.«

Gemeinsam fuhren sie schweigend zu einem Geldautomaten. Dort hob Jim dreihundert Dollar ab. »Ich hatte immer noch die Stimme meines Vaters im Ohr, die sagte: *Jim, du kannst diesem Mann helfen, sein Problem zu lösen, ohne dass du ein wirkliches Opfer bringen müsstest.* Das stimmte, denn für mich war es eigentlich ein kleiner Betrag. Für Rick bedeutete es jedoch mehr als nur Geld.«

Jim gab einem praktisch Fremden einen dicken Stapel Zwanziger. Rick zählte sie und blickte dann zu Jim auf.

»Das ist viel zu viel«, sagte er. »Hundert Dollar reichen. Sogar fünfzig.«

»Keine Widerrede«, entgegnete Jim. »Hier geht's nicht um Sie oder mich, sondern um das Werk des Herrn. Sie wissen ja nicht, was Sie morgen oder übermorgen brauchen. Schließlich

83

müssen Sie und Ihre Tochter auch etwas essen. Also stecken Sie es einfach ein.«

Beschämt faltete der Mann die Geldscheine und schob sie sich in die Tasche. Jim fuhr ihn zu einem nahe gelegenen Restaurant, wo Rick sich mit einem Kollegen traf, der ihn zur Baustelle mitnehmen konnte. Bevor er aus dem Wagen stieg, holte er Stift und Notizblock heraus und fragte nach Jims Adresse.

»Ich schicke Ihnen das Geld, sobald ich kann, versprochen«, sagte er.

»Nicht nötig«, erwiderte Jim. »Eines Tages, und wenn bis dahin noch Jahre vergehen, werden Sie die Gelegenheit bekommen, jemand anderem zu helfen, und wenn es so weit ist, dann tun Sie es einfach. Das reicht mir völlig.«

Rick steckte Stift und Block weg. Ihm standen Tränen in den Augen. Jim ging es ähnlich. »Es flossen keine Tränen, das nicht«, beteuert er. »Wir waren wohl beide etwas gerührt. Weil wir wussten, dass uns jetzt etwas verband.«

Sie gaben sich die Hand. Dann stieg Rick aus und winkte zum Abschied. Jim grüßte ebenfalls, worauf Rick sich umdrehte und fortging.

Die beiden Männer sahen sich nie wieder. »Das Ganze geschah vor etwa zwei Jahren, und bis heute denke ich täglich daran«, erklärt Jim. »Manchmal war ich versucht, Rick aufzuspüren, weil ich gerne wissen würde, was aus ihm geworden ist. Aber das habe ich nie getan.«

Allein bei der Erinnerung an ihre Begegnung ist Jim schon wieder gerührt. »Das Timing musste einfach perfekt sein, sonst wäre das Ganze nie passiert«, erklärt er. »Schließlich hatte ich gerade die letzte Seite Ihres Buches gelesen, die noch einmal diesen einen Wendepunkt in Erinnerung rief, der Ihr Leben und das von Maurice änderte, und in der nächsten Sekunde geschah genau solch ein Wendepunkt in meinem eigenen Leben. Einfach verblüffend, schon fast surreal.«

Es gab gute, vernünftige Gründe, warum Jim Rick einfach hätte ignorieren und sich weiter nur seinen Angelegenheiten hätte widmen sollen. Denn es hätte ja ein Betrug sein können. Jim hätte sogar in Gefahr geraten können. Wie man es auch betrachtet: Jim ging ein Risiko ein, als er einem Fremden seine Hilfe anbot. »Das ist mir klar. Es gibt auch Situationen, in denen ich einfach gegangen wäre«, sagt er. »Aber bei manchen Gelegenheiten muss man einfach zugreifen.«

Im Prinzip hatte Jim auf die Stimme seines längst verstorbenen Vaters gehört und damit an die Familientradition von Güte und Nächstenliebe angeknüpft. Er hatte zugelassen, dass Worte, die vor Jahrzehnten gesprochen worden waren, aus der Vergangenheit zu ihm drangen und seine Taten in der Gegenwart lenkten.

»Der Boden war bereitet. Von meinem Vater, meiner Mutter, meinen Lehrern in der Sonntagsschule, von vielen Menschen«, erklärt Jim. »Alles, was ich je gelernt hatte, führte mich zu diesem einen Augenblick mit einem Fremden im Buchladen. Ich musste nur handeln.«

Als Jim mir seine Geschichte schrieb, betonte er immer wieder, dass er nicht für seine Tat gelobt werden wolle. Für ihn war sie nichts Besonderes. Mickrig nannte er sie. Ich verstand ihn. Niemand in diesem Buch hat mir seine Geschichte erzählt, um dafür Anerkennung zu bekommen. Sondern in der Hoffnung, andere zu inspirieren.

Dennoch war selbst Jim klar, dass seine Tat im Grunde nicht mickrig war.

»Ich habe gesagt, sie sei eigentlich nichts Besonderes, doch ich habe erfahren, dass das ganz und gar nicht stimmt«, führt er aus. »Denn ich half jemandem, der in Not war. Und das ist tatsächlich etwas Besonderes.«

All dies geschah nur, weil Jim Kettlewell wirklich zuhörte.

UNSCHULD DES HERZENS

Ich werde immer wieder gefragt, warum ich fünfundzwanzig Jahre brauchte, bis ich die Geschichte von Maurice und mir aufschrieb. Der Grund ist, dass ich lange Zeit nicht wusste, ob sie jemanden interessieren würde.

Selbst als man mir sagte, ich sollte ein Buch darüber schreiben, war ich nicht überzeugt. Ich dachte, die besondere Freundschaft zwischen Maurice und mir wäre nur für uns von Bedeutung.

Wie sehr ich mich geirrt hatte, erkannte ich erst, als ich schließlich das Buch schrieb. Je mehr Menschen ich daraufhin traf und je mehr ähnliche Geschichten ich von ihnen hörte, desto mehr akzeptierte ich eine neue Realität. Dass ich in einer Welt voller unsichtbarer Bänder lebte. Meine Sicht auf die Welt veränderte sich.

Mir wurde klar, dass ich mich auf einer spirituellen Reise befand, um mich und meinen Platz in der Welt besser zu erkennen.

Auf dieser Reise bekam ich eine der wertvollsten Lektionen von Kindern.

Nach dem Erscheinen von Immer montags beste Freunde *wurde ich von vielen Lehrern und Direktoren eingeladen, in ihrer*

Schule zu sprechen. Ich hatte nie daran gedacht, welche Wirkung meine Geschichte auf Kinder und Jugendliche haben könnte, war aber überzeugt, dass sich im Grunde nur Erwachsene dafür interessieren würden. Doch da irrte ich mich. Die jungen Menschen erwiesen sich als mein aufmerksamstes und engagiertestes Publikum.

Ich weiß noch, wie ich vor einer Gruppe Grundschulkinder sprach. Nachdem ich ihnen alles über Maurice und mich erzählt hatte, fragte ich sie: »Fallen euch vielleicht auch kleine Akte der Nächstenliebe ein?«

Da hob ein Junge die Hand.

»Ich finde, ein kleiner Akt der Nächstenliebe ist es, wenn man jemanden in der Pause abseits stehen sieht und ihn auffordert mitzuspielen, damit er nicht mehr allein ist«, sagte er mit leiser, zögernder Stimme.

»Ganz genau«, erwiderte ich. »Das ist ein ganz wunderbarer Akt der Nächstenliebe. Das Kind, das ganz allein dasteht, fühlt sich schlecht, weil es keine Freunde zum Spielen hat.«

In diesem Augenblick hob noch ein kleiner Junge namens Anthony die Hand.

»Genau das ist mir passiert«, sagte Anthony.

»Was denn, Anthony?«

»Ich war in der Pause, und keiner wollte mit mir spielen. Da war ich traurig.«

Ich musste mich arg zusammenreißen, damit mir nicht vor den Kindern die Tränen kamen. Doch bevor ich etwas sagen konnte, meldete sich ein anderer Junge in der Klasse.

»Das werden wir nie mehr zulassen«, sagte er zu Anthony.

»Genau«, mischte sich ein dritter Junge ein. »Du kannst auch bei uns mitspielen.«

»Und bei uns«, rief noch jemand. »Du kannst immer zu uns kommen.«

Ich muss Ihnen wohl nicht sagen, dass mich diese spontanen Ermutigungen, diese instinktive Freundlichkeit der Kinder einfach sprachlos machte.

Dadurch wurde mir außerdem bewusst, wie spontan und unschuldig Kinder die Chance ergreifen, Engel auf Erden zu werden. Es ist die Unschuld des Herzens.

Kinder reagieren rascher auf diese Chancen als Erwachsene, weil sie weniger Schutzwälle um sich herum aufgebaut haben. Als Anthony preisgab, wie einsam er sich fühlte, reagierten seine Klassenkameraden sofort. Instinktiv erkannten sie ihre Verbindung zu Anthony und handelten entsprechend. Diese wunderschöne Unschuld wird meist im Laufe des Lebens durch die unterschiedlichsten Ereignisse befleckt. Doch ich habe erfahren, dass sie immer noch da ist, in uns allen, und dass wir sie wirken lassen können, wenn wir es nur versuchen.

Dann können wir die Chance, ein Engel auf Erden zu werden, leichter erkennen und ergreifen.

· ·

8

DIE MITZWA

2013 bekam ich eine E-Mail von einer elfjährigen Sechstklässlerin namens Avital.

Avital schrieb mir, sie habe an ihrer Schule in Connecticut ein Projekt übernommen. Dazu müsse sie etwas über einen modernen *Mitzwa*-Helden schreiben. *Mitzwa* kommt aus dem Hebräischen und bezieht sich auf die Regeln, die Gott uns gegeben hat. Es bedeutet »moralische Handlung als religiöse Pflicht«. Später erklärte Avital mir, dass ein *Mitzwa*-Held jemand sei, der etwas Gutes aus reinem Herzen tut und zwar ohne persönlichen Vorteil. Sie können sich vorstellen, wie stolz und geehrt ich mich fühlte, weil Avital mich zu ihrer *Mitzwa*-Heldin erwählt hatte.

Avital fragte mich, ob sie mich für ihr Schulprojekt interviewen dürfe, was ich natürlich sofort bejahte. Wir verabredeten uns zu einem Telefonat.

Das Interview war einfach wunderbar. Avital hatte das ganze Wochenende davor Fragen ausgearbeitet und war so gut vorbereitet wie eine richtige Reporterin. Am Ende unseres

Gesprächs stellte ich ihr auch ein paar Fragen zu ihrem Projekt und der Präsentation unserer Geschichte.

Ich war selbst überrascht, als ich mich plötzlich fragen hörte: »Wie fändest du es, wenn ich zur Präsentation deines Projekts deine Schule besuchen würde?«

Darauf folgte zunächst einmal Schweigen. »Meine Mom hat mir verboten, Sie zu fragen«, antwortete Avital schließlich. »Sie sagte, das wäre zu viel verlangt.« Dann brüllte sie: »Mom! Miss Schroff hat gefragt, ob sie zu mir in die Schule kommen kann!« Ihre Stimme klang ganz aufgeregt, aber ehrlich gesagt war ich mindestens so aufgeregt wie sie.

Am Tag der Präsentation fuhr ich zu Avitals Schule und betrat einen Saal voll mit Schülern und ihren Familien. Plötzlich kam ein entzückendes Mädchen mit hellbraunen Haaren und einem ansteckenden Lächeln zu mir gelaufen und überreichte mir einen Blumenstrauß. Dann umarmte sie mich, und ich drückte sie fest an mich. Ich hatte gar nicht damit gerechnet, dass es solch ein emotionaler Moment werden würde. Doch etwas an diesem jungen Mädchen, das sich von meiner Geschichte inspiriert fühlte, erfüllte mich mit Hoffnung und Freude.

Ich setzte mich hin und hörte zu, wie Avital ihr Projekt präsentierte. »In meinem Interview mit Miss Schroff fragte ich, was ich aus ihrem Buch lernen sollte«, sagte Avital. »Sie antwortete, sie wünsche sich, ihre Leser würden lernen, dass ein kleiner Akt der Nächstenliebe Großes bewirken könne.«

Avital erzählte auch über *Tikun Olam*, einen jüdischen Wert, der so viel wie *die Welt reparieren* bedeutet. »Uns wird beigebracht zu handeln, um die Welt zu einem besseren Ort zu machen«, erklärte sie. »Ich habe das Gefühl, dass Miss Schroffs Handlungen wunderbar waren und ein Beispiel für *Tikun*

Olam sind. Im Talmud heißt es: *Wer auch immer ein Leben rettet, kann als Retter der Welt betrachtet werden.* Lauras Handlungen haben Maurices Welt in Ordnung gebracht.«

In ihrer wunderbaren Präsentation zeigte Avital die Geschichte von Maurice und mir auf Schautafeln und Fotos. Sie kürzte sie und konzentrierte sich auf die dramatische Darstellung der tief greifenden Konsequenzen, die ein einziger Akt der Nächstenliebe nach sich ziehen kann. Avital hatte sogar einen kleinen Tisch mit zwei Tellern und einer Platte winziger Cookies gebastelt. Ein Symbol für die vielen Abende, an denen Maurice und ich Cookies gebacken und gegessen hatten.

Immer montags beste Freunde hat ein paar Preise gewonnen und wurde von vielen Lesern gelobt. Dennoch kann ich mir keine größere Ehre vorstellen als die, von Avital zur *Mitzwa*-Heldin bestimmt worden zu sein.

An jenem Tag kam Avital irgendwann zu mir und überreichte mir etwas. Es war ein winziger Zettel aus einem Glückskeks, den sie am Wochenende zuvor gegessen hatte. Darauf stand: *Gib jemandem, was du hast. Daraus kann mehr Gutes entstehen, als du zu träumen wagst.*

Bis zum heutigen Tag liegt dieser Zettel auf meinem Schreibtisch und erinnert mich an meine süße kleine Freundin Avital.

Doch das wahre Wunder von Avitals Geschichte liegt weder in unserer Begegnung noch in ihrem Schulprojekt, sondern in dem, was einen Monat nach ihrer Präsentation geschah.

Es war Avitals Mutter Rachel, die dem Mädchen meine Geschichte nähergebracht hätte. »Sie las das Buch und gab es dann mir, damit wir es gemeinsam lesen konnten«, erzählt Avital. Bevor sie von Maurice und seiner problematischen Kindheit in einer Reihe von Sozialbauten erfuhr, wusste sie nicht, wie schwer es manche im Leben haben. »Es war wie ein Kulturschock für mich, über Maurices Leben zu lesen. Und ich wurde sehr dankbar für alles, was ich habe.«

Einen Monat nach unserer Begegnung fuhren Avital und ihre Mutter in einen Supermarkt. Danach luden sie ihre Einkäufe in den Wagen, stiegen ein und wollten vom Parkplatz fahren. »Da sahen wir einen Mann mit einem Schild«, erzählt Avital. »Auf dem Schild stand, er brauche Hilfe. Er bat um etwas zu essen, um Milch und Windeln.«

Sie wollten gerade auf die Straße einbiegen, da sagte ›Avital plötzlich: »Mom, wir müssen zurück.«

Ihre Mutter sah sie entgeistert an. »Ich sagte zu ihr: ›Avital, gleich ist Zeit fürs Abendessen. Wir müssen nach Hause.‹«, erinnert sich Rachel. »Doch Avital sagte sehr bestimmt: ›Nein, Mom, wir müssen zurück. Wir müssen etwas tun.‹«

War Avital zum ersten Mal an jemandem vorbeigefahren, der um Hilfe bat? Wahrscheinlich nicht. Aber es war das erste Mal, dass sie es tatsächlich bemerkte.

»Es war gerade erst einen Monat her, dass ich mit Ihnen gesprochen hatte«, erklärt Avital. »Was Sie für Maurice getan hatten, bedeutete mir wirklich viel. Jetzt hatte ich die Chance, etwas Ähnliches zu tun.«

Rachel wendete den Wagen und fuhr zurück. Sie gingen noch einmal in den Supermarkt und kauften Windeln, Feuchttücher, Milch, Brot und sogar ein paar Donuts. Dann gingen sie hinaus und suchten nach dem Mann mit dem Schild. Als sie ihn fanden, gab Avital ihm die Tüten mit den Einkäufen. »Er war sprachlos. Und plötzlich kam seine Frau mit zwei kleinen Kindern aus einem Versteck. Sie wollte uns auch danken.«

Das war für Avital ein Augenblick, den sie niemals vergessen wird. »Ich weiß noch, wie gut ich mich fühlte«, sagt sie. »Es fühlte sich an, als könnte die Familie damit einen weiteren Tag überstehen. Wir fuhren danach noch oft zu diesem Supermarkt und hielten nach ihnen Ausschau, sahen sie aber nie wieder.«

Trotzdem hat diese eine Begegnung Avitals Leben verändert. So, als wäre etwas aktiviert worden.

»Seitdem macht sie ständig so was«, erzählt ihre Mutter. »Jedes Mal, wenn wir an einer Ampel halten und sie sieht einen Bettler, sagt sie: ›Mom, wir müssen ihm was geben. Wir müssen was tun.‹«

»Was wir ihnen geben, ist für uns nicht viel«, erklärt Avital. »Aber für sie könnte es entscheidend sein.«

Wegen ihrer guten Tat auf dem Supermarktparkplatz und ihrer unermüdlichen Bemühungen, Bedürftigen zu helfen, ist Avital jetzt meine *Mitzwa*-Heldin.

In gewisser Hinsicht zeigte mir Avital, wie Kinder die unsichtbaren Bänder erkennen, dementsprechend handeln und Engel auf Erden werden. Avitals Akt der Nächstenliebe auf dem Parkplatz war weit mehr als nur eine freundliche Geste. Es war eine Lektion fürs Leben – sowohl für sie als auch für mich. Durch sie veränderte sich unser beider Sicht auf die Welt.

»Seitdem wir die Lebensmittel für diese Familie gekauft haben, halte ich auf all meinen Wegen die Augen offen, auf der Suche nach Chancen, jemandem zu helfen«, sagt Avital. »Ich achte viel mehr auf andere Menschen. Ich achte auf jeden, der Hilfe brauchen könnte.«

Für Avital gilt es jetzt, so lange wie möglich an dieser Unschuld des Herzens festzuhalten.

»Ich weiß noch nicht genau, was ich machen möchte, wenn ich erwachsen bin«, erzählte mir Avital. »Doch ich weiß, dass ich einen Teil meines Lebens damit verbringen will, anderen zu helfen. Ich werde anderen Menschen immer zeigen, dass ich für sie da bin.«

DRITTER TEIL
Zugewandtheit

Können wir nicht ein schönes Leben haben, ohne über unsichtbare Bänder nachzudenken, ohne danach zu streben, Engel auf Erden zu sein? Vermutlich schon. Doch ich glaube nicht, dass wir das sollten. Die wahre Schönheit des Lebens, der eigentliche Lohn besteht doch in der Gemeinschaft mit anderen. Die Geschichten im folgenden Kapitel zeigten mir, dass das eine wesentliche Voraussetzung für Glück und Zufriedenheit ist. Zugewandtheit bedeutet zu verstehen, dass wir nicht nur mit anderen verbunden sind, sondern auch füreinander verantwortlich.

9

DER SPENDER

Jason Bradburn ist vierunddreißig und Senior Vice President bei *Morgan Stanley*. Er folgte seinem älteren Bruder Mark in die Finanzbranche und entdeckte, dass ihm diese Arbeit wirklich liegt. Ein paar Jahre zuvor hörte er, dass ein bekannter Mann in diesem Geschäftszweig, den er flüchtig kannte, an einer extrem seltenen Blutkrankheit litt. »Er hieß Alan und hatte zwei kleine Zwillingstöchter«, sagt Jason. »Obwohl er in der Finanzbranche ein ganz hohes Tier war, konnte ihm kein Geld der Welt helfen.«

Jason erfuhr, dass es nur zwei Möglichkeiten gab, Alan zu retten: durch eine periphere Blutstammzellenspende oder durch eine Knochenmarkstransplantation. In der Hoffnung, ihm zu helfen, erklärten Jason und Mark sich bereit, sich über eine Organisation namens *Be The Match* im nationalen Knochenmarksspendenprogramm registrieren zu lassen.

»Ich ging für fünf Minuten in Alans Büro, wo mir jemand ganz kurz mit einem Wattestäbchen im Mund herumfuhr«, erinnert sich Jason. »Es war noch einfacher als Blut zu spenden.

Als ich wieder ging, dachte ich: War ja überhaupt nicht schlimm. Im Ernst, leichter hätte es gar nicht sein können.«

Doch weder Jason noch sein Bruder waren passende Spender. Da sich auch sonst keiner für Alan fand, musste er leider sterben.

Mit der Zeit dachte Jason gar nicht mehr daran, dass er in der Datenbank registriert war. Hin und wieder bekam er von *Be The Match* eine schriftliche Aufforderung, seine Registrierung und Kontaktdaten zu bestätigen. »Ich hatte es schon fast vergessen«, sagt er. »Ich schickte meine Bestätigung zurück, und das war's dann.«

Fast drei Jahre vergingen.

Eines Tages befand sich Jason auf dem Weg zu einem Kunden nach Michigan. Er ging gerade durch die Sicherheitskontrolle am Flughafen, als sein Handy klingelte. Der Anrufer war jemand von *Be The Match*.

»Ich dachte, es wäre ein Werbeanruf, und sagte, ich würde zurückrufen«, erklärt Jason.

Aber es war keine Werbung.

Eine Sachbearbeiterin erklärte Jason, dass er möglicherweise als Spender für einen Patienten infrage komme, der eine Transplantation weißer Blutkörperchen brauche. Sie fragte, ob er bereit sei, sich eine Blutprobe entnehmen zu lassen, um die Möglichkeit zu bestätigen.

Jason sagte zu. Ein paar Wochen nach der Blutentnahme fand Jason in seiner Post ein Schreiben von *Be The Match*. »Ich dachte, man wollte mir damit mitteilen, ich käme als Spender nicht infrage«, sagt Jason. »Doch dann las ich: *Unser Test hat ergeben, dass Sie möglicherweise als Spender für einen anderen*

Patienten geeignet sind, der eine Transplantation benötigt. Wir
setzen uns mit Ihnen in Verbindung, sobald die nötigen Vorberei-
tungen getroffen sind.«

Jason dachte, bis dahin wäre noch Zeit. »Das Schreiben war
sehr formell und enthielt keinerlei Informationen über den Patienten«, erklärt er. »Es war ziemlich unpersönlich. Ich hatte
den Eindruck, so würde es auch bleiben, bis es zur Spende
käme.«

Einen Monat später erreichte ihn ein zweiter Anruf. »Man
erklärte mir, man sei sich nicht ganz sicher, ob man mich brauchen werde, aber für alle Fälle sollte ich mich bitte medizinisch
durchchecken lassen. Es sollte die gründlichste Untersuchung
meines Lebens werden: Herz, Nieren, Leber – einfach alles. Es
hieß, das sei nicht zur Sicherheit des Patienten, sondern zu
meiner eigenen.«

Bei der Untersuchung wurde Jason ein ausgezeichneter ge-
sundheitlicher Zustand bescheinigt. Noch immer nicht hatte
er den Eindruck, er sollte tatsächlich jemandem helfen. Es
fühlte sich einfach nicht echt an.

»Zum Teil deshalb, weil man kaum etwas über den Patienten preisgab«, sagt er. »Ich wusste nur, dass er männlich war,
sechzig Jahre alt und irgendwo in den Staaten lebte. Und dass
er das Melodysplastische Syndrom hatte, kurz MDS, das die
Produktion von Blutzellen beeinträchtigt. Das war's auch
schon. Mehr war es nicht.«

Genau eine Woche nach seinem Gesundheitscheck bekam
er einen dritten Anruf.

»Wir brauchen Sie«, sagte die Anruferin. »Wir können los-
legen.«

Die Prozedur bestand darin, jeden einzelnen Tropfen von Jasons Blut außerhalb des Körpers zu filtern, um die Stammzellen zu entnehmen, die in den weißen Blutkörperchen zu finden sind. Dazu musste er ein Mittel aus der Krebstherapie nehmen, das von der Gesundheitsbehörde nicht für gesunde Patienten freigegeben war. Das Medikament werde grippeähnliche Symptome und Gelenkschmerzen auslösen, die so heftig sein würden, dass er kaum werde laufen können.

Ihm war klar, dass es Kranke gab, die weitaus Schlimmeres durchmachten, aber eine schmerzfreie Angelegenheit war das bestimmt nicht. Jasons Mutter machte sich auch Sorgen, die Spende könnte sich langfristig auf seine Gesundheit auswirken.

Dennoch blieb Jason bei seiner Entscheidung. Es gab weder einen Vertrag noch eine bindende Verpflichtung. Er konnte es sich jederzeit anders überlegen, sogar noch kurz vor der eigentlichen Spende. Aus diesem Grund verbrachte seine Sachbearbeiterin viel Zeit mit Jason am Telefon, um ihm ganz genau zu erklären, was er da eigentlich machen sollte.

»Sie sagte, ich sei möglicherweise der Einzige auf der ganzen Welt, der dem Patienten eine Überlebenschance verschaffen könne«, erinnert sich Jason. »Das war eine ziemliche Verantwortung. Außerdem müsse der Patient vor der Spende bestimmte Medikamente einnehmen, die so stark seien, dass sie ihn umbringen könnten. Wenn ich also am Tag der Spende aufgetaucht wäre und meine Meinung geändert hätte, wäre der Patient höchstwahrscheinlich gestorben.«

Wiederholt fragte die Sachbearbeiterin Jason: »Ist Ihnen klar, was das für Sie bedeutet? Sind Sie immer noch bereit dazu?« Es gab keinen Mittelweg. Entweder er machte es oder nicht.

»Es ist eine Sache, wenn der eigene Bruder eine Niere braucht«, sagt Jason. »Für meinen Bruder würde ich mein Leben geben. Aber für einen vollkommen fremden Menschen? Normalerweise denken wir nicht so intensiv über kranke Menschen nach. Normalerweise sagen wir nur: Das tut mir so leid, und wenden uns wieder unseren eigenen Angelegenheiten zu.«

Jason konnte immer noch einen Rückzieher machen. Dabei wusste er eigentlich von Anfang an, dass die Entscheidung feststand.

»Ich weiß noch, wie ich zu meiner Mutter sagte: ›Wenn jemand aus unserer Familie so krank wäre, würden wir sehnlichst auf einen Spender hoffen.‹ So einfach war das. Wenn man jemandem Hoffnung geben kann, dann muss man es auch tun. Da war jemand, der mich brauchte. Wie sollte ich ihm meine Hilfe versagen?«

Jason bekam das nicht freigegebene Medikament – sechs Tage hintereinander jeweils zwei Spritzen jeden Morgen. Er litt an allen Nebenwirkungen, vor denen man ihn gewarnt hatte. Den schlimmsten Grippesymptomen, die er je erlebt hatte, und ständig zunehmenden Schmerzen in seinen Knochen und Gelenken. Fünf Tage vor der Spende wurde ihm geraten, jedes Risiko zu meiden.

»Als New Yorker wechselte ich ständig ziemlich unvorsichtig die Straßenseite. Doch ich weiß noch, dass ich sogar damit aufhörte«, erzählt Jason. »Mir war bewusst, dass ich dieses Antidot in meinem Körper hatte und das berücksichtigen musste. Und da wurde es greifbar. Ich war nicht mehr nur für mein eigenes Leben verantwortlich, sondern auch für das eines anderen Menschen.«

Für die eigentliche Spende ging er ins *Memorial Sloan Kettering Hospital* in Manhattan. Dort saß er stundenlang mit einem Schlauch in jedem Arm auf dem Bett. Durch den einen wurde sein Blut aus dem Körper geleitet und durch den anderen wieder hinein. Die gesamte Zeit befand sich immer ein Liter seines Bluts außerhalb seines Körpers in einer Zentrifuge, die die Leukozyten aus seinem Blut extrahierte. Das Ganze dauerte insgesamt drei Stunden. Man hatte ihn vorher gewarnt, dass es sehr anstrengend werden würde – wie ein Marathon.

»Das Herz muss drei Stunden lang sehr intensiv pumpen«, sagt Jason. »Andererseits war das alles machbar. Nichts im Vergleich zu dem, was der Patient hatte durchmachen müssen.«

Während der Prozedur kam ein Arzt zu Jason und dankte ihm für sein Opfer. »Genau aus diesem Grund bin ich Arzt geworden«, sagte er zu ihm. »Wir können die besten Techniken und Technologien auf der Welt haben, aber ohne den Menschen, ohne Ihr Blut, könnten wir nicht tun, was nötig ist.«

Nach der Prozedur hatte man einen kleinen Plastikbeutel mit Jasons weißen Blutkörperchen. Der Beutel kam in eine Kühltasche und wurde schleunigst abtransportiert. Mark hatte seinem Bruder die ganze Zeit Gesellschaft geleistet und half ihm, das Krankenhaus zu verlassen und auf dem Bürgersteig auf ein Taxi zu warten. Es regnete in Strömen, und nirgendwo war ein Taxi in Sicht. »Schließlich tauchte doch eins auf und fuhr uns heim«, sagt Jason. »Mark brachte mich in meine Wohnung und fuhr weiter ins Büro.«

Im Wagen erfuhr Jason, dass der ältere Taxifahrer ebenfalls ein Engel auf Erden war. »Er erzählte Mark, dass er bei Regen immer an Krankenhäusern vorbeifahre, weil er nicht wolle, dass die Kranken beim Warten nass würden«, erzählt er. Außerdem hatte der Fahrer gehört, wie Jason und Mark sich über die Spende unterhielten. Am Ende der Fahrt drehte er sich um und sprach sie an.

»Er sagte: ›Das ist die unglaublichste Geschichte, die ich je gehört habe, und es war mir eine Ehre, Sie beide zu fahren.‹«, erinnert sich Jason. »Er weigerte sich, Geld von uns anzunehmen.« Bei der Erinnerung kommen Jason immer noch die Tränen. »Ich meine, ich arbeite in der Finanzbranche«, sagt er. »Und dieser Taxifahrer, der mich nicht kennt, der mich wahrscheinlich nie wieder sehen wird und der das Geld viel, viel nötiger braucht als ich, wollte nichts von uns annehmen. Mark und ich waren sehr gerührt. Es gibt so viel Übles auf dieser Welt. Und dann trifft man jemanden wie diesen Taxifahrer.«

Jason wusste, dass es eine Weile dauern würde, bis er etwas von dem Patienten hörte. Tatsächlich vergingen zwei Monate ohne irgendwelche Nachrichten. Er wusste weder, ob seine Spende geholfen hatte, noch, ob der Patient am Leben war.

Er fuhr gerade mit seiner Freundin und jetzigen Ehefrau Liza von New York nach Rochester, als der Anruf kam. Seine Sachbearbeiterin hatte neue Informationen für ihn.

»Und zwar gute«, erzählt Jason. »Normalerweise bleiben Empfänger dreißig Tage im Krankenhaus. Dieser Patient konnte schon nach siebzehn Tagen nach Hause. Das war wirklich ein sehr großer positiver Schritt.«

Etwa sechs Monate später erhielt Jason weitere Nachrichten. Dieses Mal hatte es einen Rückfall gegeben, und der Patient musste wieder ins Krankenhaus. Bis heute wartet Jason auf neue Informationen, die nicht so oft kommen, wie er es gern hätte. »Mir ist klar, dass er vielleicht nicht überlebt. Deshalb habe ich darüber nachgedacht, was ich ihm eigentlich gespendet habe«, sagt er. »Ich erkannte, dass ich ihm Zeit gegeben habe. Mit meinen weißen Blutkörperchen habe ich ihm Zeit gespendet. Mehr Zeit mit seiner Familie, mehr Lebenszeit. Das hat mir, wahrscheinlich zum ersten Mal, den wahren Wert von Zeit klargemacht.«

Die Bedingungen für Jasons Blutspende sahen vor, dass der Empfänger zwölf Monate keinerlei persönliche Informationen über den Spender bekam. Danach konnte der Patient entscheiden, ob er sich mit dem Spender in Kontakt setzen wollte oder nicht. Obwohl mittlerweile ein paar Jahre vergangen sind, hat Jason noch nichts vom Empfänger seiner Leukozyten gehört. »Ich weiß nicht, ob ich ihn je kennenlernen werde«, sagt er. »Ich würde es gern.« Es ist durchaus möglich, dass der Patient für Jason immer ein Fremder bleiben wird.

Nur, dass das nicht ganz stimmt.

»Dieser Mann hat meine gesamte Sicht auf die Menschheit verändert«, erklärt Jason. »Er hat mir klargemacht, dass wir alle miteinander verbunden sind. Wir sind alle von anderen Menschen abhängig. Wenn ich früher durch die Straßen ging, achtete ich nicht auf andere, doch jetzt sehe ich mir jeden Einzelnen an und denke: Das könnte der Patient sein. Das könnte er sein. Es ist, als würde ich andere Menschen zum ersten Mal richtig sehen.«

Noch etwas hat Jasons Sicht auf die Welt verändert. Nachdem der Patient die weißen Blutkörperchen von Jason transplantiert bekommen hatte, fing sein Körper an, selbst weiße Blutkörperchen herzustellen. Doch diese waren immer noch Jasons.

»Das muss man sich mal vorstellen«, sagt Jason. »Er hat

meine Blutkörperchen in seinem Körper. Wir haben seinem Körper vorgegaukelt, dass meine gesunden Zellen seine sind. Aber in Wahrheit werden es immer meine bleiben.«

Es hat tatsächlich schon Fälle gegeben, in denen sich durch die Spende weißer Blutkörperchen auch das Aussehen des Empfängers so verändert hatte, dass er dem Spender ähnlicher sah.

»Ich meine, am Ende sieht der Mann noch so aus wie ich, was wirklich surreal wäre«, sagt Jason. »Eine derartige Beziehung hatte ich noch nie.«

Jasons Erfahrung mag etwas ganz Besonderes sein, ein Beispiel dafür, wie ein Akt der Nächstenliebe uns mehr miteinander verbindet. Doch für Jason ist die Lehre universell, die er daraus zieht.

»Es zeigt doch, wie sehr wir alle miteinander verbunden sind«, sagt er. »Wir alle sind Teil eines großen Ganzen und daher füreinander verantwortlich.«

GLÜCK GEHABT

Ich könnte es nicht besser ausdrücken. Wie Jason sagte, wird uns bewusst, dass wir füreinander verantwortlich sind, wenn wir ein Engel auf Erden werden. Durch dieses Bewusstsein geschieht etwas Bemerkenswertes: Wir wenden uns anderen zu. Wir sehen die Welt mit anderen Augen. Wir verändern uns ganz konkret.

Für Jason bedeutete der Wechsel seiner Sichtweise, dass er, wie er es ausdrückte, Menschen zum ersten Mal wirklich sah. Für mich klingt das nicht wie ein kleiner Nebeneffekt, sondern wie etwas Monumentales, das das ganze Leben umwälzt.

Auch das bedeutet Zugewandtheit: Uns wird bewusst, dass wir füreinander verantwortlich sind und dass das ein Segen ist!

»Ich hatte nur Glück«, sagt Jason über seinen Akt der Nächstenliebe. »Ich hatte einfach mehr Glück als andere, die sich haben registrieren lassen. Denn ich bekam wirklich die Chance, jemandem zu helfen.«

Auch wir haben Glück: Denn wir bekommen ständig die Chance, Engel auf Erden zu sein.

10

DIE FÜNFUNDZWANZIG TACOS

José Luis Balleza kann sich nicht mehr an ihren Namen erinnern.

Das Ganze geschah vor langer Zeit, vor fast vierzig Jahren. Vergeblich hat er versucht, sich zu erinnern und ihren Namen aus den Tiefen seines Gedächtnisses auszugraben. Die Frau hat keinen Namen mehr. Sie hat ihn an die Zeit verloren.

Doch die Frau selbst und das, was sie tat, wird er nie vergessen.

»Ich denke ständig an sie«, sagt José. »Sie steht mir ganz klar vor Augen. Denn sie lehrte mich etwas, das mein gesamtes Leben veränderte.«

José lebte als kleiner Junge in der mexikanischen Grenzstadt Reynosa, in der Nähe von Hidalgo in Texas. Er hatte fünf Geschwister, sein Vater fuhr Taxi und Lkw, wurde jedoch schon früh so krank, dass er nicht länger arbeiten und ihren Lebensunterhalt sichern konnte.

»Ich kann mich nur daran erinnern, dass er den ganzen Tag krank im Bett lag«, sagt José. »Eines Tages war da kein Bett mehr, und mein Vater war weg. Einfach verschwunden.«

Sechs Jahre alt war José, als seine Familie durch den Tod des Ernährers in tiefste Armut stürzte.

»Es gab kein soziales Netz«, sagt er. »Keine Rente, keine finanzielle Unterstützung, keine Ersparnisse, nichts. Es gab auch keine Verwandten, die uns hätten helfen können. Meine Mutter musste zu Hause bleiben, um sich um uns zu kümmern. Wir mussten irgendwie aus eigener Kraft überleben.«

Da entwickelte Josés Mutter Maria Ana einen Plan. Sie wollte zu Hause Tacos machen, die ihre ältesten Söhne, der neunjährige Martin und der sechsjährige José, auf der Straße verkaufen sollten.

»Jeden Morgen machte sie welche mit Eiern und Bohnen, packte sie in ein Stück Folie und gab sie uns. Martin fünfzig und mir fünfundzwanzig, weil ich jünger war«, erinnert sich José. »Ich trug sie in einem großen Henkeltopf, damit sie warm blieben. Eine Flasche Salsa nahm ich auch mit.«

Josés Aufgabe war es, alle fünfundzwanzig Tacos für je einen Peso – etwa achtzig Cent – zu verkaufen. Möglichst vor dreizehn Uhr, weil sie nachmittags zur Schule mussten. »Meine Mutter war da sehr streng«, erklärt er. »Sie sagte: ›So, ihr müsst diese Tacos verkaufen, und zwar alle.‹ Wir hatten keine andere Wahl und mussten das irgendwie schaffen.«

Zuerst schickte Maria Ana ihn mit seiner älteren Schwester los, die damals acht Jahre alt war. Doch José hatte das Gefühl, dass sie ihn nur behinderte. Daher erklärte er seiner Mutter, er komme besser allein zurecht, und sie ließ ihn ohne sie losziehen.

José schleppte seinen Henkeltopf in die Innenstadt von Reynosa, wo sich der Bahnhof, der Busbahnhof und die Kneipen befanden. Das war die gefährlichste Ecke des Orts, doch da gab es auch die meisten Menschen. Zuerst hatte er Angst und war schüchtern, doch ziemlich rasch wurde er zu einem guten Verkäufer. Er entwickelte sogar eine Verkaufsstrategie.

»Wenn jemand vorbeikam, fragte ich: ›Mit Salsa oder ohne?‹ Und dann sagte der andere: ›Salsa wofür?‹ Und ich antwortete: ›Für diese köstlichen Tacos.‹ Das funktionierte ziemlich gut.«

Eines Morgens bat ein Teenager José um zwei Tacos. José war misstrauisch, weil nur selten zwei Tacos auf einmal gekauft wurden. Dennoch gab er sie ihm. Der Teenager behauptete, er habe nur einen Zwanzig-Peso-Schein, den er wechseln müsse. José hatte sein Geld immer tief in seinen Taschen versteckt und wusste, dass er es nie offen zeigen durfte. Aber der Teenager blieb hartnäckig. Als José daraufhin sein Geld herausnahm, schnappte sich der Halbwüchsige das ganze Bündel und rannte davon.

»Ich versuchte, ihm mit meinem Topf nachzulaufen, aber er entwischte mir«, sagt José. »An dem Tag hatte ich ziemlich große Angst, nach Hause zu kommen. Ohne Geld.«

An einem anderen Morgen ging José in eine schäbige Billardhalle, um seine Tacos zu verkaufen. Ein Mann nahm einen Taco und versuchte dann, José auf die Toilette zu locken. »Er wollte mir nur da das Geld geben«, sagt José. »Dabei war ich erst sechs Jahre alt. Glücklicherweise kam jemand vorbei und verhinderte das. Danach war ich überaus vorsichtig.«

Trotz aller Vorsicht befand sich José im Grunde in ständiger Gefahr. Auf ein Kind im verrufensten Viertel der Stadt lauerten die Gefahren überall. Dennoch verkaufte er seine Tacos in Kneipen, in denen auf Schildern *Für Kinder verboten* stand, in schäbigen Schuppen neben den Bahngleisen, in Bars voller Trinker und Zuhälter. Er hatte keine andere Wahl, schließlich musste er fünfundzwanzig Tacos losschlagen. Manchmal, wenn er Glück hatte, verkaufte er sie innerhalb kurzer Zeit. Doch meistens musste er endlose Stunden auf gefährlichen Straßen verbringen und seinen riesigen Stahltopf durchschnittlich drei Meilen pro Tag schleppen.

Eines Morgens schlüpfte José in den Busbahnhof und bemerkte in einem Büro eine junge Frau. Sie war eine Sekretärin oder Fahrkartenverkäuferin. José ging in ihr Büro und fragte sie, ob sie einen Taco wolle.

Die Frau hielt in ihrer Arbeit inne und blickte den Jungen an.

»Du verkaufst aber noch nicht lange Tacos«, sagte sie. »Ich kenne alle Jungs, die Tacos oder Zeitungen verkaufen. Dich habe ich vorher noch nie gesehen.«

»Erst seit zwei Monaten«, erwiderte José.

»Wie alt bist du denn?«

»Sechs.«

»Gehst du zur Schule?«

»Ja, Ma'am.«

»Okay, wie heißt denn deine Schule?«

Sie wollte sehen, ob José log. Doch er erklärte ihr, er gehe auf die Grundschule namens *Venustiano Carranza*. Dabei dachte er nur: Kauft sie jetzt einen Taco oder nicht?

»Du bist viel zu jung, um als Straßenverkäufer zu arbeiten«, sagte die Frau. »Vor allem in diesem Viertel.«

»Ich muss aber«, erwiderte José. »Mein Vater ist tot.«

Da sah die Frau José mitfühlend an.

»Das tut mir leid«, sagte sie. »Ich kaufe drei Tacos.«

Drei Tacos! Kein Mensch kaufte drei Tacos! Höchstens zwei, aber normalerweise nur einen. Vielleicht hat sie echt großen Hunger, dachte José. Vielleicht will sie sich welche für später aufheben. Wie auch immer, es war jedenfalls ein gutes Geschäft.

José steckte die drei Pesos ein und wollte gehen, doch die Frau hielt ihn auf.

»Wie heißt du?«, fragte sie.

»José.«

»Hör mal zu, José«, sagte sie. »Ich möchte, dass du jeden Tag kommst. Ganz gleich, wie viele Tacos du dann noch hast: Ich kaufe sie alle.«

José konnte es kaum glauben. Am nächsten Tag tauchte er wieder am Busbahnhof auf. Natürlich nicht mit allen fünfundzwanzig Tacos. Er wusste, dass sie das nicht so gemeint hatte. Es kam ihm nicht richtig vor, von ihr zu verlangen, alle zu kaufen. Also legte er sich wie immer ins Zeug und erschien mit fünf Tacos in ihrem Büro.

Die Frau kaufte sie.

Die nächsten drei Monate ging José jeden Tag zu der Frau. Weil sie so viele Tacos von ihm kaufte, hatte er mehr Zeit, die anderen in weniger gefährlichen Gegenden zu verkaufen, und war nicht mehr so gefährdet.

»In meinem Leben habe ich wahrscheinlich fünftausend Tacos verkauft«, sagt José. »Doch sie war der einzige Mensch, der je zu mir sagte: ›Wenn du zu mir kommst, kaufe ich dir deine Tacos ab.‹ Einmal gab sie mir sogar eine ganze Tüte mit Lebensmitteln für zu Hause.«

Ziemlich rasch wurde José klar, dass die Frau ihm die Tacos nicht abkaufte, weil sie so großen Hunger hatte. »Sonst kauften alle nur Tacos, weil sie was essen wollten«, sagt er. »Aber sie kaufte sie, weil ich mich nicht auf der Straße in Gefahr begeben sollte.«

Schließlich beschloss Josés Mutter, in die Vereinigten Staaten auszuwandern, um dort ihren Lebensunterhalt zu verdienen. Sie nahm seine beiden jüngeren Brüder mit und ließ José mit seinem älteren Bruder und seiner Schwester zurück. Da Maria Ana keine Tacos mehr zubereitete, konnte José auch keine mehr verkaufen. Stattdessen half er Touristen, Einkaufstüten über die Grenzbrücke zwischen den USA und Mexiko zu tragen, und verdiente so sein Geld.

Hin und wieder dachte er an die Frau, die ihm so viele Tacos abgekauft hatte. Aber er hatte keine Zeit mehr, sie zu besuchen.

Daher sah er sie nie wieder.

Nach einiger Zeit zog José zu seiner Mutter nach Texas. Dort ging er zur Schule, bis er als einer der Besten seiner Jahrgangsstufe den Abschluss machte. Da er kein Geld fürs College hatte, fing er an zu arbeiten. Zuerst als Angestellter in einem Laden, dann in Positionen, für die man normalerweise einen Collegeabschluss brauchte. Am Ende machte er seinen Bachelor und wurde gleichzeitig jüngstes Mitglied des Gemeinderats seiner Kirche. José meint, sein hohes Arbeitsethos habe er von seiner Mutter Maria Ana. »Sie ist vierundsiebzig und hat fast sechzig Jahre gearbeitet, um für ihre Kinder zu sorgen.«

Mittlerweile hat José längst selbst eine Familie. Er heiratete vor sechsundzwanzig Jahren seine Frau Oralia, mit der er eine Tochter namens Krystal und einen Sohn namens Luis Alberto hat.

José arbeitet ehrenamtlich als Seelsorger in einem texanischen Staatsgefängnis. Außerdem ist er Mentor für Jugendliche und junge Paare, hilft ihnen bei persönlichen und praktischen Problemen.

»Manchmal, wenn ich ein Paar mit einem sechsjährigen Kind betreue, muss ich daran denken, wie ich in dem Alter war«, sagt er. »Ich bin Mentor geworden, um das Gute weiterzugeben, das jene Frau mir vor so vielen Jahren hat zuteilwerden lassen.«

Im Laufe der Jahre hat José vielen Menschen von dieser Frau erzählt, doch nicht alle haben gleich reagiert. »Manche sagten: ›Ach, sie hat dir weder ein Stipendium verschafft noch dir einfach so Geld gegeben. Sie hat dir nicht mal alle Tacos abgekauft.‹ Doch Tatsache ist, dass das nicht nötig war. In jenem Augenblick brauchte ich nur jemanden, der mir zeigte, dass ich ihm nicht gleichgültig war, einen guten Kunden. Das war damals mehr als genug.«

José kann nur hoffen, dass die Frau weiß, wie wichtig ihre Handlungsweise für ihn war. Er kann sie nicht ausfindig machen. Wenn er das könnte, würde er ihr gerne sagen, dass ihr schlichter Akt der Nächstenliebe sich tief in sein Gedächtnis gebrannt hat. Denn José hat etwas erkannt, das seine Weltsicht vollkommen veränderte: Diese Frau tat viel mehr, als nur seine Tacos zu kaufen.

»Nicht das Geld war das Wichtige«, sagt José. »Sondern das, was sie sagte: *Komm wieder.* Damit zeigte sie, dass sie sich um mich sorgte. Deshalb werde ich sie nie vergessen. Sie hat mein Leben verbessert und mir etwas Wichtiges beigebracht. Wenn du jemandem helfen kannst, dann tu es, denn du weißt nie, wie wichtig diese Hilfe womöglich ist.«

INSPIRATION

Eines meiner schönsten Weihnachtsgeschenke kam nicht aus einem Laden. Es kostete nichts und war nicht eingepackt. Es war ein Geschenk, das Maurice mir im Jahre 1986 bei unserem ersten gemeinsamen Weihnachtsfest unter den Baum geschmuggelt hatte.

Ein weißer Teddybär mit einem kleinen roten Herzen.

Dieser Bär hatte eine Geschichte. Bis ich Maurice kennenlernte, hatte er in seinem ganzen Leben nur zwei Geschenke bekommen: einen kleinen Spielzeuglaster von seinem Onkel und einen Joint von seiner Grandma Rose.

An dem Weihnachtsfest, bevor wir uns kennenlernten, ging Maurice zur Heilsarmee und suchte sich dort aus einem Container voller gespendeter Spielsachen etwas aus. Einen weißen Teddybär. Das war wirklich und wahrhaftig sein einziges Spielzeug – das Einzige, was er verschenken konnte. Und das schenkte er mir.

Um ein Engel auf Erden zu sein, sind keine großen Gesten oder unendliche Großzügigkeit vonnöten. Wenn es darum geht, für andere verantwortlich zu sein, muss das nicht heißen, dass

119

wir ein Leben lang für das Glück und die Gesundheit von anderen zu sorgen haben.

Sondern dass wir etwas geben können, was in ganz bestimmten, einzelnen Momenten gebraucht wird.

Maurices schlichtes, selbstloses Geschenk veränderte meine Sichtweise auf Weihnachten und Geschenke.

Im Verlauf der letzten fünf Jahre habe ich von unzähligen ähnlichen Geschenken und Taten gehört.

Ich begreife jetzt, dass selbst der kleinste Akt von Mitgefühl und Freundlichkeit unvorstellbare Auswirkungen haben kann. Denn dieser Akt kann unsere Denkweise verändern. Er kann verändern, wie wir die Welt sehen, und uns anspornen, etwas anzustreben, was wir vorher nie für möglich gehalten hätten.

Freundlichkeit ist inspirierend. Eines der wirkungsvollsten Geschenke, die Engel auf Erden uns geben können, ist Inspiration.

Denn Inspiration befähigt uns, Großes zu tun.

• •

11

SECHS TASSEN KAFFEE

Deland Hawk wurde in Ponemah geboren, einer kleinen Stadt im Red-Lake-Nation-Reservat in Minnesota. Er gehörte den Ojibwa an, dem viertgrößten Indianervolk nach den Navajo, Cherokee und Lakota. Mit achtzehn Jahren ging Deland zu den Marines und diente in Vietnam. Als er wieder heimkehrte, gründete er mit seiner Frau Angie eine Familie und bekam zwei Töchter, Pam und Sheila.

Im Jahre 1999 starb Deland mit siebenundvierzig Jahren an einem Herzinfarkt.

Das Verteidigungsministerium verweigerte Angie die Zahlung einer Witwenrente. Sie und ihre Familie wurden obdachlos.

Die Geschichte von Angie und Deland erfuhr ich von einem Mann namens Wendell Affield, der mir schrieb, nachdem er *Immer montags beste Freunde* gelesen hatte. Er hatte eine erstaunliche Geschichte zu erzählen, was ihm widerstrebte, da er nicht über sich selbst reden mochte. Angie Hawk drängte Wendell dazu, mir zu schreiben.

»Die Menschen müssen das erfahren«, sagte sie.

Wendell wuchs fünfzehn Meilen entfernt vom Reservat auf, auf einer Farm in der Nähe eines ehemaligen Holzfällerstädtchens namens Nebish. Er verdiente sich seinen Lebensunterhalt durch die Arbeit auf der Farm und in einem Metzgerladen. Heute lebt er immer noch in Minnesota, gemeinsam mit seiner Frau Patti, mit der er seit vierzig Jahren verheiratet ist.

Wie Deland Hawk diente Wendell in Vietnam, und genau wie er kam er nicht unversehrt aus dem Krieg in die Heimat zurück. Er lernte Deland 1992 auf einem Treffen für Veteranen kennen, die mit posttraumatischen Belastungsstörungen zu kämpfen hatten.

»Deland war ein guter Mann mit einer prächtigen Familie«, sagt Wendell. »Er hatte starke Überzeugungen, die er aus der Tradition der Ojibwa zog.«

Zum Zeitpunkt seines Herzinfarkts bekam Deland eine Pension, weil er sowohl unter posttraumatischer Belastungsstörung als auch unter einer ischämischen Herzkrankheit litt, die durch »Agent Orange« hervorgerufen wurde. Diese hochgiftige chemische Waffe hatten die Vereinigten Staaten im Krieg gegen Vietnam eingesetzt. Eine Autopsie von Delands Leiche hätte ergeben, dass sein Herzinfarkt Folge dieser Krankheit und damit des Krieges war. Seine Witwe Angie hätte daher Anspruch auf eine Pension gehabt.

Aber es gab keine Autopsie.

Deland hatte verfügt, nach der Tradition der Ojibwa bestattet zu werden. Diese verbot Autopsien, daher gab es keine Bestätigung dafür, dass der Herzinfarkt durch die ischämische Herzkrankheit ausgelöst worden war. Der Arzt sah sich gezwungen, als Todesursache einen natürlichen Tod anzugeben.

Aus diesem Grund verweigerte das Kriegsveteranenamt Angie die Pension.

»Das machte mich sehr zornig«, bemerkt Wendell. »Deland war gut genug, seinem Land in Vietnam zu dienen, aber nicht, um von der Regierung fair behandelt zu werden.«

Wendell weist darauf hin, dass das Militär und das Verteidigungsministerium viele Glaubensrichtungen anerkennt und respektiert – nur eben, so schien es ihm, nicht die der Ureinwohner Amerikas.

»Es war frustrierend«, sagt er. Nach dem abschlägigen Bescheid verlor Wendell Angie und ihre Töchter aus den Augen. »Ich ging davon aus, dass sie irgendwo Unterschlupf gefunden hatten. Doch sechs Monate nach Delands Tod tauchten sie obdachlos und hungrig auf meiner Farm auf.«

Ohne regelmäßige Zuwendungen konnte Angie sich keine Wohnung mehr leisten. Wendell und Patti halfen ihr, eine Unterkunft zu finden, doch Angie hatte zu kämpfen. Sie blieb bei Freunden, bis deren Geduld am Ende war. Sie nächtigte in Obdachlosenasylen, bis sie auch dort nicht mehr bleiben durfte. Sie bekam eine Sozialwohnung, doch als sie auch da die Miete nicht zahlen konnte, wurde sie ihr wieder weggenommen. »Wir sahen zu, wie sie von Ort zu Ort, von Unterkunft zu Unterkunft irrte«, sagt Wendell. »Dabei brach ihre Familie auseinander.«

Eine von Angies Töchtern kam in Konflikt mit dem Gesetz und verlor ihre Kinder an die Fürsorge. Kurz darauf geschah dasselbe mit ihrer zweiten Tochter.

»Ich musste mit ansehen, wie ihre Familie auf der Straße landete«, sagt Wendell. »Ich kam mir so hilflos vor. Ich dachte, ich könnte nichts dagegen unternehmen, und fühlte mich schrecklich schuldig. Schuldig, weil Deland tot war und ich noch lebte.«

Wendell blieb mit Angie in Kontakt und brachte ihr oft Vorräte an Lebensmitteln, wo auch immer sie gerade hauste. In einem Winter wohnte Angie in einer kleinen Wohnung in einem baufälligen Gebäude direkt gegenüber dem Obdachlosenasyl. Wendell packte etwas Wildfleisch ein, stieg in seinen Wagen und fuhr zur Frau seines Freundes.

Als er an ihre Tür klopfte und sie ihn einließ, stockte ihm der Atem.

»Es war eine erbärmliche Dachkammer«, sagt er. »Das Dach war nur notdürftig isoliert, daher tropfte es überall vom schmelzenden Schnee auf den Boden, und das Dach verrottete immer mehr.«

Doch nicht das Elend war für Wendell ein Schock.

Sondern die sechs Männer, die an Angies wackligem Küchentischchen saßen.

Wendell musterte sie und versuchte zu ergründen, wer sie waren und was sie dort machten. Es waren Ureinwohner Amerikas, die sich in dicken Wintermänteln um den Tisch drängten. Er stellte seinen Karton mit Wildfleisch auf die Küchentheke und fragte Angie leise: »Wer sind diese Männer?«

»Die sind aus dem Obdachlosenasyl«, antwortete Angie. »Tagsüber dürfen sie nicht hinein, dann wissen sie nicht, wo sie hinsollen.«

Wendell blickte wieder zu den sechs Männern. Sie tranken aus großen Bechern dampfenden Kaffee, den Angie ihnen gekocht hatte. Direkt daneben tröpfelte Wasser von der Decke in einen Eimer, während ein eisiger Luftzug durch die Wohnungstür drang. Die sechs Männer nickten Wendell zu und widmeten sich dann wieder ihrem Kaffee.

In diesem Augenblick spürte Wendell, wie sich etwas in seinem Inneren veränderte.

»Ich war inspiriert«, sagt er. »Hier stand diese Frau vor mir, am Ende ihrer Reise, und hatte immer noch Mitgefühl für die sechs Obdachlosen. Sie besaß nichts, nur die Kleidung am Leib und ein bisschen Essen. Das teilte sie alles mit diesen Bedürftigen. Ich bewunderte sie. Ich staunte über ihr großes Herz und ihre Güte.«

Mit anderen zu teilen ist eines der obersten Prinzipien der Ojibwa. »In unserer Kultur gilt normalerweise: Meins bleibt meins«, erklärt Wendell. »Für Angie galt das nicht. Für sie war Teilen das Wichtigste. Weil wir alle eine große Familie sind und einander helfen müssen.«

Die sechs Tassen Kaffee spornten Wendell an. Noch am selben Abend nahm er sich erneut Angies Antrag auf Unterstützung vor.

Oberflächlich betrachtet war die Sache aussichtslos. Mit Wendells Hilfe hatte Angie ihren Antrag bis zur obersten Instanz durchgefochten. Ohne neue Informationen schien ein Widerruf der Entscheidung unmöglich. »Der Antrag konnte nicht durchgehen«, sagt Wendell. »Ohne eine Autopsie würde das Ministerium seine Entscheidung nicht ändern. Doch ich sah mir alle Unterlagen an und dachte die ganze Zeit: Irgendwas muss es doch geben, irgendein Detail, um die Sache wieder in Gang zu bringen.«

Dann konzentrierte sich Wendell auf Delands Totenschein, in dem sein Tod als *natürlich* bezeichnet worden war. Er hatte

125

ihn sich bereits ein Dutzend Mal angeschaut, doch jetzt entdeckte er etwas, was ihm vorher nie aufgefallen war.

»Ich las den Namen des Arztes und plötzlich ging mir auf, dass ich ihn kannte«, erinnert sich Wendell. »Seine Frau und meine waren zusammen in der Bibelgruppe gewesen.«

Also rief Wendell den Arzt namens Mark an und erklärte ihm die Lage.

»Gäbe es vielleicht eine Möglichkeit, sich den Fall noch mal vorzunehmen?«, fragte er.

Mark versprach, sich darum zu kümmern.

Nur ein paar Tage später schickte Mark per E-Mail eine zusätzliche Beurteilung der Todesursache, die dem Totenschein beigefügt werden sollte.

»Ich möchte darauf hinweisen, dass ich ohne eine Autopsie normalerweise auf eine natürliche Todesursache befinde, wenn es keine Hinweise auf Unfall, Mord oder Selbstmord gibt«, hieß es in Marks Schreiben. »Daher schließt die Angabe *natürliche Todesursache* im Totenschein eine koronare Vorerkrankung nicht aus. Im Gegenteil«, schrieb er weiter. »Die Vorgeschichte des Falls legt nahe, dass der Betreffende tatsächlich an einer koronaren oder ischämischen Herzerkrankung gestorben ist.«

Wendell reichte diese Beurteilung persönlich bei seinem Sachbearbeiter ein. Der faxte sie zum Regionalbüro in Fargo, North Dakota, und bat wegen Angies prekärer Situation um ein beschleunigtes Prüfverfahren.

Drei Wochen später bekam Wendell einen Anruf von seinem Sachbearbeiter. Der teilte ihm mit: »Ihrem Antrag wurde stattgegeben.«

Mit einem Mal hatte Wendell einen dicken Kloß im Hals.

»Ich wusste sofort, dass Angie mit einem Schlag weniger Probleme haben würde«, sagt er. »Mit dem Geld aus der Pension konnte sie sich eine anständige Wohnung leisten und vielleicht sogar ihre Familie wieder zusammenbringen.«

Dann hörte Wendell etwas, womit er nicht gerechnet hatte.

Das Ministerium war nicht nur bereit, Angie ab sofort eine Witwenrente zu zahlen, sondern die Zahlungen galten rückwirkend. Das bedeutete, sie bekäme zusätzlich zu den regelmäßigen Zuwendungen die große Summe all dessen ausgezahlt, was sich im Laufe der Jahre seit ihrer Antragstellung angehäuft hatte.

»Es war ein Schock«, sagt Wendell. »Ein positiver Schock. Ich wusste, wie wichtig das für Angie war. Jetzt konnte sie in einem anständigen Wohnviertel leben.«

Der Sachbearbeiter bat Wendell, Angie die guten Neuigkeiten zu übermitteln. Wendell war dazu mehr als bereit, doch gab es da ein Problem.

Er wusste nicht, wie er sie erreichen sollte.

Sie wohnte nicht mehr in der Dachkammer und auch in keinem Obdachlosenasyl. Sie hatte kein Telefon. Niemand wusste, wo sie war.

Angie Hawk war spurlos verschwunden.

Wendell blieb nur die Hoffnung, Angie würde sich irgendwann bei ihm melden. »Das war schon ein paarmal passiert«, erklärt er. »Wenn sie in höchster Not war, meldete sie sich. Doch es verstrichen mehrere Wochen ohne ein Zeichen von ihr. Ich war wirklich ratlos.«

Wie es das Schicksal wollte, bekam Wendell genau an diesem Nachmittag einen Anruf von Angies Tochter Pam.

»Meine Mutter sitzt auf der Straße und ist zu erschöpft, um wieder aufzustehen«, erklärte sie ihm. »Könnten Sie ihr helfen?«

Angie war wieder obdachlos geworden. Sie und ihre Töchter hatten vorgehabt, zu einem anderen Obdachlosenasyl zu trampen. Doch niemand wollte sie mitnehmen, und nach stundenlangem Fußmarsch konnte Angie keinen Schritt mehr gehen. Daher setzte sie sich einfach an den Straßenrand und schirmte ihre Augen gegen die grelle Sonne ab.

Dies sollte der letzte Tag sein, an dem Angie kein Zuhause hatte.

Als Wendell Angie und ihren Töchtern die gute Nachricht überbrachte, gerieten sie vollkommen aus dem Häuschen. »Wir alle waren aus dem Häuschen, lachten, tanzten und umarmten uns. Angie wusste, dass von nun an alles anders würde.«

»Ich habe immer noch die Ironie des Ganzen vor Augen«, sagt Wendell. »Auf der einen Seite sah ich diesen Riesenhaufen Geld in der Waagschale und auf der anderen Seite die Frau, die buchstäblich am Ende ihres Wegs angelangt war.«

Heute, fünf Jahre später, besitzt Angie ein bescheidenes, aber behagliches Heim in Minnesota, das sie mithilfe des auf einmal ausgezahlten Rentenrückstands ohne Hypothek kaufen konnte. Ihre beiden Töchter wohnen bei ihr, ebenso einige ihrer Enkel. Angie arbeitet daran, auch die restlichen der Kinder aus ihren Pflegestellen zu holen. Sie hat immer Platz für Freunde, die keine Unterkunft und kein Geld haben. Nur kann sie ihnen jetzt etwas mehr anbieten als Kaffee.

»Da sie im gleichen Ort wie ich wohnt, schaue ich ziemlich oft bei ihr vorbei«, sagt Wendell, der ihr beim Hauskauf geholfen hatte. »Dort herrscht immer ziemlich viel Betrieb, und überall rennen Kinder herum. Es ist ein volles Haus voller zufriedener Menschen.«

Und der Mittelpunkt ist Angie.

»Sie ist ein sehr großzügiger Mensch«, sagt Wendell. »Und ungeheuer dankbar, dass sie ein eigenes Zuhause hat. Wenn Freunde mal mit ihr ausgehen wollen, sagt sie immer: ›Nein, ich bleibe, wo ich bin. In meinem eigenen Haus.‹«

Wendell bringt Angie immer noch Wildfleisch. Das ist inzwischen Tradition. Neulich ging Wendell mit ihr zu einem Anwalt und half ihr, ein Treuhandkonto für ihre Enkel einzurichten. Als Angie die Papiere unterschrieb, sah sie Wendell mit einem breiten Lächeln an.

»Meine Enkel werden niemals obdachlos sein«, verkündete sie stolz.

Wendell hatte nicht die Absicht, irgendjemandem zu erzählen, wie sehr er Angie geholfen hatte. Doch da bat ihn Angie um einen letzten Gefallen.

»Du musst den Menschen erzählen, was du getan hast«, flehte sie ihn an. »Es könnte einer anderen Witwe das ersparen, was ich durchgemacht habe.«

Also ging Wendell nach Hause, setzte sich an seinen Schreibtisch und schrieb mir eine E-Mail.

»Anderen zu helfen schafft eine Verbindung, die man von außen kaum verstehen kann«, begann Wendell seinen Brief. »Vor fünfzehn Jahren bat mich eine Familie um Hilfe …«

WENIGER SELFIES, BITTE

Ich glaube, ich war schon immer ein rücksichtsvoller und fürsorglicher Mensch, doch nachdem ich so viele Engel auf Erden getroffen habe, versuche ich inzwischen, bei jeder Entscheidung daran zu denken, welche Auswirkung sie auf andere Menschen hat.

Bei jeder Begegnung frage ich mich: Wie kann ich das Leben nicht nur für mich, sondern auch für sie schöner machen? Gibt es eine Möglichkeit, für beide Positives zu bewirken?

Damit meine ich keine großen Opfer oder das Missachten persönlicher Bedürfnisse, sondern kleine Veränderungen. Wenn ich zum Beispiel gebeten werde, irgendwo eine Rede zu halten, dann verwende ich viel Zeit und Mühe darauf, dies zu einem schönen Erlebnis für diejenigen zu machen, die mich eingeladen haben. Wie kann ich es ihnen leichter machen? Könnte ich früher kommen? Oder länger bleiben? Meine Rede nach ihren speziellen Bedürfnissen gestalten?

Vielleicht führen diese Fragen nur zu minimalen Veränderungen. Doch ich habe festgestellt, dass ich dadurch sowohl meinem Gegenüber als auch mir eine erfüllendere Erfahrung ermögliche.

131

Dazu muss ich nur meinen Fokus ein bisschen von mir weg und mehr auf die Welt um mich herum richten.

Ich schätze, das ist wie beim Unterschied zwischen einem Selfie und einem richtigen Foto.

Ein Selfie engt unser Sichtfeld ein.

Richten wir die Kamera auf unsere Umgebung, breitet sich die ganze Welt vor uns aus.

• •

12

DER PULLOVER

Eileen Pacheco Schwartz war siebzehn und wollte einen neuen Pullover.

Sie hatte fünf Schwestern, deren Kleider sie auftragen musste, und wünschte sich endlich einmal etwas Neues. Eileen arbeitete in einer Pizzeria in Portland, Oregon. Als ein Gast die *Woman's Day* liegen ließ, setzte sich Eileen in ihrer Pause an einen Tisch und blätterte sie auf der Suche nach einem Pullover durch.

Allzu teuer durfte er nicht sein, da Eileen nur Teilzeit arbeitete, pro Stunde vier Dollar zwanzig bekam und einen Großteil davon für ihr Schulgeld abgeben musste.

»Das war die Bedingung meines Vaters gewesen«, erklärt sie. »Ich liebe Musik, und meine Eltern hatten sich bereit erklärt, mich auf eine Privatschule mit musischem Zweig gehen zu lassen. Doch mein Vater hatte verfügt, dass ich nur Einsen haben durfte und außerdem einen Job annehmen musste, um mich am Schulgeld zu beteiligen.«

Also hatte Eileen nicht viel Geld übrig, doch sie sparte es, bis sie genug zusammenhatte, um sich einen neuen Pullover zu kaufen. Jetzt blätterte sie durch die Zeitschrift, weil sie hoffte, etwas zu finden, das ihr gefiel.

Stattdessen stieß sie auf das Foto eines Jungen.

»Es war eine dieser Anzeigen für den *Christian Children's Fund*«, erklärt Eileen. »Darin stand, woher der Junge kam und dass seine Eltern Farmer waren, die unsere Unterstützung brauchten.« Der Anzeige beigefügt war ein Kärtchen, das man der Organisation schicken und sich damit verpflichten sollte, monatlich fünfzehn Dollar für bedürftige Kinder am anderen Ende der Welt zu spenden.

Als Eileen die Anzeige las und das niedliche Gesicht des kleinen Jungen sah, ging ihr nur ein einziger Gedanke durch den Kopf: »Eigentlich brauche ich keinen neuen Pullover.«

So war sie erzogen worden – zur Hilfsbereitschaft. »Meine Eltern, besonders mein Vater, glaubten, dass wir auf der Erde sind, um zu dienen«, sagt sie. »Er wollte, dass wir jeden Morgen beim Aufwachen Gott fragten: *Herr, wie soll ich Dir heute dienen?*«

Also schickte Eileen das Kärtchen los und bekam einen Brief über einen Jungen in Guatemala zurück. Sein Name war Hipolito. »Er war neun Jahre alt, ein pummliger, kleiner Kerl. Auf dem Foto stand er in einem Maisfeld und sah aus, als wollte er nicht gern fotografiert werden.«

Eileen schickte ihren ersten Scheck über fünfzehn Dollar und fügte, wie erbeten, einen persönlichen Brief hinzu, der von der Organisation an Hipolito weitergeleitet wurde. Denn es galt die strikte Regel, dass alle Details, die zu einer Identifizierung von Spender oder Empfänger führen konnten, geheim bleiben mussten. Eileen schrieb dem Jungen, wo sie wohne, wie ihre Schule sei und dass sie fünf Schwestern habe. »Ich schrieb ihm auch, dass ich mich freute, Teil seines Lebens zu sein«, sagt sie.

Sie wusste nicht, ob Hipolito ihren Brief tatsächlich bekommen würde – schließlich wohnte er dreitausend Meilen entfernt. Oder ob er, falls er ihn bekam, zurückschreiben würde. Sie heftete sein Foto mit einem Magnet an den Kühlschrank, damit sie ihn jeden Tag sah, und widmete sich dann wieder ihrem betriebsamen Leben.

Einen Monat später fand sie einen Luftpostbrief mit ihrem Namen im Briefkasten. Aufgeregt setzte sie sich hin, um ihn zu lesen.

Die ersten Worte des Briefes lauteten *Mi madrina*. Eileen fragte ihre Mutter, was das bedeute.

»Er nennt dich ›meine Patin‹«, erklärte die.

»Ich weiß noch, wie es sich anfühlte, so genannt zu werden«, sagt Eileen. »Es war das wunderbarste Gefühl auf der Welt.«

In dem Brief schilderte Hipolito sein Leben. Seine Eltern waren Bauern, und in seinem Dorf gab es kein Postamt. Er spielte gern Fußball. »Er schrieb mir lauter niedliche Kindersachen«, sagt Eileen. »Und er dankte mir. Er bedankte sich immer wieder.«

Jeden Monat schickte Eileen fünfzehn Dollar und einen Brief an Hipolito. Und jeden Monat bekam sie eine Antwort von ihrem Patenkind aus Guatemala.

»Er schrieb mir, was er in der Schule und sonst so machte«, erzählt sie. »Er schickte mir seine Noten, die wirklich gut waren. Er war sehr klug. Später erfuhr ich, dass sein Vater ihn eigentlich nicht zur Schule gehen lassen wollte. Er brauchte ihn für die Arbeit auf den Feldern. Doch seine Mutter bestand darauf und fand eine Möglichkeit, das nötige Geld für den Schulbesuch aufzutreiben.«

Eileen wusste nicht, wie viel von ihrer Spende für Hipolitos Schulbildung verwendet wurde. Sie konnte sich vorstellen, dass das meiste für den Lebensunterhalt gebraucht wurde und nur wenig für das Schulgeld blieb. Doch solange er zur Schule gehen konnte und gute Noten bekam, war sie zufrieden.

»Hin und wieder, an seinem Geburtstag oder zu Weihnachten, schickte ich ihm zusätzlich fünf Dollar. Mehr durfte ich nicht«, erklärt sie. »Dann bekam ich einen Brief von ihm, in dem er mir schrieb, was er dafür gekauft hatte. Manchmal war es ein Fußball, manchmal waren es Stifte. Ganz gleich, was er kaufte, etwas für die Schule war immer dabei.«

Jedes Jahr bekam Eileen neue Fotos von Hipolito, und sie sah, wie schnell er größer wurde. Im Nu ging er auf die Highschool. Da war Eileen gewesen, als sie zum ersten Mal voneinander hörten. Schließlich wurde Hipolito achtzehn. Das bedeutete, dass er nicht länger vom *Christian Children's Fund* unterstützt wurde. Die Patenschaft war beendet.

Nach neun Jahren konnten Eileen und Hipolito keine Brieffreunde mehr sein.

»Er hatte meine Adresse nicht und ich nicht seine«, erklärt Eileen. »Das war zwar traurig, aber nicht zu ändern.«

Doch Eileen wusste nicht, dass Hipolito eine Mission hatte. Er wollte ihr persönlich danken.

Als Erstes schrieb er an die Organisation und bat um die Herausgabe von Eileens Adresse. Seine Bitte wurde abgelehnt.

Dann untersuchte Hipolito alle Fotos, die er von Eileen bekommen hatte, auf Hinweise, die zu ihr führen konnten. Eines ihrer letzten Fotos war auf ihrer Hochzeit aufgenommen worden und zeigte sie mit ihrem frisch angetrauten Ehemann, ihren Schwestern und den Brautjungfern. Als Hipolito noch einmal den Brief las, in dem das Foto gesteckt hatte, fiel ihm auf, dass Eileen den vollen Namen ihres Mannes geschrieben hatte. David Schwartz. Den hätte sie eigentlich nicht preisgeben dürfen, aber irgendwie war das wohl nicht aufgefallen. Da hatte Hipolito das, was er brauchte – eine Spur.

Hipolito machte sich auf den Weg und kam bis nach Washington. Er hatte ein Stipendium von der *Georgetown University* bekommen. Kaum war er in der Hauptstadt gelandet, ging er schnurstracks zur Kongressbibliothek. Dort fand er das Telefonbuch von Portland und suchte nach dem Eintrag *Eileen Schwartz*.

Und da stand sie, in winzigen Ziffern: Eileens Telefonnummer.

Es war sieben Uhr morgens, als bei ihr das Telefon klingelte.

»Hallo?«, meldete sie sich verschlafen.

»Hier ist Hipolito«, hörte sie eine Stimme. »Dein Patenkind aus Guatemala.«

Eileen spürte, wie ihr Herz einen Purzelbaum schlug. »Ich konnte es einfach nicht glauben«, sagt sie. »Ich weiß noch, wie ich dachte: Der klingt aber nicht wie ein Neunjähriger. Dabei war er gar kein kleiner Junge mehr. Mittlerweile war er einundzwanzig.«

Eileen organisierte, dass Hipolito nach Portland kommen konnte, damit sie sich persönlich kennenlernten. Am Flughafen überkam sie kurz die Angst, sie würde ihn vielleicht nicht erkennen. »Doch als er erschien, sah ich sein strahlendes

Lächeln, und da rannten wir einfach aufeinander zu und umarmten uns«, sagt sie. »Es war ziemlich überwältigend.«

Eileens Familie war mit zum Flughafen gekommen, und eine ihrer Schwestern überreichte Hipolito ein T-Shirt mit der Aufschrift *Jemand aus Oregon liebt mich*. »Er tauschte sein Hemd sofort gegen das T-Shirt«, erzählt Eileen. »Das war sehr süß von ihm.«

Zwei Wochen blieb Hipolito bei Eileen und ihrer Familie. In der Zeit veranstaltete Eileen eine Geburtstagsparty für ihn – die erste seines Lebens. »Er bekam alle möglichen Geschenke: Tennisschuhe, eine Armbanduhr, einen neuen Koffer, Kleidung. Aber am meisten freute er sich über die vielen Glückwunschkarten«, erzählt Eileen. »Er sammelte sie alle und fächerte sie in seinen Händen auf. Und jedes Mal, wenn ich abends in sein Zimmer kam, um ihn zum Abendessen herunterzuholen, hatte er alle Karten auf dem Bett ausgebreitet. Er las sie oft und freute sich über die guten Wünsche.«

Am meisten beeindruckte Eileen, dass Hipolito so glücklich und munter war. »Er strahlte die ganze Zeit, obwohl er nicht viel besaß«, sagt sie. »Es bedrückte ihn nicht, dass er so arm war.«

Kurz vor seiner Abreise war Hipolito einmal mit Eileen und ihrem dreijährigen Sohn Taylor in der Küche. Plötzlich zeigte er auf den kleinen Jungen und sagte: »Wenn Taylor seinen Schulabschluss macht, dann werde ich Dr. Hipolito sein.«

In diesem Augenblick war Eileen sehr stolz auf ihn. Doch sie fragte sich, ob das wirklich klappen konnte. Denn er hatte so wenig Geld, so knappe Ressourcen. Wie sollte er da den langen Weg durch das Studium schaffen?

Irgendwann ging Hipolito nach Guatemala zurück, um zwei Jahre in einer Klinik an einem MRT-Gerät zu arbeiten. Danach bekam er ein Stipendium der Universität Heidelberg in Deutschland. Er blieb mit Eileen in Kontakt, und sie verfolgte seinen Werdegang von Portland aus. »Er strebte unermüdlich weiter«, sagt sie. »Aber der Weg war sehr lang.«

Am 4. Juli 2011 erhielt sie eine kurze E-Mail von Hipolito – ein Jahr nachdem Taylor seinen Abschluss gemacht hatte.

»Liebe Patin«, stand darin. »Ich wollte dir nur kurz mitteilen, dass ich heute vom Institut für angewandte Informatik in Heidelberg meinen Doktortitel bekommen habe.«

Am Ende seines langen Weges war er tatsächlich Dr. Hipolito geworden.

Darunter stand noch ein einziger Satz: »Liebe Patin, diesen Doktortitel widme ich Dir.«

Hipolito brauchte einundzwanzig Jahre, um seinen Doktor zu machen, doch er gab nie auf. Heute möchte er zurück nach Guatemala, um dort zu lehren.

»Ich habe so viel von ihm gelernt«, sagt Eileen. »Er hat mir beigebracht, dass es nicht wichtig ist, wie lange man braucht, um seine Träume zu verwirklichen, solange man nicht aufgibt. Ich bin unbeschreiblich stolz auf ihn. Er hat mir viel mehr gegeben als ich ihm.«

Dabei erfuhr Eileen am Ende doch, wie viel von ihren monatlichen fünfzehn Dollar für Hipolitos Schulbildung verwendet wurde.

Es war kein minimaler Betrag gewesen.

Ihre monatliche Spende reichte für fünfundsiebzig Prozent von Hipolitos Schulgeld.

Drei Viertel seines Schulgelds.

»Seine Mutter arbeitete als Näherin, um die restlichen fünf-undzwanzig Prozent aufzubringen«, sagt Eileen. »Sie und ich haben es gemeinsam geschafft.«

Für fünfzehn Dollar im Monat und einen Pullover weniger im Kleiderschrank bekam Eileen etwas unendlich Kostbares: eine unauflösliche Verbindung.

»Hipolito ist ein großer Segen in meinem Leben«, erklärt sie. »Seine Freundschaft bedeutet mir unendlich viel. Er nennt mich immer noch seine Patin. Und ich nenne ihn immer noch mein Patenkind.«

13

HELFEN TUT GUT

Je länger ich durch das Land reiste, über Nächstenliebe und unsichtbare Bänder referierte, desto öfter fragte ich mich: »Stimmt das, was ich sage?«

Gewiss, ich fand viele Beweise dafür, wie Nächstenliebe das Leben deutlich und tief greifend verändern kann. Aber unsichtbare Bänder? Engel auf Erden? Waren diese Dinge wirklich real?

Wie so oft auf meiner wundersamen Reise, traf ich dann genau den richtigen Menschen zum richtigen Zeitpunkt.

Im Jahr 2013 wurde ich eingeladen, meine Geschichte in der *Today Show* mit Kathie Lee und Hoda zu erzählen. Das war nicht das erste Mal. Während jenes ersten Interviews war Kathie Lee Gifford so gerührt von unserer Geschichte, dass sie kaum die Fassung bewahren konnte. Etwa ein Jahr später lud sie mich erneut ein, um ganz allgemein über Nächstenliebe zu sprechen. Zu diesem Thema war auch eine Expertin namens Dr. Dale Atkins eingeladen.

Diese Expertin sollte meine Weltsicht wieder einmal grundlegend verändern.

Dale ist diplomierte Psychologin und Autorin. In den vergangenen dreißig Jahren hat sie unzähligen Menschen bei psychischen Problemen geholfen. Sie hält Vorträge, veranstaltet Workshops und spricht oft im Fernsehen darüber, wie Menschen trotz aller Schwierigkeiten ein reiches, sinnvolles und gesundes Leben führen können.

Dale ist eine warmherzige und fröhliche Frau, die ich sofort in mein Herz schloss. Nach der Sendung waren wir uns einig, dass uns ebenfalls ein unsichtbares Band verbindet.

Unser Beitrag dauerte nur ein paar Minuten, daher war es mir wichtig, mit Dale in Kontakt zu bleiben. Sie lud mich ein, bei einem Event von *Jumpstart* zu sprechen, einer wunderbaren Organisation für die Alphabetisierung von Vorschulkindern, die sie vor über zwanzig Jahren mit ins Leben gerufen hat. Dazu erklärte ich mich aus mehreren Gründen bereit, nicht zuletzt deshalb, weil ich dadurch die Möglichkeit hatte, mehr Zeit mit Dale zu verbringen.

Denn ich wollte wirklich gerne Dales Meinung darüber hören, ob Nächstenliebe unser Leben verändern und uns vielleicht sogar zu Engeln auf Erden machen kann.

»Menschen sind Herdenwesen«, erklärte mir Dale in ihrer charakteristisch humorvollen und inspirierenden Art, als wir uns neulich trafen, um über Nächstenliebe zu sprechen. »Wir haben den Instinkt, einander zu helfen. Empathie ist Teil unserer Evolution. Wir sind soziale Wesen. Doch im Laufe der Zeit haben wir gelernt, vorsichtig zu sein. Um Gefahren zu meiden. Deshalb sind damals alle Leute an Maurice vorbeigegangen. Wir Menschen können uns von unserem Mitgefühl abkapseln.«

Ich erinnerte Dale daran, dass auch ich zuerst an Maurice vorbeigegangen war, bevor ich mich umgedreht und ihm zugewandt hatte.

»Du hast dich dem Leid gestellt«, sagte Dale. »Du hast es zugelassen, vom Leid berührt zu werden. Wenn man das tut, ist es einem nicht mehr möglich zu sagen: *Ach, die armen Menschen,* und einfach weiterzugehen. Wenn man jemandem in die Augen blickt und spürt, was er durchmacht, dann ist man gezwungen zu handeln.«

Daraufhin erzählte ich Dale, dass ich in vielen Schulen gesprochen und herausgefunden hätte, dass Kinder wahrscheinlich das dankbarste Publikum seien.

»Kinder sind gern freundlich«, erwiderte sie. »Sie lieben es, weil sie es noch deutlich in ihrem Innern spüren. Wir Erwachsenen müssen manchmal Schichten von Schutzmechanismen und Abwehrgedanken durchdringen, bevor wir zu unseren Gefühlen gelangen. Kinder haben das noch nicht. Sie reagieren instinktiv auf alles, was Spaß macht und Freude bringt. Das stimuliert ihr Gehirn. Dann sagen sie: ›Wow, es fühlt sich großartig an, jemandem zu helfen!‹«, sagte Dale. »Für Kinder ist Freundlichkeit etwas ganz Natürliches, wie Atmen.«

Dale kam sehr schnell auf alle Wissenschaftler, Forscher und Psychologen zu sprechen, die sich der Untersuchung von Empathie und Altruismus gewidmet hatten. Sie erklärte, dass der Begriff *Helper's High,* den sie in der *Today Show* bei Kathie Lee und Hoda benutzt habe, ursprünglich von Allan Luks geprägt worden sei. Dieser Wissenschaftler und Autor habe die letzten zwanzig Jahre damit verbracht, die starken, körperlichen Empfindungen zu untersuchen, die Menschen hätten, wenn sie anderen Menschen hälfen.

Dale drückte es so aus: »Das *Helper's High* ist ein Gefühl von Erhebung, von Hochstimmung. Man fühlt sich einfach gut. Kurz gesagt: Wenn wir anderen helfen, helfen wir uns selbst.«

Als Beispiel führte Dale eine Studie mit schwer kranken Patienten an, die starke Depressionen hatten. »Je kränker sie wurden, desto isolierter und mutloser fühlten sie sich«, sagte sie. »Dann bat man sie, Menschen anzurufen, die gerade eine schlimme Diagnose bekommen hatten. Die Ergebnisse waren unglaublich! Die Depressionen ließen nach, die Patienten empfanden weniger Schmerzen, dafür aber einen größeren Wunsch, mit anderen in Kontakt zu treten. Ihr eigener Zustand verbesserte sich beträchtlich – wegen eines fünfzehnminütigen Telefonats!«

Dale ging sogar noch weiter und erklärte mir, dass man die Auswirkungen des *Helper's High* bereits verspüre, wenn man einen anderen dabei beobachte, wie er Gutes tue.

»Es gibt eine Studie, in der eine Gruppe von Menschen einen lustigen Film anschaute und eine andere Gruppe einen Film über Mutter Teresa, die sich um die Armen in Kalkutta kümmerte«, erzählte Dale. »Die Gruppe, die den Mutter-Teresa-Film anschaute, zeigte größere körperliche Reaktionen. Sie empfanden positivere Gefühle, auch noch über eine Stunde danach. Außerdem waren ausnahmslos alle motiviert, anderen zu helfen. Sie sahen das Leid in dem Film und wollten etwas tun, um es zu lindern.«

Ich erzählte Dale, welche Reaktionen ich aus dem Publikum

bekam, wenn ich von Maurice und mir erzählte. Meist hörte ich entsetztes Luftholen, wenn ich über die schrecklichen Bedingungen sprach, unter denen er aufgewachsen war, und gerührtes Schniefen, wenn ich erzählte, welch prächtige Familie er mittlerweile hatte. Es war, als würde das Publikum wie ein Lebewesen auf unsere Geschichte reagieren – und zwar körperlich. Ich erklärte Dale, ich könne die Energie und Gefühle meines Publikums förmlich spüren.

»Das liegt daran, dass Freundlichkeit ansteckend ist«, erwiderte Dale. »Wenn du alle in deinem Publikum an eine Art Lügendetektor anschließen würdest, sähest du, wie sehr sich ihre Reaktionen und Gefühle verändern. Wenn du nachher mit ihnen reden würdest, würden sie dir erzählen, dass sie ein Kribbeln im ganzen Körper gespürt hätten. Denk daran, wie unsere Hand unwillkürlich zu unserem Herzen geht, wenn uns jemand etwas Emotionales erzählt. Unsere Reaktion ist konkret und körperlich. Und ansteckend.«

Während unseres Gesprächs erwähnte Dale auch ein Buch mit dem Titel *Rambam's Ladder: A Meditation on Generosity and Why It Is Necessary to Give* von Julie Salamon. Laut Dale bezog sich Rambams Leiter auf die acht Stufen der Wohltätigkeit, die im zwölften Jahrhundert ein jüdischer Gelehrter namens Maimonides (auch Rambam genannt) erdacht hatte. Diese acht Stufen bilden die Sprossen einer Leiter, die vom niedrigsten Grad der Tugend – nur widerwillig und wenig geben – bis zum höchsten reicht – alles geben, was nötig ist, um jemandem Selbstständigkeit zu ermöglichen.

»Es gibt eine Hierarchie der Wohltätigkeit«, sagte Dale. »Bestimmte Akte der Nächstenliebe bringen einen näher zu Gott.«

Die gute Nachricht ist: Die Forschung hat bewiesen, dass es unwichtig ist, auf welcher Stufe der Wohltätigkeit man steht. Solange man anderen hilft, wird man mit dem *Helper's High* belohnt.

»Der Akt des Gebens kann sehr klein sein«, erklärte Dale. »Wenn du nach Afrika gehen kannst, dann mach das auf jeden Fall. Wenn du Bill Gates bist und alle Krankheiten dieser Erde bekämpfen willst, dann tue es. Aber die meisten von uns haben diese Möglichkeiten nicht.«

Trotzdem: »Jeder einzelne von uns kann sein Herz für andere öffnen. Wir alle können auf der Straße anderen in die Augen blicken und lächeln. Wir alle können sagen: Hey, die Farbe steht dir perfekt. Und auf dem Spielplatz kann jedes Kind sagen: Möchtest du mitspielen?«

Schließlich sagte Dale etwas, das mich an Avitals Schulprojekt erinnerte, an die Erwähnung von *Tikun Olam,* den jüdischen Wert, die Welt in Ordnung zu bringen. »Jedes Mal, wenn man einem einzelnen Menschen hilft, rettet man tatsächlich die Welt. Denn der Akt der Nächstenliebe und die anderer Menschen akkumulieren sich. Zusammen bewirken sie etwas«, sagte sie.

Dale hat jahrelang mit missbrauchten Kindern gearbeitet und dabei erfahren, welche schrecklichen Auswirkungen Missbrauch auf ein Kind haben kann. Sie hatte mit Kindern zu tun, die so traumatisiert waren, dass sie sich weigerten, ihre Peiniger zu verlassen. Doch in fast allen Fällen entdeckte Dale einen einzelnen Faktor, der ausschlaggebend dafür war, ob die Kinder daran zerbrachen oder nicht.

»Der entscheidende Faktor war, ob es einen Menschen gab, der sich um das Kind kümmerte«, erklärte Dale. »Einen einzigen Menschen, dem das Kind am Herzen lag. Für jemanden in Not kann ein einziger Mensch alles zum Guten wenden.«

Es faszinierte und ermutigte mich zu hören, dass alles, was ich während meiner spirituellen Reise über Nächstenliebe gelernt hatte, von der Wissenschaft untermauert wurde – die positiven Auswirkungen, die lebensverändernde Macht, der direkte Zugang von Kindern.

Ich hatte die Hochgefühle selbst gespürt und erlebt, wie mächtig die Auswirkungen sind. Trotzdem war mir nicht klar gewesen, dass sie bereits seit Jahrzehnten wissenschaftlich erforscht wurden. Ich hatte selbst die Reaktion erlebt, die Dale als »ansteckende Freundlichkeit« bezeichnete, und mir war nicht bewusst gewesen, dass man sie mit physiologischen Tests nachweisen konnte.

All das brauchen wir nicht unbedingt zu wissen, um die Phänomene zu begreifen. Eigentlich müssen wir nur Gutes tun, dann erfahren wir es am eigenen Leib.

Aus genau diesem Grund braucht die Welt Geschichten über Nächstenliebe, die andere ermutigen, sich auf ihr Mitgefühl zu besinnen.

»Wenn wir nur noch Böses und Trauriges sehen, fühlen wir uns ohnmächtig«, sagt Dale. »Stattdessen brauchen wir eine Gelegenheit, sagen zu können: Hey, Moment mal, ich kann etwas bewirken. Ich kann Leiden lindern. Ich bin ein mitfühlender Mensch. Nutzen wir eine Gelegenheit zu helfen, erkennen wir, dass wir alle miteinander verbunden sind, und das fühlt sich gut an. Die Wirkung ist durchschlagend«, erklärt Dale. »Durch einen Akt der Nächstenliebe verschwindet nicht nur unser Gefühl der Ohnmacht, wir fühlen uns sogar mächtig.«

VIERTER TEIL

Aufmerksamkeit

Wieso treten bestimmte Menschen in unser Leben? Geschieht das nur zufällig? Ich glaube nicht. Dazu habe ich zu viele Menschen kennengelernt und zu viele Geschichten wie die im nächsten Kapitel gehört, um an Zufall zu glauben.

Meiner Überzeugung nach kreuzen manche Menschen aus einem bestimmten Grund unseren Weg. Wir müssen diesen Grund herausfinden, und das können wir durch Aufmerksamkeit. Indem wir uns fragen: Wieso tritt dieser Mensch auf einmal in mein Leben? Was für eine wunderbare Verbindung könnte daraus entstehen?

14

DIE FREUNDSCHAFT

Sie waren beide sieben Jahre alt und gingen in dieselbe Klasse. Doch ansonsten hätten sie kaum unterschiedlicher sein können.

Susan war ein jüdisches Kind, das in einem Vorort lebte. Barbara hingegen war Christin und wuchs mitten in der Stadt auf.

Susan hatte blonde lockige Haare, Barbara dagegen dunkle Zöpfchen, die andere Kinder neugierig anfassen wollten.

Susan hatte eine bunte Brotdose mit belegten Broten, die ihre Mutter für sie machte. Barbara besaß keine Brotdose und aß, was sie bei der Schulspeisung bekam.

Susan war fröhlich, aufgeschlossen und gesprächig. Barbara sagte kaum ein Wort.

Susan und Barbara waren zwei Mädchen aus vollkommen unterschiedlichen Welten.

Wie sollten sie Freundinnen werden?

Das Schöne an unsichtbaren Bändern ist, dass sie sich nicht an die Regeln der Menschen halten.

Während meiner Vortragsreisen habe ich gesehen, dass diese Bänder Menschen zusammenbringen, deren Lebenswege ganz unterschiedlich verlaufen. Alte und Junge, Reiche und Arme, Schüchterne und Draufgänger. Unsichtbare Bänder verknüpfen Menschen aller Schichten und mit sehr unterschiedlichen Vorstellungen. Es verbindet uns viel mehr als uns trennt.

Je älter wir werden, desto eher vergessen wir diese schlichte Wahrheit. Wir werden skeptischer, vorsichtiger, abgestumpfter. Wir achten mehr auf Unterschiede als auf Gemeinsamkeiten. Unser Leben wird voller und komplizierter.

Genau deshalb stelle ich mir die Welt voller unsichtbarer Bänder vor.

Unsichtbare Bänder verbinden Menschen und nicht Klassen, Rassen und Gruppen mit gleicher Religion, gleichem Status oder gleichem Einkommen. Sie verbinden Menschen mit dem Herzen und nicht mit Strichcodes. Diese Verbindungen sind rein und unschuldig, auch wenn wir selbst das nicht mehr sind.

Ich hörte die Geschichte von Barbara und Susan von Susan selbst, meiner Freundin und früheren Kollegin bei *People*. Die ganze Wahrheit erfuhr ich erst, nachdem ich meine spirituelle Reise begonnen hatte. Erst dann wurde mir klar, welch ein schönes Beispiel sie dafür ist, wie rein und mächtig die Verbindung unsichtbarer Bänder sein kann.

Als Susan Sagan Levitan sieben Jahre alt war und Barbara zum ersten Mal in ihre Klasse an der *Thornell Road Elementary School* in Pittsford, New York, kommen sah, war sie verblüfft. »Außer im Fernsehen hatte ich noch nie in meinem Leben einen Afroamerikaner gesehen«, erklärt sie. »Ich wuchs sehr behütet auf.«

Barbara Campbell ging es ähnlich. »Ich war die einzige Afro-amerikanerin im ganzen Raum«, erinnert sie sich. »Das fand ich sehr unangenehm. Alle starrten mich an, und ich wäre am liebsten weggelaufen.«

Das sogenannte *Urban-Suburban Interdistrict Transfer Program* hatte die Kinder zusammengebracht. Ziel dieses Programms war es, Klassen zu mischen. Doch um das zu verstehen, waren Susan und Barbara noch zu jung.

»Eines Tages sagte meine Mutter: ›Ab heute gehst du auf eine neue Schule.‹«, erzählt Barbara. »Darüber war ich gar nicht glücklich. Ich dachte mir, wenn ich in der Schule nichts sage, glaubt man vielleicht, ich hätte Verständnisprobleme, und schickt mich wieder zurück. Wenn mir also jemand Fragen stellte, starrte ich ihn einfach nur an.«

Mit Barbara war alles in Ordnung, nur fühlte sie sich an dieser neuen, fremden Schule einsam. Weil sie so still war, schickte Barbaras Lehrerin sie zu einer Sonderpädagogin. Die sagte ihr, sie könne zu dem Treffen eine Klassenkameradin mitbringen.

Barbara suchte sich Susan aus.

Schwer fiel ihr die Wahl nicht. Bis dahin hatte sich keiner in ihrer Klasse getraut, sie anzusprechen. Außer der kleinen, munteren Susan.

»Wenn wir uns im Stuhlkreis zusammensetzten, hielt ich Barbara immer einen Platz neben mir frei«, erinnert sich Susan. »Ich sagte dann zu ihr: ›Du kannst dich hierhin setzen, neben mich.‹ Denn ich fühlte mich ihr von Anfang an verbunden. Wir waren zwar ganz unterschiedlich, aber ich mochte sie einfach.«

Nach nur einer Sitzung mit der Sonderpädagogin wurde

Barbara in den regulären Unterricht zurückgeschickt. Sie und Susan wurden rasch enge Freundinnen.

»Sobald wir morgens in die Schule kamen, hielten wir nacheinander Ausschau«, erzählt Barbara. »Wir plauderten und lachten miteinander, hatten kleine Geheimnisse und machten Insiderwitze.« Susan fügt hinzu: »Wir turnten zusammen auf dem Spielplatz, verbrachten die Mittagspause miteinander, und ich weiß noch, dass ich zu Hause ständig von ihr erzählte. Immer wieder fragte ich meine Mutter: ›Darf Barbara uns bitte besuchen kommen?‹«

Ihre Eltern erlaubten es, sodass die Mädchen viele gemeinsame Nachmittage bei Susan verbrachten und ihre Freundschaft über die Schule hinausging.

»Ihre Eltern waren so nett zu mir, dass ich es kaum glauben konnte«, erzählt Barbara. »Ständig fragten sie: ›Wer möchte was zu naschen? Was möchtest du zum Abendessen?‹ Das war ich gar nicht gewohnt.«

Dann wollten die beiden Freundinnen eine Übernachtungsparty in Susans Haus veranstalten. Susans Mutter war einverstanden, doch Barbaras sagte zunächst Nein. In Barbaras Welt gab es keinen engen Kontakt zu Weißen. »Wenn wir mit Weißen zu tun hatten, waren es meist Schuldirektoren oder Polizisten«, erklärt Barbara. »Das bedeutete normalerweise Ärger.«

Glücklicherweise arbeitete Barbaras Mutter mit einer von Susans Cousinen zusammen, die ihr ihre Bedenken nehmen konnte. »Ach, wie ich meine Mutter anflehte, mich bei Susan übernachten zu lassen!«, erinnert sich Barbara. »Schließlich telefonierten unsere Mütter miteinander, und meine Mutter erlaubte es.«

Ihre gemeinsame Übernachtung machte ihnen so viel Spaß, dass sie das möglichst bald wiederholen wollten, doch diesmal bei Barbara. »Sie wohnte in einem verrufenen Viertel«, sagt Susan. »Meine Eltern waren etwas besorgt, wussten aber, dass es richtig war, es zu erlauben.« Sie fuhren Susan zu Barbara nach Hause und setzten sie mit ihrem kleinen Köfferchen fürs Wochenende dort ab. »Es war ein gelbes Haus. Überall gab es grelle Straßenlampen, Sirenen und laute Musik«, erzählt Susan. »Wir bekamen Pizza zum Abendessen und mussten dann zu dritt in einem Bett schlafen: Barbara, ihre Schwester und ich. Das war alles vollkommen neu für mich.«

Als ihre Mutter sie abholen kam, weinte Susan.

Sie weinte, weil sie nicht wegwollte.

»Mom, Barbaras Zuhause ist das schönste, das ich je besucht habe«, sagte sie. »Das war das beste Wochenende meines Lebens!«

Barbaras Mutter hatte für die Mädchen ein perfektes Wochenende geplant. »Sie backte mit uns zusammen Süßkartoffelkuchen, und wir fuhren alle mit dem Bus in den Zoo«, weiß Susan noch. »Ich war noch nie Bus gefahren und fand es einfach toll.«

Barbara und Susan waren die gesamte zweite und dritte Klasse hindurch beste Freundinnen. Doch als Susan sich am ersten Tag in der vierten Klasse nach ihrer Freundin umschaute, konnte sie sie nirgendwo entdecken. »Ich wartete und wartete, aber sie kam einfach nicht«, sagt Susan. »Sie hatte noch einen Bruder und eine Schwester auf der Schule, die waren auch nicht da. Sie verschwand einfach, und ich war völlig verwirrt. Keiner hat mir erzählt, was passiert war.«

Barbaras Mutter hatte ihre Kinder zu deren Vater nach Alabama geschickt. »Das Ganze passierte so überstürzt, dass ich keine Möglichkeit hatte, mich von Susan zu verabschieden«, erzählt Barbara. »Mein Vater holte uns ab, und weg war ich.«

Die beiden Freundinnen vermissten sich und dachten oft aneinander. Nach einer Weile fingen sie sogar an, nacheinander zu suchen.

Doch sie fanden sich nicht.

Erst nach fünfunddreißig Jahren.

Genau wie vor ihrer ersten Begegnung verlief ihr Leben wieder in vollkommen verschiedenen Bahnen.

Nach der Highschool ging Susan auf die *S.I. Newhouse School of Public Communications* in Syracuse und schaffte einen ausgezeichneten Abschluss. Dann zog sie aus ihrer kleinen, verschlafenen Heimatstadt nach New York City in ein Apartment mit Blick auf Central Park und Empire State Building und arbeitete im Anzeigenvertrieb für Zeitschriften wie *People, New York* und *Vanity Fair.* Sie ging in die besten Restaurants, besuchte Broadway-Premieren, lernte Prominente wie Oprah Winfrey kennen und trainierte im selben Fitnessstudio wie John F. Kennedy jr. Jeder hätte gesagt, dass ihr Leben dem der Protagonistinnen in *Sex and the City* glich.

Barbaras Weg hingegen war steinig.

»Meine Mutter hatte fünf Kinder und arbeitete zwölf Stunden am Tag«, erzählt sie. »Sie verließ das Haus, wenn ich aufwachte, und kam erst zurück, wenn ich schon wieder im Bett lag. Sie gab ihr Bestes, um alles zu bewältigen, doch es war einfach zu viel für sie. Sie konnte uns schlichtweg nicht alles geben, was wir brauchten.«

Am Ende konnten weder ihre Mutter noch ihr Vater sich richtig um sie kümmern. Barbara musste acht Monate in einem Erziehungsheim verbringen und kam danach erst in eine Pflegefamilie und dann in eine Wohngemeinschaft für Teenager. Schließlich setzte ihre Mutter gerichtlich durch, dass Barbara vorzeitig für volljährig erklärt wurde. Zu dem Zeitpunkt war sie erst sechzehn Jahre alt. »Im Gerichtssaal musste ich die ganze Zeit weinen. Ich wusste nicht, was das alles bedeutete. Der Richter stellte mir ein paar Fragen und sagte dann, ich könne gehen, wohin ich wolle.«

Obwohl Barbaras und Susans Leben in so unterschiedlichen Bahnen verlief, waren sie dennoch nicht vollkommen voneinander getrennt. Ihre kurze Freundschaft hatte bei beiden Spuren hinterlassen.

Susans Leben war voller Abenteuer, doch in gewisser Hinsicht war ihr erstes Abenteuer ihre Zeit mit Barbara gewesen. »Sie hatte mir für vieles die Augen geöffnet«, erklärt Susan. »Durch sie sah ich die Welt anders als zuvor. Sie half mir, neuen Menschen und Dingen gegenüber aufgeschlossen zu sein.«

Barbara ihrerseits vergaß ihre muntere Freundin ebenfalls nie und dachte in schweren Zeiten oft an sie.

Nach dem Gerichtsbeschluss blieb Barbara bei ihren Schwestern. Sie merkte, dass sie schwanger war, wollte aber vor der Geburt ihres Kindes unbedingt ihren Abschluss machen. Also begann sie, für die Zulassungsprüfung zur Uni zu lernen. »Am Tag der Prüfung war die Morgenübelkeit wirklich schlimm, also legte ich meinen Kopf auf den Tisch und schrieb den Test so«, erzählt sie.

Wochen später rief sie bei der zuständigen Stelle an, um ihre

Testergebnisse zu erfahren. »Nun«, sagte die Sachbearbeiterin zu ihr, »Sie haben in fast jedem Bereich die volle Punktzahl.«

Obwohl Barbara die ganze Zeit den Lebensunterhalt für sich und ihren Sohn verdienen musste, schaffte sie ihren College-abschluss sowohl in Buchhaltung als auch in Betriebswirt-schaft.

»Ich stand sogar auf der Bestenliste«, sagt Barbara. »Als man mir das Diplom überreichte, rief mein Sohn Vincent im Publikum: ›Das ist meine Mom! Das ist meine Mom!‹ Er war so stolz auf mich.«

In all den Jahren hatte Barbara ihre Freundin Susan nie verges-sen. Wie sehr Susan sie geprägt hatte, merkte sie erst, als sie eines Tages zu einer Weihnachtsfeier ihrer Firma ging, dort je-mand ein Chanukah-Lied sang und sie sich dabei ertappte, wie sie mitsang.

»Ich war die Einzige, die den ganzen Text kannte«, erzählt sie. »Was mich selbst am meisten überraschte. Das lag nur daran, dass ich früher bei Susan und ihrer Familie Chanukah feiern durfte.«

Im Verlauf der Jahre unternahm Barbara mehrere Versuche, Susan zu finden. Als sie einmal als Telefonverkäuferin arbei-tete, entdeckte sie den Namen von Susans Mutter auf der An-rufliste. »Susans Schwester Amy meldete sich, doch als ich ihr erklären wollte, wer ich bin, legte sie einfach auf, weil sie glaubte, ich wollte nur etwas verkaufen«, sagt Barbara.

Auch Susan versuchte, ihre Freundin aufzuspüren. »Ich suchte sie im Telefonbuch, aber es gab unzählige Barbara Campbells. Und dann, eines Tages, bekam ich auf Facebook eine Freundschaftsanfrage.«

Das war im April 2014. Die Anfrage kam von der richtigen Barbara Campbell.

»Zuerst fand ich jemanden aus dem *Urban-Suburban Program*«, erklärt Barbara. »Auf dessen Seite sah ich, dass etwas auf der Seite von Susans Schwester geliked worden war. Als ich dann die Freundesliste anklickte, entdeckte ich Susans Namen. Vor lauter Aufregung schrie ich laut auf.«

Barbara schickte die Freundschaftsanfrage los und wartete. Ein Tag verging. Zwei Tage vergingen. Dann verging ein dritter Tag. »Ich hatte richtig Angst«, erzählt sie. »Ich dachte, mein Leben wäre so chaotisch verlaufen, dass sie nichts mehr mit mir zu tun haben wollte.«

Doch das war ein großer Irrtum.

Als Susan irgendwann die Freundschaftsanfrage sah, nahm sie sie sofort an und schickte ihr eine persönliche Nachricht.

»Hallo! Wir haben ja eine Ewigkeit nichts mehr voneinander gehört. Ich hoffe, es geht dir gut. Ich weiß noch, wie viel Spaß wir früher miteinander hatten.«

Eine ganze Weile schickten sie sich nur Facebook-Nachrichten. Dann mailten und telefonierten sie. Schließlich verabredeten sie sich zu einem Treffen in der *Cheesecake Factory* in Rochester.

Vor dem Essen waren beide Freundinnen sehr nervös. Würden sie sich noch mögen? Hatten sie sich etwas zu sagen?

»Ich kam als Erste in das Restaurant und wartete am Eingang«, erinnert sich Susan. »Als Barbara eintraf, erkannte ich sie sofort.«

»Ich hatte solche Angst, aber dann umarmten wir uns und waren beide zu Tränen gerührt. Sie war immer noch die Alte«, sagt Barbara. »Ganz genau wie früher. Warmherzig und freundlich. Einfach – Susan.«

Sie erzählten sich aus ihrem Leben. Sie redeten über die alten Zeiten und lachten. Sie schwelgten in schönen Erinnerungen daran, wie sie Seilspringen, Himmel und Hölle und Ball gespielt hatten.

Dann beschlossen sie, gemeinsam ihre alte Schule zu besuchen.

»Es war unglaublich«, sagt Susan. »Als hätte man uns in eine Zeitmaschine gesetzt. Alles war noch ganz genauso wie früher, nur kam es uns viel kleiner vor. Ständig sagten wir so was wie: ›Da haben wir nebeneinandergesessen! Und hier haben wir gespielt!‹ Wir erinnerten uns an jeden einzelnen Ort, an dem wir gemeinsam gewesen sind, an das Sekretariat, die Cafeteria, die Bibliothek.«

»Die Erinnerungen strömten auf mich ein«, sagt Barbara. »Als ich die winzigen Stühle sah, fiel mir sofort wieder ein, dass wir immer zusammensitzen wollten. Vom Alphabet her waren wir ziemlich weit auseinander, aber wir baten darum, nebeneinandersitzen zu dürfen. Erst dann waren wir zufrieden.«

Das Schicksal wollte es, dass Susan und Barbara sich auch geografisch wieder nahe gekommen waren. Nach über zwanzig Jahren in Manhattan traf Susan mit ihrem Mann Michael und ihren beiden Söhnen Zach und Max die bittersüße Entscheidung, wieder nach Rochester zurückzuziehen. Barbara wohnt ebenfalls in Rochester, wo sie eine Stelle als Verwaltungsangestellte hat. Heute telefonieren und simsen sie oft miteinander, meist nach neun Uhr abends, wenn Susans Kinder schlafen.

»Unsere Freundschaft hat mich sehr geprägt«, erzählt Susan. »Sie war etwas ganz Besonderes. Eigentlich sprach alles dagegen. Doch trotz aller Unterschiede und Widerstände hielten wir daran fest. Wir waren jung und unschuldig und mochten uns einfach. Wir wussten gar nicht, dass wir aus verschiedenen Welten kamen.«

»Es ist schwer zu erklären, aber es bestand eine besondere Verbindung zwischen uns«, fügt Barbara hinzu. »Ich habe immer noch das Gefühl, mit Susan über alles reden zu können. An jenem Tag in der *Cheesecake Factory* machten wir ein Foto von uns, das ich manchmal ungläubig betrachte. Weil ich wirklich dachte, ich würde Susan nie wiedersehen.«

Die wundersame Macht, die sie vor all den Jahren zusammengebracht hatte, führte sie schließlich erneut zueinander.

»Wir fühlten uns wie Schwestern, was keiner außer uns nachvollziehen konnte«, erklärt Barbara. »Das wird sich nie ändern, nicht morgen und nicht in fünfunddreißig Jahren.«

DER RECHTE MENSCH ZUR RECHTEN ZEIT AM RECHTEN ORT

Eine gute Freundin schickte mir einen Zeitungsartikel über einen zwölfjährigen Jungen namens Matthew, der aus Utah stammte.

Eines Tages fragte Matthew den Postboten, ob er einen überzähligen Werbeprospekt für ihn habe. Der Postbote war verblüfft und erkundigte sich, was er damit wolle. Matthews Erklärung: Er las unheimlich gern, doch da seine Familie sich weder ein Auto noch eine Busfahrkarte leisten konnte, kam er nicht in die Bibliothek. Also konnte er nur Werbeprospekte lesen.

Der Briefträger postete diese Geschichte sofort auf Facebook und bat seine Freunde, Matthew Bücher zu schicken, versprach sich aber nicht viel davon.

Wie sehr staunte er, als Matthew Hunderte von Büchern bekam!

Die Geschichte von Ron und Matthew ist ein gutes Beispiel dafür, was geschieht, wenn wir unser Leben aufmerksam leben. Wenn wir davon ausgehen, dass die Verbindungen zwischen uns nicht rein zufällig sind, entdecken wir wahrscheinlich manchmal, dass wir genau der rechte Mensch zur rechten Zeit am rechten Ort sind.

Was nichts anderes bedeutet als: ein Engel auf Erden.

Der rechte Mensch zur rechten Zeit am rechten Ort.

. . . .

15

DAS ERSTE WORT

Lou Honderich wuchs im Herzen unseres Landes auf, in Tulsa, Oklahoma, und lebt immer noch dort. Sie und ihr Mann Jeff, ein Hausarzt, hatten vier Kinder, daher ging es bei ihnen zu Hause laut und umtriebig zu. Dennoch hatten Lou und ihr Mann das Gefühl, für ein Kind mehr wäre noch Platz. Als Lou, eine ehemalige Kindergärtnerin, dann eine Dokumentation über den großen Mangel an Pflegeeltern sah, wusste sie sofort: Das ist das Richtige für uns. Sie sagt: »Ich hatte das Gefühl, mit meinen vier gesunden und klugen Kindern wirklich gesegnet worden zu sein. Etwas davon wollte ich zurückgeben, indem ich anderen half, die nicht so viel Glück gehabt hatten.«

Es dauerte nicht lang, da bekam sie die Gelegenheit dazu, als ein kleiner Junge, der bei einer Pflegefamilie in der Nähe lebte, einfach zu ihrem Haus kam und »Hi!« sagte.

»Wie alt bist du denn?«, fragte sie ihn.

»Fünf«, antwortete der Junge.

»Ach, dieses Alter finde ich besonders schön«, sagte Lou.

»Sie könnten mich bestimmt haben«, erwiderte der Junge. »Die in meiner Pflegefamilie mögen mich nicht.«

Als Lou sich daraufhin umhörte, erfuhr sie, dass der Junge nicht gerade in idealen Verhältnissen lebte. Die Pflegefamilie plante sogar, ohne den Jungen nach Disneyland zu fahren, und bat Lou, solange auf ihn aufzupassen.

»Er war ein Straßenjunge, frech und mit einer ziemlich großen Klappe«, erklärt Lou. »Seine Pflegeeltern kamen nicht mit ihm zurecht. Ich freundete mich mit ihm an, er spielte mit meinen Kindern und fügte sich richtig gut ein.«

Das fiel dem Betreuer des Jungen auf. Lou und Jeff durften sich bald offiziell um den Jungen kümmern, bis er zu seinen leiblichen Eltern zurückkehrte.

Ihm folgte ein weiterer Junge, um den Lou sich zwei Jahre lang kümmerte. »Er war erst zwei, als er zu uns kam. Seine Eltern hatten Drogenprobleme und lebten auf der Straße. In unserem Haus faszinierte ihn einfach alles. Er ging nur herum und berührte zum Beispiel die Vorhänge, als könnte er es nicht fassen, dass Fenster Vorhänge haben können.«

Schließlich wurde der Junge von einem anderen Paar adoptiert. »Wir wollten ihn auch adoptieren, aber das andere Paar bekam ihn, weil es keine eigenen Kinder hatte«, erinnert sich Lou. »Es zerriss mir das Herz, ihn ziehen zu lassen. Ich weiß noch, wie eines meiner Kinder sagte: ›Wie könnt ihr es nur zulassen, dass mein kleiner Bruder fortmuss?‹«

Eines Tages bekam Lou spätnachmittags einen Anruf von einer Betreuerin. Es klang ziemlich dringend. »Könnten Sie morgen ins Krankenhaus kommen?«, fragte sie. »Wir haben ein kleines Mädchen, das unbedingt jemanden braucht.«

Da Jeff Arzt war, bekam Lou oft Pflegekinder mit medizinischen Problemen. Deshalb rief man sie auch wegen des kleinen Mädchens an. »Man erzählte mir, dass die Kleine nichts essen wollte«, sagt Lou. »Sie war winzig. Die Krankenschwestern hatten nicht genug Zeit, sich um sie zu kümmern. Sie brauchten jemanden, der sie fütterte.«

Danach erfuhr Lou mehr über die Situation der Kleinen. Ihre Eltern waren sehr arm und hatten keinerlei Erfahrung mit Kindern. Mit einem Jahr wurde sie entwöhnt und bekam sofort ganz normales Essen. Ihre Eltern gaben ihr keine Babykost oder gewöhnten sie langsam an feste Nahrung. Das Mädchen hatte einen ausgeprägten Würgreflex und erbrach alles, was sie zu sich nahm. Die Eltern hielten das für Aufsässigkeit und versuchten, sie zum Essen zu zwingen, was alles nur noch schlimmer machte.

Inzwischen war das Mädchen total unterernährt und lag im Krankenhaus. Sie schien vollkommen verstört und hatte seit ihrer Ankunft kein einziges Wort gesprochen.

Am nächsten Morgen brachte Lou ihre Kinder zur Schule und fuhr danach zum Krankenhaus. Dort betrat sie einen großen Raum, wo zwei kleine Jungen miteinander spielten. Abseits saß das kleine Mädchen namens Erica und starrte ins Leere. »Sie war zwanzig Monate alt und wog höchstens vierzehn Pfund«, erinnert sich Lou. »Sie war vollkommen abgemagert und hatte einen aufgetriebenen Bauch. Aber sie war ein süßer Schatz, mit einem ganz hübschen Gesicht und wunderschönen dunklen Haaren. Ein richtiger Engel.«

Erica hatte, was Ärzte als Affektstörung bezeichnen. Sie reagierte auf niemanden und wirkte vollkommen ausdruckslos. Wenn jemand versuchte, sich ihr zu nähern, vor allem Männer,

167

dann rollte sie sich zusammen. »Sie wurde mit dem Hubschrauber ins Krankenhaus geflogen, und als ein Arzt sie untersuchen wollte, wurde sie hysterisch«, erklärt Lou. »Sie mussten auf eine Ärztin warten.« Und Erica weigerte sich zu essen, ganz gleich, was man ihr vorsetzte. »Das Problem war, dass sie nicht wusste, wie man isst«, sagt Lou. »Es hatte ihr niemand das Kauen beigebracht.«

Lou erkannte sofort, dass die Krankenschwestern zwar ihr Bestes taten, aber auch noch andere Patienten und daher nicht genug Zeit für Erica hatten. Außerdem konnten sie ihr nur die Kindermahlzeiten des Krankenhauses anbieten, die viel rohes Obst und Gemüse enthielten, bei dem man ausgiebig kauen musste. Das Ergebnis war, dass Erica sich vollkommen verschloss. »Als ich ins Zimmer trat, kamen die beiden kleinen Jungen zu mir gerannt«, sagt Lou. »Erica dagegen reagierte gar nicht.«

Lou wusste instinktiv, was sie zu tun hatte. Noch vor dem ersten Fütterungsversuch musste sie ihr Vertrauen gewinnen. Also nahm sich Lou ein Kinderbuch und fragte: »Wer will eine Geschichte hören?« Beide Jungen riefen »Ich!« Dann fragte Lou: »Wer will auf meinem Schoß sitzen?« Sofort nahm einer der Jungen darauf Platz. Erica hingegen blieb passiv.

Als Nächstes wandte sich Lou von Erica ab. Nicht zu ihr hin, sondern von ihr weg.

»Sie sollte das Buch nicht sehen«, erklärt Lou. »Ich wusste, sie würde die Bilder anschauen wollen, die ich beschrieb, und ich wollte, dass sie aufstand und zu mir kam.«

Lou las den Kindern also die Geschichte vor, aber Erica rührte sich nicht.

Danach holte Lou sich ein zweites Buch, und der andere

Junge durfte sich auf ihren Schoß setzen. Dieses Mal drehte sie ihren Stuhl so, dass Erica das Buch sehen konnte. Als sie mit dem Vorlesen anfing, stand Erica auf und stellte sich so hin, dass auch sie die Bilder sehen konnte.

Lou nutzte die Gelegenheit.

Kaum hatte sie das zweite Buch ausgelesen, nahm sie ein drittes und wandte sich an das kleine Mädchen.

»Erica, möchtest du jetzt auf meinem Schoß sitzen, während ich vorlese?«, fragte sie.

Schweigen. Eine ganze Weile stand Erica wie erstarrt da.

Dann streckte sie Lou ganz langsam die Arme entgegen. Lou hob sie hoch und setzte sie sanft auf ihren Schoß.

Nach der dritten Geschichte war Essenszeit. Die Krankenschwestern brachten wieder viel hartes Obst und Gemüse. Lou fragte, ob sie vielleicht Apfelkompott und eine zerdrückte Banane bekommen könnte. Nach einer Weile kamen die Krankenschwestern damit zurück. Lou rückte mit ihrem Stuhl ganz nah an Ericas und bot ihr mit einem kleinen Löffel etwas Apfelkompott an.

»Sie zögerte zwar, probierte aber dann etwas von dem Löffel«, sagt Lou. »Als ich ihr ein zweites Mal Apfelkompott anbot, aß sie das auch. Sie brachte ein paar Löffel hinunter, wandte sich dann aber ab. Ich bedrängte sie nicht. Doch nach dem Füttern hielt ich sie noch eine Weile auf meinem Schoß, damit ihr Magen sich beruhigen konnte.«

Es war vorgesehen gewesen, dass Lou ihr nur beim Mittagessen half, nicht beim Abendessen. Also verabschiedete sie sich am Nachmittag bei allen Kindern und fuhr heim. Doch als sie am nächsten Tag wieder ins Krankenhaus kam, teilte eine der

Schwestern ihr mit, Erica habe sich beim Abendessen geweigert, irgendetwas zu sich zu nehmen.

Lou ging in das Kinderzimmer und war gespannt, ob Erica auf sie reagieren würde.

»Sie saß immer noch ganz still da, doch ich meinte den winzigen Anflug eines Lächelns zu sehen«, sagt sie.

Lou las wieder Geschichten vor und fütterte Erica mit Speisen, die sie nicht zu kauen brauchte. Dieses Mal aß Erica schon ein bisschen mehr.

Nach dem Mittagessen verließ Lou das Krankenhaus, kam aber später zurück, nachdem sie das Abendessen für ihre eigene Familie vorbereitet hatte. »Ich wollte ihr keinen Brei geben, weil sie kein Baby mehr war«, erklärt Lou. »Daher bat ich die Krankenschwestern, mir ein paar zerdrückte Kartoffeln zu bringen, die ich ihr mit einem kleinen Löffel verabreichte.« Bevor sie ging, hielt sie Erica wieder auf ihrem Schoß und sang ihr ein Schlaflied vor. »Mittlerweile ließ sie sich von mir in den Armen wiegen«, sagt Lou. »Aber sie hatte noch kein einziges Wort gesagt.«

An ihrem dritten gemeinsamen Tag tauchte Lou zur üblichen Zeit im Krankenhaus auf. Als sie das Kinderzimmer betrat, blickte sie zu Erica, um zu sehen, ob sie eine Reaktion zeigte.

Da stand Erica auf, schaute Lou an und flüsterte kaum hörbar ein einziges Wort: »Mama.«

»Die Krankenschwestern konnten es nicht fassen«, sagt Lou. »Wir alle waren vollkommen verblüfft. In dem Moment, als Erica dieses eine kleine Wort sagte, verlor ich mein Herz an sie. Das geschah so schnell und intensiv, dass ich unsere Verbindung fast als spirituell empfand.«

Danach besuchte Lou die Kleine mehrere Tage zu den üblichen Zeiten. Bis ein Arzt befand, Erica würde davon profitieren, wenn sie das Krankenhaus verlassen könnte. Lou und Jeff wurden Ericas Pflegeeltern. »Sie hatte immer noch große Angst vor Männern, und bei uns zu Hause lebten mein Ehemann und zwei halbwüchsige Jungen. Alle drei waren ziemlich groß. Doch ihnen gegenüber zeigte Erica keinerlei Anzeichen von Furcht, aus welchem Grund auch immer.«

Zu Hause steigerte Lou Ericas Mahlzeiten von drei auf fünf am Tag. Insgesamt dauerte es zwei Jahre, bis Erica sich vollständig erholt hatte und genauso groß und kräftig war wie ihre Altersgenossen. Lou ging mit ihr auch zu einer Sprachtherapie. Sie sagte zu diesem Zeitpunkt nur »Mama«, lernte aber nach und nach weitere Wörter.

Als Ericas leibliche Eltern schließlich ihr Sorgerecht abgaben, stellten die Honderichs einen Adoptionsantrag. Mit fünf fragte Erica, ob sie einen neuen Namen haben könnte. Lou erlaubte ihr, sich einen zweiten Vornamen auszusuchen, und gab ihr dazu eine Liste mit Mädchennamen.

»Kann ich auch nach jemand anderem benannt werden?«, fragte sie.

»Selbstverständlich«, sagte Lou.

»Darf ich dann nach Jesus Christus benannt werden? Der war doch der wichtigste Mensch von allen, oder?«

»Ja, das war er«, erwiderte Lou.

Sie entschied sich für Christine. So wird sie bis heute genannt.

Nach der Adoption wurde Erica auch offiziell ein Mitglied von Lous Familie. »Aber in Wahrheit gehörte sie schon immer zu uns«, sagt Lou.

Christine ist mittlerweile erwachsen und hat einen liebevollen Ehemann und einen guten Job. Sie lebt in Lous Nachbarort, und die beiden sehen sich ständig. »Einmal sagte sie zu mir: ›Hättest du mir als Teenager prophezeit, dass ich am liebsten mit meiner Mutter essen gehe, hätte ich dich für verrückt erklärt.‹«, lacht Lou. »Aber genauso ist es. Sie hat gesagt: ›Mom, für mich kommst du immer an erster Stelle.‹«

Lou weiß nicht, wie Christines Zukunft ohne sie ausgesehen hätte. Besser? Schlechter? Das kann man nicht wissen.

Dennoch sagt sie: »Ich bin überzeugt, dass sie bei uns aufwachsen musste. Ein paar Wochen, bevor ich sie kennenlernte, träumte ich, ein kleines Mädchen würde in mein Leben treten. Meine Kinder sind blond, aber dieses Mädchen im Traum hatte wunderschöne dunkle Haare. Keine Ahnung, woher die Kleine mit den dunklen Haaren kommen sollte. Doch ich träumte von ihr und zwar mehrmals. Jetzt weiß ich, dass Christine und ich bereits vor unserer ersten Begegnung miteinander verbunden waren.«

War es Schicksal? Der Masterplan des Universums? Wie ist es möglich, dass zwei Menschen vor ihrer ersten Begegnung miteinander verbunden sind?

Lou findet, dass unsichtbare Bänder ein ganz guter Begriff dafür ist. »Ich bin zutiefst davon überzeugt, dass wir im Leben das anziehen, was wir wirklich brauchen«, sagt sie. »Wir brauchten Christine, und sie brauchte uns. Glücklicherweise haben wir uns gefunden. Wie immer man es auch nennen will, es ist jedenfalls etwas Besonderes und Wunderschönes.«

A ODER B?

»Im Leben ziehen wir das an, was wir brauchen.« Welch ein wunderbarer Gedanke. Er legt nahe, dass die Welt nicht willkürlich und chaotisch ist, sondern von einer universellen Macht gelenkt wird, die hinter allem wirkt und damit Ordnung und Sinn in unser Leben bringt. Ich glaube an diese Macht. Ich glaube, wir fühlen uns tatsächlich zu den Menschen hingezogen, die uns brauchen und die wir brauchen.

Der Tag, an dem ich Maurice zum ersten Mal begegnete, war ein Montag im Jahr 1986, und zwar der Labor Day, ein Feiertag. Anstatt also zur Arbeit zu gehen, hatte ich zwei Karten für die US Open in Flushing Meadows, New York.

Doch der Tag begann mit strömendem Regen, und das Turnier wurde abgesagt. Mein Plan B sah vor, den ganzen Tag zu Hause zu bleiben, aufgeschobene Anrufe und liegen gebliebenen Papierkram zu erledigen. Hätte es weitergeregnet, wäre ich wahrscheinlich nie vor die Tür gekommen.

Doch irgendwann kam die Sonne heraus.

Erst da beschloss ich, einen Spaziergang zu machen, um ein

bisschen Bewegung und frische Luft zu bekommen. Normalerweise waren meine Tage so verplant, dass ich keine Zeit für kleine Spaziergänge hatte. Schon gar nicht an einem Werktag. Aber an diesem Tag fügte es sich so. Als ich die Wohnung verließ, hätte ich mich genauso gut auch nach rechts Richtung 8th Avenue wenden können. Aber aus irgendeinem Grund bog ich nach links ab und ging den Broadway hinunter.

Direkt auf Maurice zu.

Der Feiertag. Der Regen. Das abgesagte Turnier. Der unerwartete Sonnenschein. Das Abbiegen nach links. All das musste genau so passieren, wie es passierte, sonst hätte ich nie eine der größten Segnungen meines Lebens erfahren.

Zufall? Willkür? Ein Zusammentreffen zweier Menschen, das nichts zu bedeuten hatte?

Sicher gibt es Menschen, die das behaupten.

Doch ich nicht.

Damals, als ich Maurice begegnete, hätte ich vielleicht noch an Zufall geglaubt. Möglicherweise auch noch vor ein paar Jahren. Aber durch all die Menschen, die ich mittlerweile kennengelernt, und all die Geschichten, die ich von ihnen gehört habe, hat sich meine Sicht auf die Welt verändert und mein Horizont erweitert.

Was ist mit Ihnen?

Was hat Ihrer Meinung nach Maurice und mich zusammengebracht?

A) Purer Zufall?

B) Das Schicksal, die Fügung, ein unsichtbares Band – wie auch immer Sie die Macht nennen wollen, die Menschen zusammenbringt, die einander brauchen?

Das Interessante ist, dass es keine richtige Antwort darauf gibt. Denn man kann nicht beweisen, ob A oder B korrekt ist.

Das hängt ganz davon ab, was wir über die Welt denken, in der wir leben. Was wir über die Welt denken, das wiederum prägt, wie wir darin leben.

Das verstehe ich unter Aufmerksamkeit. Darauf zu achten, was man über den Lauf der Welt zu wissen glaubt. Eine feste Vorstellung vom Wie und Warum zu haben.

Also los, denken Sie darüber nach. Entscheiden Sie dann, welche Antwort für Sie mehr Sinn ergibt.

nert sich ihre Tochter Jessica, die als Schaufensterdekorateurin arbeitet. »Im Laufe von vier, fünf Jahren verlor sie ihre Mobilität. Als ich vom College kam, saß sie bereits im Rollstuhl.«

Linda war geschieden und lebte ganz allein in einer Erdgeschosswohnung in Massapequa, Long Island, nur ein paar Meter vom Kanal entfernt. Sie stellte eine Reihe von Hilfskräften ein, doch die meisten halfen ihr nicht im Mindesten. Einige bestahlen sie, andere ließen sie einfach im Stich. Sie hatte auch keine Freunde, mit denen sie über ihre Krankheit reden konnte. Es gab Zeiten, da bestimmten Probleme und Einsamkeit ihr Leben.

Dann kam der Hurrikan.

Der Kanal, in dessen Nähe Linda wohnte, lief über, und in ihrem Wohnzimmer stand das Wasser einen halben Meter hoch. Da Linda im Rollstuhl saß, konnte sie sich nicht allein retten. Glücklicherweise half ihr eine Gruppe Freiwilliger und brachte sie in eine nahe gelegene Notunterkunft. Dort fuhr ein weiterer Freiwilliger Linda mit dem Rollstuhl herum und sorgte dafür, dass sie Essen und trockene Kleidung bekam.

Die Namen dieser freiwilligen Helfer erfuhr Linda nie. Sie tauchten einfach in der Notsituation auf und vollbrachten lebensrettende Akte der Nächstenliebe.

Schließlich kam Linda in ein Krankenhaus, wo sie ein paar Tage blieb. Dann fragte man sie, wohin sie als Nächstes wolle.

»Ich hatte von einer Einrichtung namens *The Hamptons Center* gehört, wo es auch Bewohner mit MS geben sollte«, erklärt Linda. »Also sagte ich, dass ich dorthin wollte.«

Tom Grotticelli war vierzehn Jahre alt, als er merkte, dass irgendetwas nicht stimmte. Sechs Jahre später wurde bei ihm

MS festgestellt. »Ich konnte nicht mehr laufen und musste im Rollstuhl sitzen«, erzählt er. »Fünf Jahre hatte ich eine Remission, dann kam ein neuer Schub. Mittlerweile leide ich seit fünfzig Jahren an dieser Krankheit.«

Tom, ein geschiedener Computerprogrammierer, lebte gemeinsam mit einer Helferin in einem Haus auf Long Island. Eines Tages verkündete sie, sie werde kündigen. »Sie sagte: ›Das war's, ich halte es nicht mehr aus. Mir reicht's.‹«, erinnert sich Tom. »Sie brachte mich zum Krankenhaus und ließ mich davor auf dem Bürgersteig stehen. Ich musste einen Fremden bitten, mich hineinzuschieben.«

Dies war eine schmerzliche, hoffnungslose Zeit für Tom. Er hatte seine ganzen Ersparnisse für seinen Unterhalt, die Helferin und einen rollstuhltauglichen Wagen aufgebraucht. »Jetzt war ich bettelarm«, sagt er. »Ich fühlte mich, als wäre ich am Ende meines Lebenswegs angelangt.« Krankenhausangestellte und Sozialarbeiter trafen sich mit seiner Helferin, um sie zur Rückkehr zu bewegen, doch vergeblich. Mit einem Schlag saß Tom ganz allein da.

Das Personal im Krankenhaus gab ihn nicht auf. Es sorgte dafür, dass er ein neues behagliches Zuhause bekam.

»Ich hatte von einem Heim der *MS Society* gehört, wo Menschen mit dieser Krankheit wohnen konnten«, erklärt Tom. »Ich fragte ein paar der Patienten, die dort lebten, wie es da sei, und sie antworteten, es sei gut.« Also rief seine Sozialarbeiterin an und stellte fest, dass es ein freies Bett gab.

»Da sagte ich: ›Dann schickt mich dorthin.‹«, erinnert sich Tom. »Das ist dann auch passiert.«

Ein weiterer Akt der Nächstenliebe während einer Krise brachte Tom zum *Hamptons Center*.

Eines Tages saß Tom in der Nähe des Schwesternzimmers in seinem Rollstuhl, als ihm eine Frau auffiel.

»Ich weiß noch, dass ich dachte, wie hübsch sie ist«, erzählt Tom. »Ich saß da, wo sich alle treffen, daher sprach ich sie einfach an. Ich sagte: ›Hi, ich bin Tom.‹ Und sie antwortete: ›Hi, ich bin Linda.‹«

»Man konnte ganz leicht mit ihm ins Gespräch kommen«, erinnert sich Linda. »Ich fand ihn ziemlich gut aussehend und hatte gar nichts dagegen, mit ihm zu reden.«

Nach dieser ersten Begegnung sprach Tom sie jeden Tag an. »Wenn ich aus meinem Zimmer kam und sie sah, rief ich: ›Linda!‹«, sagt er. »Das rief ich ganz laut quer durch den Raum, damit sie mich auch ja hörte.«

Seitdem sind Tom und Linda unzertrennlich. Jessica erzählt: »Immer wenn ich zu Besuch kam, schwärmte das ganze Personal von ihrer Beziehung. Weil Tom keinen elektrischen Rollstuhl hatte, erlaubte meine Mutter ihm, sich an ihrer Rückenlehne festzuhalten, und dann zog sie ihn.«

»Bis die Sozialarbeiterin das verbot«, fügt Tom hinzu. »Weil's zu gefährlich ist.«

Endlich hatten Tom und Linda jemanden, mit dem sie sich über ihre Krankheit austauschen konnten. Jemanden, der alles ganz genau nachvollziehen konnte, was sie durchmachten. Doch sie sprachen nicht nur über die Krankheit, sondern buchstäblich über alles: ihr Leben, ihre Ehen, ihre Kinder, ihre Lieblingssendungen im Fernsehen.

»Irgendwann baten wir um ein gemeinsames Zimmer«, sagt Tom. »Zuerst war man sich nicht sicher, aber dann konnten wir zusammenziehen.«

Einmal erzählte Linda Tom von den schlechten Erfahrungen, die sie mit ihrem Pflegepersonal gemacht hatte. Da schilderte er ihr, wie seine Helferin ihn einfach auf dem Bürgersteig hatte stehen lassen.

»Als er mir das erzählte, tat er mir unendlich leid«, erinnert sich Linda. »Da sagte ich: ›Lass uns doch versuchen, eine gemeinsame Wohnung zu finden.‹«

Tom fand die Idee großartig. »Von da an setzten wir alles daran, aus dem Heim zu kommen.«

Aber das war nicht so einfach, wie sie dachten.

Tom und Linda mussten viele Hindernisse überwinden, bis sie endlich eine gemeinsame Wohnung bekamen. Zunächst einmal hatten sie ganz spezielle Bedürfnisse. Sie brauchten eine behindertengerechte Wohnung mit einer Duschkabine, in die ein Rollstuhl passte. »Wir suchten überall nach etwas Passendem«, erzählt Tom. »Wir suchten im Internet, wir sahen uns Wohnungen an und baten alle möglichen Leute um Hilfe. Es war anstrengend, aber wir blieben dran.«

Schließlich fanden sie die perfekte Wohnung in einer Seniorensiedlung. Sie leisteten eine Anzahlung und fingen an, ihre Sachen zusammenzupacken. Am Tag des Umzugs wurden die Kisten in einen Lieferwagen geladen. Tom und Linda fuhren durch die Lobby und verabschiedeten sich von ihren Freunden.

Dann, in letzter Minute, hielt eine Sozialarbeiterin sie auf.

»So leid es mir tut«, sagte sie. »Sie können nicht fahren.«

Es gab ein Problem. Vor dem Hurrikan Irene hatte Linda in einem Bezirk von Long Island gelebt. Jetzt wollte sie in einen anderen Bezirk umziehen. Die Bestimmungen ihrer Krankenkasse ließen das nicht zu. »Linda musste erst einen Monat allein und selbstständig leben, bevor sie umziehen durfte«, erklärt Jessica. »Ich klemmte mich ans Telefon und redete mit Mitarbeitern der Krankenkasse, mit Sozialarbeitern und Bezirksangestellten. Stundenlang.«

Endlich kam die gute Nachricht. Es war alles geregelt. Tom und Linda konnten umziehen. Wieder wurde alles in einen Wagen geladen, und sie verabschiedeten sich.

Doch im letzten Moment wurden sie erneut aufgehalten. Es gab wieder ein verwaltungstechnisches Problem.

»Es klappte einfach nicht mit dem Umziehen«, sagt Linda. »Das ging monatelang so.«

Dennoch gaben sie die Hoffnung nie auf. Schließlich hatten sie schon Schlimmeres durchgemacht. Sie waren im Stich gelassen worden. Hatten einen Hurrikan überlebt. Eine lähmende Krankheit. Da würden sie nicht zulassen, dass die Bürokratie ihnen im Wege stand.

Nach sechs Monaten und heroischen Anstrengungen von Jessica war der Weg schließlich frei. Die Krankenkasse genehmigte den Umzug. Linda und Tom konnten in ihr neues, gemeinsames Leben aufbrechen.

»Es war einfach herrlich«, sagt Linda. »Die Siedlung, in der wir jetzt leben, ist groß und offen. Am Eingang haben wir sogar einen Wasserfall. Wenn das Wetter schön ist, gibt es einen kleinen Platz, auf dem wir alle zusammensitzen können.«

Tom ergänzt: »Manchmal gehen wir in ein Restaurant. Und wir lieben das Theater. Vor ein paar Monaten waren wir in dem Stück *Mummenschanz*. Doch die meiste Zeit halten wir nur Händchen. Eigentlich immer.«

Zum letzten Weihnachtsfest schenkte Tom Linda einen wunderschönen Ring mit Diamantsplittern und Herzen aus

Weiß- und Rotgold. Als Linda kurz darauf mit Lungenentzündung ins Krankenhaus musste, kam ihre Tochter herbeigeeilt. »Ich lief in ihr Zimmer und rief: ›Was machst du denn? Wie geht es dir?‹«, erinnert sich Jessica. »Doch sie erwiderte nur: ›Jetzt sieh dir den Ring an, den Tom mir geschenkt hat!‹ Sie strahlte!«

»Ich habe ihn immer am Finger«, fügt Linda hinzu.

Linda hätte nie damit gerechnet, dass ihr so etwas noch einmal passieren würde. »Nein, niemals«, bestätigt sie. »Ich dachte: Ich sitze im Rollstuhl, wer soll sich da in mich verlieben?«

Auch Tom hatte alle Hoffnung auf Glück aufgegeben.

»Ich dachte, ich würde nie wieder jemanden kennenlernen«, sagt er. »Nicht in meinem Alter und nach all dem, was mir widerfahren war.«

Doch mittlerweile sind sie seit vier Jahren zusammen und leben seit zwei Jahren in ihrem eigenen Zuhause. »Es war einfach ein Wunder«, sagt Jessica. »Ich sehe, wie sehr sich das Leben meiner Mutter verändert hat. Sie hat jemanden gefunden, auf den sie sich verlassen kann, und ruft mich nicht mehr ständig an. Ich bin so glücklich und erleichtert, wenn ich sie zusammen sehe. Aus einem Albtraum hat sich etwas Wunderschönes entwickelt.«

Tom und Linda wollen zusammenbleiben, was auch immer geschieht.

»Wir lieben uns«, sagt Linda. »Ich bin glücklich mit ihm.«

»Ich habe mich in der ersten Sekunde in Linda verliebt«, ergänzt Tom. »Mit ihr hat ein ganz neues Leben begonnen. Linda bedeutet mir einfach alles.«

Die Frau, die durch einen Hurrikan obdachlos wurde, und der Mann, der wie ein Möbelstück vor einem Krankenhaus abgestellt wurde – zusammengebracht durch Akte der Nächstenliebe.

»Ich bin überzeugt, dass manche Menschen füreinander bestimmt sind«, sagt Linda.

»Ich auch«, nickt Tom und ergreift Lindas Hand. »Es war Schicksal.«

GLÜCK IM UNGLÜCK

Vor meiner Vortragsreise und bevor ich die Geschichte von Tom und Linda hörte, war mir nicht bewusst, dass selbst die dunkelsten Stunden unseres Lebens die Chance auf Gnade bergen.

Gnade wird definiert als das Gewähren von Glück, und genau das geschah bei Tom und Linda. Ein Hurrikan und eine schwere menschliche Enttäuschung erwiesen sich im Nachhinein als Segen für sie. Aus ihrer schlimmsten Krise erwuchs ihr größtes Glück.

Engel auf Erden finden das Glück im Unglück.

Ich war in meinem Leben nicht immer in der Lage, den Silberstreifen am Horizont zu sehen, doch heute halte ich stets danach Ausschau. Mir ist bewusst, dass Freundlichkeit und Mitgefühl selbst einen Schicksalsschlag in etwas Wunderbares verwandeln können.

17

DIE ZWILLINGE

Nancy Kopacek schickte mir eine E-Mail, in der sie mir eigentlich zwei Geschichten erzählte, die von Yvonne Ann und die von den Zwillingen.

Nancy wuchs im Süden auf. Ihre Eltern waren klug und politisch ambitioniert. In den 1960ern gingen sie für die Bürgerrechte auf die Straße und erzogen ihre Kinder zum Mitgefühl mit anderen Menschen.

Als Nancy erwachsen war, schloss sie sich einer spirituellen Gemeinschaft namens *The Farm* in Tennessee an. Dort schenkte sie in einer sternklaren Nacht im Jahr 1975 ihrer ersten Tochter Irene Elizabeth das Leben. Zwei Jahre später war sie wieder schwanger. Es gab Komplikationen.

Ihr Bauch war überdimensional angeschwollen. Er war so dick, dass die Leute dachten, sie bekäme Zwillinge. Doch in Wirklichkeit handelte es sich um eine Wasseransammlung. Sie bekam Wehen, und dreiundzwanzig schwierige Stunden später kam ihre Tochter Yvonne Ann zur Welt. »Sie war einfach hinreißend«, schrieb Nancy in ihrer E-Mail.

»Ich freute mich unendlich, sie auf der Welt willkommen zu heißen.«

Doch Yvonne Ann hatte Probleme mit dem Atmen. Sie wurde schnell in ein Krankenhaus gefahren, wo sich ein Team von Herzspezialisten um sie kümmerte. Nach ein paar Stunden kamen mehrere Ärzte zu Nancy und ihrem Mann und setzten sich mit ihnen zusammen.

»Sie teilten uns mit, dass unser süßer Engel nicht überleben würde«, schrieb Nancy. »Es fühlte sich an, als würde man mir das Herz aus dem Leib reißen.«

Als Nancy auf die Intensivstation ging, um ihre Tochter ein letztes Mal zu sehen, war diese an Apparate und Schläuche angeschlossen. »Ich sagte ihr, wie sehr ich sie liebte und wie weh es mir tue, dass sie nicht mehr lange bei mir sein könne. Dann brach ich zusammen. Ich schrie und weinte und schrie wieder. Trauer, Schuldgefühle und Verzweiflung überwältigten mich. Ich weinte tagelang und betete zu Gott, mich zu heilen, damit ich irgendwie weitermachen konnte.«

Yvonne Ann starb an einem erblich bedingten Herzfehler. Sie war nur fünf Stunden auf dieser Erde.

Zu Hause in ihrer Gemeinschaft wurde eine Trauerfeier für Yvonne Ann abgehalten. »Nur eine kleine Zeremonie, bei der etwas vorgelesen wurde und alle zusammenkamen, um mir zu helfen und für mich zu beten«, erklärt Nancy. »Doch ehrlich gesagt, kann ich mich kaum daran erinnern. Ich stand unter Schock und weiß nur noch, dass die Trauer mich niederdrückte. Ich spürte eine entsetzliche Leere in mir – ein Loch. Ich hatte ein Kind erwartet, und mit einem Mal war dieses Kind fort.«

Nancy befand sich noch in tiefster Trauer, als zwei Wochen später eine Hebamme der Gemeinschaft an sie herantrat.

»Wir haben von einer jungen Mutter gehört, die gerade Zwillinge bekommen hat, sie aber nicht behalten kann«, erklärte sie. »Könnten Sie vielleicht für sie sorgen?«

Die Gemeinschaft war dafür bekannt, dass sie Babys und Kinder aufnahm, die vorübergehend ein neues Zuhause brauchten. Sie war eine Art inoffizielles Kinderheim.

Kaum hatte die Hebamme ihre Frage ausgesprochen, stieß Nancy aus: »Ja.«

»Ich hatte nicht mal darüber nachgedacht«, erzählt sie. »Es kam instinktiv aus mir heraus. Ich wusste, dass diese Zwillinge mich brauchten und mir gleichzeitig bei meiner eigenen Heilung helfen würden. Meine einzige Sorge galt meiner Tochter Irene, doch sie war einverstanden. So war alles geregelt.«

Die Zwillinge waren zwei Monate zu früh auf die Welt gekommen. Ihre Mutter Mary war eine einundzwanzigjährige Collegestudentin, die mit nur einem Baby gerechnet hatte. Doch nun waren es zwei, die wegen der Frühgeburt stark untergewichtig waren. Mary wollte sehr gerne Mutter werden, doch sie hatte weder Eltern noch nahe Verwandte, die ihr mit Geld und Unterstützung helfen konnten. Deshalb fühlte sie sich der Aufgabe, Zwillinge aufzuziehen, nicht gewachsen.

»Sie war schlichtweg nicht bereit dafür«, erklärt Nancy. Doch zur Adoption wollte Mary sie auf keinen Fall freigeben, weil sie dann wahrscheinlich getrennt vermittelt würden. »Da sie von *The Farm* gehört hatte, brachte sie sie zu uns«, sagt Nancy.

Eines war Nancy von Anfang bewusst: Es war nicht klar, ob die leibliche Mutter die Zwillinge zurücknehmen würde oder nicht.

Mary brachte die Zwillinge Eliza und Rose persönlich zu *The Farm* und übergab sie Nancy. »Sie waren winzig und in Decken gehüllt«, erinnert sie sich. Da Nancy ihre eigene Tochter hatte stillen wollen, war sie sofort bereit, auch die Zwillinge zu stillen. »Das war wichtig für sie«, sagt sie. »Sie fingen schnell an zuzunehmen.«

Nancys Beziehung zu den Zwillingen war von Anfang sehr intensiv. »Ich verliebte mich in der ersten Sekunde in sie«, erklärt sie. »Sie waren so klein und süß. Ich konnte sie ohne Probleme auseinanderhalten und wusste bei jeder genau, wen ich vor mir hatte. Eliza war eher still, Rose lebhaft und energisch.«

Wochen vergingen, dann Monate und schließlich ein Jahr. Nancy dachte nicht mehr daran, dass sie die Zwillinge nur in Pflege hatte, weil sie nicht so empfand. »Für mich waren es meine Kinder«, sagt sie. »Ich musste alles für sie tun. Zu Beginn mussten sie rund um die Uhr gefüttert werden, brauchten viel zusätzliche Zuwendung. Glücklicherweise liebte meine Tochter Irene sie genauso wie ich und unterstützte mich gerne.«

Eines Morgens suchte die Hebamme Nancy wieder auf.

»Sie teilte mir mit, dass sie einen Anruf bekommen habe«, sagt Nancy. »Mary war bereit, die Zwillinge zu sich zu nehmen.«

Mary hatte ihre Ausbildung abgeschlossen, eine Vollzeitstelle bekommen, Geld gespart und ihre Wohnung kindgerecht eingerichtet. Sie war für die Zwillinge bereit.

Für Nancy war der Abschied mehr als schmerzlich, fast unerträglich. »Ich wusste, dass sie ihre leibliche Mutter brauchten, aber ich wollte sie einfach nicht loslassen«, erklärt sie.

»Für mich fühlte es sich so an, als wiederholte sich der Albtraum. Wieder verfiel ich in tiefe Trauer.«

Nancy versuchte, mit Eliza und Rose in Verbindung zu bleiben. Sie schickte ihnen zum Geburtstag und zu Weihnachten Karten und kleine Geschenke und schrieb ihnen auch zwischendurch. Ein Jahr nachdem die Zwillinge *The Farm* verlassen hatten, wurde sogar ein Besuch von Nancy arrangiert. »Das Zusammentreffen verlief ziemlich quälend«, erinnert sie sich. »Die Mädchen wussten nicht, wie sie sich verhalten oder was sie denken sollten.«

Dennoch schrieb Nancy ihnen weiterhin, um ihnen zu vermitteln, wie sehr sie sie vermisste. Mit der Zeit schickte Mary immer seltener Fotos und Nancy immer seltener Briefe. Schließlich riss der Kontakt ganz ab. »Ich wusste genau, wann sie ihren achtzehnten Geburtstag hatten, konnte mich aber nicht selbst einladen«, sagt sie. »Ich wusste auch, wann ihr Schulabschluss war, doch selbst da konnte ich nicht hin.«

Irgendwann hatte Nancy den Eindruck, die Zwillinge hätten sie vergessen. Schließlich waren sie bei ihrer Trennung erst ein Jahr alt gewesen, und Erinnerungen aus dieser Zeit halten sich meist nicht lange.

»Wie konnte eine so enge Beziehung einfach abreißen?« Das will Nancy bis heute nicht in den Kopf. »Wieso hinterließ sie keinerlei Spuren?«

Dann, im Jahr 2010, dreiunddreißig Jahre nach der Trennung, bekam sie eine E-Mail.

Sie stammte von Eliza. »Ich habe in den letzten Jahren oft an dich gedacht«, hieß es in der E-Mail. »Jetzt habe ich genügend Mut gesammelt, um dir zu danken. Danke, dass du dich um meine Zwillingsschwester und mich so gut gekümmert hast. Ich würde gerne mehr über dich erfahren.«

Als Nancy das las, brach sie in Tränen aus.

»Als ihr Name in meinem Computer auftauchte, traute ich meinen Augen nicht«, sagt sie. »Ich kann gar nicht beschreiben, welch ein wundervoller Augenblick das für mich war. Dass ich nicht vergessen war! Dass man sich an mich erinnerte! Das bedeutete mir einfach alles.«

Sie vereinbarten ein Treffen in einem Hotel in Miami, wo Eliza an einer Konferenz teilnahm. Dort warteten Nancy und ihr Mann Wally aufgeregt in der Lobby auf ihre ehemalige Pflegetochter. Sie hatten sich seit dreißig Jahren nicht gesehen. Würden sie sich überhaupt erkennen? »Als ich durch die Lobby blickte, kam eine große Gruppe von Menschen auf mich zu und mittendrin Eliza«, erinnert sich Nancy. »Ich erkannte sie auf der Stelle.«

Auch Eliza erkannte sie, kaum dass sie sie sah. »Dann kam sie auf mich zugerannt und stürzte sich in meine Arme«, sagt Nancy.

Es war ein tränenreiches Wiedersehen.

Selbst Wally und die Kollegin, die Eliza begleitet hatte, konnten kaum die Fassung bewahren. Sogar Fremde, die nicht wussten, was da vor sich ging, waren gerührt.

»Eine lange, lange Zeit lagen wir uns nur in den Armen«, sagt Nancy. »Ich wollte Eliza einfach nicht mehr loslassen.«

Sie verbrachten den gesamten Abend miteinander und saßen bis spätnachts am Hotelpool und redeten. Eliza erzählte Nancy, dass auch Rose sie treffen wolle, aber noch etwas Zeit brauche. »Dann bedankte sie sich noch einmal für alles, was ich getan hatte«, sagt Nancy. »Worauf ich erwiderte: *Nein, ihr beide habt mir geholfen.* Ich erzählte ihr von Yvonne Ann und erklärte, wie Eliza und ihre Schwester zu ihrer seelischen Heilung beigetragen hätten.«

Da sprach Eliza das aus, was sie eigentlich hatte sagen wollen. »Nur wegen dir durften Rose und ich zusammenbleiben«, erklärte sie Nancy.

Da war die Antwort auf Nancys Frage: Wieso hinterließ eine so enge Beziehung keinerlei Spuren?

Die Antwort lautete: Sie hatte doch Spuren hinterlassen. Sie hatte weitreichende Konsequenzen gehabt.

»Ohne dich wäre unser Leben vollkommen anders verlaufen«, sagte Eliza zu Nancy.

Ein unsichtbares Band hatte ein anderes gerettet – das zwischen Eliza und Rose.

Am nächsten Tag überreichte Eliza Nancy ein Geschenk. Es war eine wunderschöne Halskette aus Türkisen. »Sie sagte, sie habe die Kette gewählt, weil ich sie dicht über meinem Herzen tragen könne«, erklärt Nancy. »Ich trage sie seitdem jeden Tag.«

Eliza begleitete Nancy und Wally nach Hause und blieb eine Woche. Sie traf Nancys Tochter Irene wieder. Trotz der jahrelangen Trennung verstanden sich die Frauen auf Anhieb. Leider wurde es irgendwann Zeit für Eliza, wieder heimzufahren.

»Schon während ihres Besuchs war es schwer für uns, getrennt zu sein«, erzählt Nancy. »Es schmerzte fast körperlich, so tief war unsere Verbindung. Sie wollte nicht fort, und ich wollte sie nicht ziehen lassen.« Aber als sie sich dieses Mal voneinander verabschiedeten, wussten sie, sie würden sich wiedersehen.

Weder Eliza noch Rose hatten Erinnerungen an ihre Zeit

mit Nancy. Sie wussten nur, dass Nancy wie eine Mutter für sie gesorgt hatte, weil Mary ihnen das erzählt hatte. Dass sie sie vor fast vierzig Jahren aufgenommen hatte, obwohl sie in tiefer Trauer war.

So geschah es, dass durch einen Akt der Nächstenliebe nicht nur Nancy und die Zwillinge miteinander verbunden wurden, sondern auch die Zwillinge und Yvonne Ann. Die fünf Stunden auf Erden dieses süßen, kleinen Engels hatten lebenslange Auswirkungen auf zwei Mädchen, die sie persönlich nie kennenlernen durfte.

Wundersamerweise hatten Yvonne Ann und die Zwillinge genau dasselbe errechnete Geburtsdatum, den 8. August.

»Es macht mir nichts aus, dass die Zwillinge keine Erinnerungen an mich haben«, erklärt Nancy. »Denn die Verbindung zwischen uns bestand nicht in unserem Kopf, sondern in unseren Herzen. Von Anfang an.«

ZEICHEN UND HINWEISE

Ich fordere Sie auf, offen und aufmerksam zu sein.

Vielleicht fragen Sie sich jetzt: » Wie soll ich das anstellen?«

Wie genau sollen wir wissen, ob uns ein unsichtbares Band mit einem anderen Menschen verbindet? Wie erkennen wir, ob ein bestimmter Augenblick ganz normal ist oder ein wichtiger Wendepunkt? Können wir nur raten, wann der rechte Zeitpunkt gekommen ist, ein Engel auf Erden zu werden?

Berechtigte Fragen.

Ich habe oft darüber nachgedacht, warum genau ich damals auf dem Broadway kehrtgemacht habe und zu Maurice zurückgegangen bin. So beschrieb ich es in meinem Buch: Und dann machte ich kehrt. Warum, weiß ich bis heute nicht.

Diese Worte schrieb ich fünfundzwanzig Jahre nach meiner ersten Begegnung mit Maurice. Es ist bemerkenswert, dass ich nach all der langen Zeit nicht herausgefunden hatte, was mich zum Umkehren bewegte.

Heute, fünf Jahre später, meine ich, es endlich zu wissen.

In den letzten fünf Jahren haben mir viele Menschen ihre

Geschichten von Wendepunkten erzählt. Jede half mir, meine eigene besser zu verstehen. Sie halfen mir, herauszufinden, warum ich so und nicht anders gehandelt hatte.

In fast all diesen Geschichten gibt es einen entscheidenden Moment, in dem etwas Geheimnisvolles, ja, Magisches ins Spiel kommt und den Verlauf der Handlung ändert. Das ist der Wendepunkt.

Heute habe ich begriffen, dass dieses Geheimnisvolle und Magische ein Zeichen ist.

Ein Zeichen weist uns darauf hin, wann und wie wir handeln sollen. Wie ein Schild an der Straße gibt es uns die Richtung an. Aufmerksam zu leben heißt daher, nach diesen Zeichen Ausschau zu halten und sie zu erkennen, wenn sie erscheinen.

Diese Zeichen treten in unterschiedlichen Formen auf. Die meisten von ihnen kennen wir: Instinkt, Intuition, eine innere Stimme, eine Ahnung, ein Drang, ein Stich im Innern, ein unbewusster Rippenstoß.

Achten Sie auf die merkwürdigen Empfindungen, die Sie in bestimmten Situationen haben. Ich glaube, wir sind ebenso darauf geeicht, Gelegenheiten für Hilfsbereitschaft zu nutzen, wie darauf, gefährliche Situationen zu meiden. Man denke nur an den Anstieg des Adrenalins, der bewirkt, dass der Magen rebelliert. Ich glaube, wir bekommen Hinweise aus dem Universum, die den Weg für mitfühlende Handlungen ebnen.

Wenn wir lernen, auf Zeichen und Hinweise zu achten und ihnen zu vertrauen, wächst unser Potenzial beträchtlich.

Warum also kehrte ich um und ging zu Maurice zurück? Was war mein Zeichen oder Hinweis? Ich verwende dafür gerne die Bezeichnung, die Barbara Ginsberg in ihrer E-Mail an mich benutzte: Barbara nannte es »den Ruck«.

. . . .

18

DER RUCK

Barbaras Geschichte beginnt 1979, als sie neunzehn Jahre alt war und in einem Einkaufszentrum in Pennsylvania arbeitete.

»Da ich gerade eine Auszeit vom College nahm, ordnete meine Mom an, ich müsste mir einen Job suchen«, erklärt sie. »Also ging ich zum Einkaufszentrum und suchte in den Auslagen nach Stellenangeboten.« Doch sie fand keine und wollte gerade wieder gehen. Da fragte eine Freundin, die in einem Laden Schmuck verkaufte, ob sie es schon bei *Pier 1* versucht habe. Barbara war an dem Geschäft vorbeigekommen, hatte aber kein Schild gesehen. »Aber als ich dorthin zurückkehrte, bekam ich sofort ein Vorstellungsgespräch und im Anschluss daran den Job«, sagt sie. »Ein ziemlicher Zufall.«

Sie sollte für vier Dollar die Stunde in der Tagschicht als Kassiererin arbeiten. An manchen Abenden traf sie nach Ende ihrer Schicht auf ihre Ablösung, eine hübsche Rothaarige namens Sue, die damals fünfzehn Jahre alt war. Da sie nicht zur gleichen Zeit arbeiteten, sahen sie sich nur flüchtig.

Sue erinnert sich ebenfalls daran: »Wir kannten uns eigentlich nicht. Barbara ging, als ich kam, und dann grüßten wir uns. Ich hielt sie für ein stilles Wasser.«

Barbara wusste von Sue nur, dass sie als Partymädchen galt. »Als ich mit dem Job anfing, sagte jemand zu mir: ›Sue, die weiß, wie man feiert.‹«, sagt Barbara. »Ich hielt sie nur für einen Teenager mit den typischen Allüren.«

Hin und wieder ließ Sue Barbara gegenüber eine Bemerkung über eine wilde Nacht fallen.

»Einmal kam sie zur Arbeit und verkündete: ›Mein Wochenende muss echt großartig gewesen sein, weil mein Radio zertrümmert wurde und ich keine Ahnung habe, wie das passiert ist.‹«, erinnert sich Barbara. »Ich dachte nur: Meine Güte, der Filmriss ist aber kein gutes Zeichen.«

Eines Abends hatte Barbara ihre Schicht beendet und wollte gerade gehen, als Sue hereinkam. Barbara bemerkte sofort, dass etwas anders war als sonst.

»Sie war am Boden zerstört«, sagt Barbara. »Sie erzählte mir, sie und ihr Freund hätten gerade Schluss gemacht. Es klang ganz anders als ihre üblichen Klagen über ihre Eltern oder so. Es kam mir viel ernster vor.«

Schockierend war, was Sue dann verkündete: »Jetzt ist mir alles egal. Am liebsten würde ich mich umbringen.«

Zuerst wusste Barbara nicht, ob sie das ernst nehmen sollte oder nicht. »Es kam mir so unwirklich vor, dass sie auf einmal von Selbstmord redete«, erklärt sie. »Sie tat mir leid. Ich hatte auch gescheiterte Beziehungen hinter mir. Aber ich wusste nicht, wie ich ihre Äußerung einordnen sollte. Also hörte ich ihr eine Weile zu, während sie beschrieb, wie schrecklich ihr Leben sei, und machte mich dann auf den Heimweg.«

Sie steuerte den Ausgang des Einkaufszentrums an, weil sie zum Parkplatz wollte. Doch nach wenigen Schritten blieb sie stehen.

»Ich machte auf dem Absatz kehrt«, erinnert sie sich. »Ich ging nicht zu meinem Wagen, sondern drehte mich um und fuhr die Rolltreppe zu einem Buchladen hinauf. Mein einziger Gedanke war: Was mache ich nur mit Sue?«, erklärt sie. »Dann dachte ich wieder: Sie ist ein Teenager, da muss man nicht alles so ernst nehmen. Ich wusste wirklich nicht, was ich machen sollte. Ich wusste nur, wenn ich Sue was kaufen wollte, durfte es nicht viel kosten, weil ich kaum Geld hatte.«

Neben dem Eingang des Buchladens sah sie ein Regal mit Ratgebern. »Bücher mit klugen Zitaten und so was.« Sie entschied sich für einen Ratgeber mit dem Titel *Wie man das Ende einer Beziehung überlebt*. Er hatte nur etwa hundert Seiten und war zu der Zeit sehr populär.

»Zuerst dachte ich, er könnte für Sue zu ernst und anspruchsvoll sein, aber als ich ihn durchblätterte, kam er mir ganz passend vor«, erinnert sie sich. »Also kaufte ich ihn.«

Sie kehrte mit dem Buch in einer Tüte zum *Pier 1* zurück. Sue blickte überrascht auf, als sie vor ihr stand.

»Das ist für dich«, sagte Barbara und reichte ihr das Buch. »Ich hoffe, damit geht's dir besser.«

Dann fuhr sie nach Hause.

Am nächsten Tag sah Barbara Sue nicht. Tatsächlich sollte sie sie eine lange Zeit nicht mehr treffen. Denn kurz darauf kündigte Barbara ihren Job und zog nach Connecticut.

»Ich habe nie erfahren, was aus Sue wurde«, sagt sie. »Ich lebte einfach mein Leben weiter.«

Neun Jahre später besuchten Barbara und ihr Mann Alan ein Open-Air-Folkkonzert in Pennsylvania. Während der Pause gingen sie auf dem Weg zu den Toiletten einen Hügel hinauf. Dort entdeckte Barbara mitten in der Menge ein vertrautes Gesicht.

Sue.

»Wir haben uns beide sofort wiedererkannt«, sagt Barbara. »Ich fragte: ›Wow, was machst du denn hier? Wie geht's dir?‹« Sue erzählte ihr, sie sei Schmuckdesignerin, habe eine feste Beziehung und sei sehr glücklich. »Das sah man ihr auch an. Sie wirkte zufriedener und gesünder. Sie schien von innen förmlich zu glühen.«

Sie plauderten eine Weile, doch irgendwann wurde Sue ernst.

»Barbara«, sagte sie. »Erinnerst du dich noch an den Abend, an dem du mir das Buch gegeben hast?«

Barbara holte scharf Luft.

»Ich hatte das vollkommen vergessen«, sagt sie. »Doch als Sue es erwähnte, traf es mich wie ein Blitz. Es hätte mich fast umgehauen. Sue sagte kein Wort mehr und ich auch nicht. Denn ich wusste sofort, warum sie es erwähnt hatte. Ich umarmte sie nur, und dann kamen uns beiden die Tränen. So hielten wir uns eine ganze Weile umarmt.«

Was in diesem Augenblick unausgesprochen zwischen ihnen stand, war die Tatsache, dass jener Moment im *Pier 1* für Sue ein Wendepunkt gewesen war.

»Dass Barbara mir dieses Buch gegeben hatte, hatte ungeheure Auswirkungen auf mich«, erklärt Sue jetzt und muss schlucken. »Wenn ich darüber spreche, kommen mir heute noch die Tränen. Das Buch half mir, aber das war es nicht. Entscheidend war die Geste. Dass Barbara mir etwas schenkte, veränderte mein ganzes Leben.«

Sues Angst und Schmerz an jenem Abend waren quälend. »Ich hatte solche Panik«, erklärt sie. »Meine ganze Zukunft war mit einem Mal bedroht. Als mein Freund mit mir Schluss machte, kam ich mir vor wie ein Asteroid, der vom Kurs abgekommen war. Ich dachte, ein Zusammenprall wäre unausweichlich. Und da kam Barbara und nahm eine Kurskorrektur vor.«

Hatte sie ernsthaft vorgehabt, sich umzubringen? »Wer weiß?«, sagt Sue. »Ich dachte jedenfalls daran. Mein Leben kam mir völlig wertlos vor, niemand nahm mich ernst. Ich weiß nicht, was ich an jenem Abend sonst getan hätte.«

Sie musste es auch nie herausfinden, weil Barbara zurückkam und ihr ein Buch schenkte.

»Das Geschenk hatte eine solche Wirkung auf mich, weil es genau zum richtigen Zeitpunkt kam«, erklärt Sue. »Sofort änderte sich alles, weil eine Fremde etwas für mich tat, weil sie sich für mich interessierte. Das gab mir Hoffnung für die Zukunft. Seit jenem Abend habe ich mich nie mehr minderwertig und schlecht gefühlt. Ich habe auch nie wieder etwas so schwer genommen. Plötzlich hatte sich meine ganze Sicht auf die Welt verändert. Eigentlich war es nur eine schlichte Geste, doch sie hatte ungeheure Folgen.«

Barbara hatte keine Ahnung, wie viel Sue ihr kleines Geschenk bedeutet hatte, bis sie ihr beim Folkkonzert begegnete. Der Augenblick war ihr einfach entfallen, so wie tausend andere Augenblicke, bis Sue ihn neun Jahre später zur Sprache brachte.

Doch kaum wurde Barbara daran erinnert, erkannte sie, dass das ein Wendepunkt gewesen war.

Und entdeckte gleichzeitig das unsichtbare Band, das Sue und sie verband.

»Ich hatte Sue mit meinem Geschenk gezeigt, dass sie mir am Herzen lag«, erklärt Barbara. »In diesem Augenblick brauchte sie einen Menschen genau dafür. Nur einen einzigen. Manchmal ist mehr gar nicht nötig.«

Barbara und Sue wurden Facebook-Freundinnen und schicken sich hin und wieder Nachrichten. Barbara erzählt Begebenheiten aus ihrem Leben als Spielzeugverkäuferin und Yogalehrerin. Sue schreibt über ihren Mann, ihre beiden Kinder und ihr Schmuckgeschäft. »Auf jenen Abend und das Buch kommen wir nicht mehr zu sprechen«, sagt Barbara. »Das ist nicht nötig. Unser Kontakt ist ganz zwanglos. Zum Beispiel schreibe ich ihr: ›Liebe Grüße an den verrückten Lockenkopf, hoffe, alles ist gut.‹ Sue schickt dann ein Bild vom lächelnden und Küsschen verteilenden SpongeBob zurück.«

Doch den Abend vor all den Jahren hat keine vergessen und wird es wohl auch nie wieder.

»Seitdem weiß ich, wie viel Glück ich im Leben habe«, sagt Sue. »Jetzt halte ich immer nach einer Gelegenheit Ausschau, anderen etwas Gutes zu tun. Und wenn es nur so etwas Kleines, Unbedeutendes ist, wie die Mülltonne des Nachbarn wieder aufzustellen, die der Wind umgekippt hat. Ich frage mich: Wie kann ich etwas Schönes bewirken? Wie kann ich etwas von dem Glück weitergeben, das ich erfahren habe?«

Auch Barbara hat sich durch ihre Beziehung verändert. »Mir wurde klar, dass kleine Gesten große Auswirkungen haben können«, sagt sie. »Auch wenn einem etwas nicht besonders wichtig vorkommt, ist die Konsequenz manchmal tief greifend.«

Was genau also brachte Barbara dazu, damals im Einkaufszentrum kehrtzumachen? Welche mysteriöse Macht zog sie zu Sue zurück?

»Es war ein Ruck«, sagt sie. »Und dann wurde an mir gezogen. Ich hatte das Gefühl, auf der Stelle etwas tun zu müssen. Der Ruck war so stark, dass ich abrupt stehen blieb.«

In diesem Augenblick lernte Barbara etwas, was sie seitdem nie vergessen hat.

»Wir müssen auf diese Zeichen achten«, sagt sie. »Manchmal ist es ein Ruck. Manchmal eine Stimme im Innern. Wie auch immer der Hinweis aussehen mag: Wir müssen ihn beachten und ihm folgen.«

FÜNFTER TEIL

Einzigartigkeit

Es gibt viele Gründe, daran zu zweifeln, ein Engel auf Erden werden zu können. Manchmal haben wir kein Geld zum Spenden. Oder keine Zeit für ehrenamtliche Arbeit. Manchmal halten wir unsere Erfahrungen, unsere Hilfe und unsere Unterstützung für wertlos. »Andere eignen sich viel besser dazu«, mögen wir denken. Das ist Unsinn. Wie mir all diese Geschichten zeigten, ist jeder gerade in seiner Einzigartigkeit dazu geeignet, dann ein Engel auf Erden zu sein, wenn es nötig ist. Nicht nur ein paar von uns, sondern alle. So ist das: Es gibt niemanden auf der ganzen Welt, der unwichtig, unbedeutend und von allen anderen isoliert ist.

19

DER KREDIT

Debbie Shore brauchte einen Geschäftsraum. Sie und ihr Bruder hatten eine wirklich großartige Idee, um eines der drängendsten Probleme der Welt anzugehen. Sie hatten eine Vision und waren zuversichtlich und zu allem entschlossen, doch zuerst brauchten sie einen Geschäftsraum. Also zogen sie Erkundigungen ein und fanden einen Vermieter, der ihnen einen Platz in einem Gebäude in Washington D.C. zeigte.

Der Raum lag im Keller, war dunkel, staubig und leer. Alle Wände waren mit Eierkartons bedeckt. Ein unheimlicher Anblick. Davor war der Raum für Elektroschocktherapien genutzt worden.

Debbie Shore sah sich in dem gruseligen Zimmer um und sagte nur drei Worte: »Wir nehmen ihn.«

Debbies Geschichte handelt von großen Träumen und kleinen Schritten.

Meine, Debbies und Billys Wege kreuzten sich, weil ihre visionäre Idee sich mit einem meiner größten Anliegen deckte, der Beseitigung des Hungers. Ich habe nie vergessen, was der elfjährige Maurice zu mir sagte, als ich ihn vor dreißig Jahren an der Ecke Broadway sah. »Ich habe Hunger.«

Als ich mich eingehender mit dem Thema beschäftigte, erfuhr ich, dass über sechzehn Millionen Kinder in Amerika nicht genug zu essen bekommen. Jedes fünfte Kind. Ich suchte nach einer Möglichkeit, dieses Problem anzugehen, und lernte Debbie und Billy kennen.

Ich erfuhr, dass Debbie in einer Kleinstadt bei Pittsburgh aufgewachsen war, und zwar in einer Familie, die sehr wohltätig orientiert war. Ihr Vater, ein Anwalt und Berater eines Kongressabgeordneten, war ein sehr ruhiger, bescheidener und gleichzeitig großzügiger Mensch, wie Debbie mir erzählte. »Ich kann mich nicht erinnern, dass er jemals etwas für sich selbst gekauft hätte. Ich erinnere mich auch nur an ein einziges Paar Schuhe und eine einzige Hose von ihm. Sein ganzes Leben widmete er dem Dienst an seiner Familie und seiner Gemeinde.« Debbie weiß noch, dass er meistens auf der Frontveranda zu finden war, wo er einem Nachbarn half – bei einem Problem mit der Versicherung, einem Einwanderungsantrag oder der Bewerbung für eine Schule.

»Mein Vater nahm alle Anrufe entgegen und kümmerte sich darum«, erzählt sie. »Er war jemand, an den man sich immer wenden konnte.«

In ihrer Kindheit standen sich Debbie und Billy sehr nahe, doch als sie in die Pubertät kamen, schlugen sie unterschiedliche Wege ein. »Wir waren sehr verschieden«, erklärt sie. »Billy war ziemlich konservativ, während ich alles liebte, was alternativ war: Musik, Kleider, Lebensstil – Hauptsache alternativ.« Sie studierte an der Universität von Ohio Literatur und Philosophie und arbeitete danach für einen ausländischen Studentenverband. Billy arbeitete als juristischer Berater für den Präsidentschaftskandidaten Gary Hart. Eines Tages rief er Debbie an und fragte sie, ob sie ehrenamtliche Wahlhelferin werden wolle. Sie sagte zu.

Ihre gemeinsame Mitarbeit bei der Wahlkampagne sollte sich als sehr bedeutsam erweisen. 1984 rief Billy Debbie an und erzählte ihr von einem Artikel, den er gerade gelesen hatte.

»Es ging um die vielen Tausend Menschen in Äthiopien, die an Hunger starben, und die Millionen, die Hunger litten«, erklärt sie. »Billy sagte, er wolle eine Organisation gründen, die dagegen vorgehe.«

Man stelle sich vor, der eigene Bruder ruft aus heiterem Himmel an und verkündet, er wolle gegen den Hunger in Afrika kämpfen! Debbies Reaktion kam ganz spontan. »›Das klingt ja großartig!‹, sagte ich. Ich verspürte keinerlei Sorge, da war keinerlei Zweifel oder Zögern. Ich weiß nur, dass ich dachte: Das fühlt sich richtig an. Also los!«

Dieses erste Gespräch über die Gründung einer Organisation dauerte nicht sehr lang. »Etwa eine halbe Minute«, erläutert Debbie. »Ich war noch so jung. Am liebsten hätte ich mich gleich in die Arbeit gestürzt.« Doch wie gründet man aus dem Nichts eine Organisation gegen den Hunger in der Welt? Wie sieht der erste Schritt aus?

Selbstverständlich sucht man sich einen Geschäftsraum.

Was zur ersten größeren Hürde führte, denn weder Debbie noch Billy hatten genug Geld.

Also plünderten sie ein Kreditkartenkonto und hoben zweitausend Dollar in bar ab. Damit mieteten sie den dunklen Kellerraum an.

Von Anfang an nutzten ihnen zwei Dinge. Das Erste war ihr Know-how. Ihre Arbeit für Gary Hart betrachtet Debbie als entscheidende Erfahrung. »Wir lernten, wie man organisiert, andere inspiriert, beeinflusst und eine Botschaft vermittelt. Und auch ein paar Taschenspielertricks.«

Das andere war ihre Vision.

»Man muss genau wissen, was man will«, erklärt Debbie. »Dann kann der erste Schritt auch klein sein. Wenn man nicht weiß, wohin man will, führt der Weg nur ins Nirgendwo.«

Zu Anfang hatte ihre Organisation keinen Namen. »Wir baten alle möglichen Leute, sich einen auszudenken, und bekamen dann Vorschläge wie *Ein Körnchen Hoffnung* oder *Saat des Lebens*. Billy fiel schließlich unser endgültiger Name ein.«

Share Our Strength. Unsere Stärke teilen.

»Unsere Stärke zu teilen ist immer noch einer der wichtigsten Werte, nach denen wir leben«, erklärt Debbie. »Jeder Mensch auf der Welt hat mindestens eine Stärke, die er im Kampf gegen den Hunger einsetzen kann. Ob es der Besitzer eines Restaurants ist oder ein Entertainer, ein Headhunter, ein Politiker, ein Industriemagnat oder ein Lehrer – einfach jeder. Jeder von uns hat seine ganz eigenen Stärken.«

Debbie und Billy fingen damit an, auf einer Schreibmaschine Spendenbriefe zu tippen und in alle Welt zu verschicken.

»Im zweiten Jahr bekamen wir endlich einen Computer«, erinnert sich Debbie. Steve Wozniak, einer der *Apple*-Gründer, schenkte ihnen ein paar *MACs*.

Einer ihrer ersten Schritte bestand darin, bekannte Köche zu überreden, sich ihrem Kampf anzuschließen. Sie bekamen viele Absagen, gaben jedoch nicht auf.

Dann schrieben sie einen Brief an Alice Waters, einer frühen

Verfechterin der Verwendung lokaler Bioprodukte. Damals wussten sie noch nicht, wie bekannt sie als Köchin tatsächlich war. »Wir baten sie um Hilfe und bekamen prompt einen Brief zurück, in dem stand: *Hier sind tausend Dollar. Was kann ich außerdem tun?*«, erinnert sich Debbie. »Als wir uns über sie erkundigten, stellten wir fest: Wow, das ist ja eine ganz große Nummer!« Als sie Alice Waters für sich gewonnen hatten, folgten bald andere bekannte Köche.

In den ersten zwei Jahren konnte *Share Our Strength* noch keine großen Summen aufbringen. Doch schließlich verdienten sie mit einer Wein- und Delikatessenverkostung genug Geld, um Nahrungsmittel in Wert von achttausend Dollar nach Äthiopien fliegen zu lassen.

Danach beschlossen Debbie und Billy, das Ziel ihrer Organisation zu erweitern. Sie erkannten, dass Hunger nicht nur in Afrika ein Problem war, sondern auch in den Vereinigten Staaten. »Natürlich ist es nicht vergleichbar«, räumt Debbie ein. »Aber auch hier hungern Menschen.«

Also arbeitete *Share Our Strength* von da an auch gegen den Hunger in den Vereinigten Staaten. Die Vision wurde größer.

Über dreißig Jahre später kann *Share Our Strength* mit der Kampagne *No Kid Hungry* (Kein Kind soll hungern) große Erfolge für die Kinder in Amerika verzeichnen.

Durch diese Kampagne wurden bedürftige Kinder in Programme eingebunden, die ihnen Schulspeisungen auch während der Ferien zugänglich machten. Außerdem wurde Familien in prekären Verhältnissen gezeigt, wie sie mit wenig Geld gesundes Essen kaufen und zubereiten können. Seit dem Start der Kampagne haben *No Kid Hungry* und ähnliche Programme über vierhundertsechzig Millionen Mahlzeiten für Kinder zur Verfügung gestellt. Allein in den letzten zwei Jahren konnten fast eine Million weitere Kinder an der Schulspeisung teilnehmen.

Seit ihren bescheidenen Anfängen im Keller haben Debbie und Billy über eine halbe Milliarde Dollar an Spendengeldern gegen Hunger und Armut aufgebracht. Heute ist *Share Our Strength* dafür bekannt, pragmatische und flexible Lösungen für große soziale Probleme zu finden.

»Unsere Kinder müssen gesund sein, wenn sie das Erbe unseres Landes antreten«, sagt Debbie. »Es gibt Millionen von Kindern, die nicht gesund sind. Wir müssen uns bemühen, nicht nur den Hunger zum nationalen Thema zu machen, sondern auch dessen Auswirkungen auf die Bildung, das Gesundheitssystem und die nationale Sicherheit. Und dann müssen wir wirksame Gegenmaßnahmen ergreifen.«

Debbie verbringt einen großen Teil ihrer Zeit damit, mit Verantwortlichen zu reden und sich Hilfsprogramme anzusehen, um herauszufinden, wo es noch hakt. Zum Beispiel erfuhr sie, dass zwar zweiundzwanzig Millionen Kinder kostenlose oder verbilligte Mahlzeiten bekommen, aber nur vier Millionen während der Ferien.

»Das liegt nicht daran, dass es nicht genug Essen oder Hilfsprogramme gibt, sondern daran, dass der Zugang dazu erschwert ist«, sagt sie. »Wir haben jede Menge Essen für hungrige Kinder, doch gibt es auch jede Menge Hindernisse wie Bürokratie, Transportprobleme oder Stigmatisierung.«

Bei einer Ferienspeisung in New Mexico zum Beispiel stellte Debbie fest, dass der Bedarf zwar gegeben war, das Angebot jedoch kaum genutzt wurde. »Als wir uns vor Ort umhörten, sagte man uns, das Essen werde im Freien ausgegeben und das sei für die Kinder im Sommer zu heiß. Also kauften wir einen riesigen roten Sonnenschirm, und die Kinder kamen.«

Zur Umsetzung dieser einfachen Maßnahme kam es nur deshalb, weil *Share Our Strength* persönlich vor Ort war. »Man muss es mit eigenen Augen sehen«, sagt Debbie. »Man muss sich selbst ein Bild machen.«

Debbies Arbeit bei *Share Our Strength* war so lohnend und befriedigend, dass sie nie auch nur einen Gedanken an eine Karriere oder an eine Ehe und Kinder verschwendete. »Ich habe bei *Share Our Strength* meinen Platz gefunden«, sagt sie. »Ich hätte auch einen anderen Beruf wählen können, aber wo hätte ich so viel bewirken können? Einfach nur Geld zu verdienen kommt nicht annähernd an das heran, was wir hier erreicht haben.«

Dann geschah etwas Außerordentliches.

Mit sechsundvierzig wurde Debbie schwanger.

»Ich hatte eigentlich nie den Drang, Mutter zu werden«, erzählt sie. »Bei mir tickte die biologische Uhr nicht. Als ich also mit Mitte vierzig noch Mutter werden sollte, war ich eher fassungslos. Es war der Schock meines Lebens.«

Doch sehr schnell überkam sie ein anderes Gefühl. »Es war, als würde mit einem Mal die Wolkendecke aufreißen«, erklärt sie. »Ich dachte: Dies ist meine Chance! Als Sofia geboren wurde, erfüllte mich sofort eine nie geahnte Ruhe. Ich fühlte mich gesegnet.«

Nachdem sie ihr eigenes Kind hatte, wurde ihr die Bedeutung von *Share Our Strength* nur noch bewusster.

»Ich fühlte mich persönlich dafür verantwortlich, dass meine Tochter satt und gesund war«, sagt sie. »Noch heute frage ich sie jeden Tag, was sie gegessen hat. Dabei ist sie schon vierzehn! Wenn ich bei meiner Arbeit und als Mutter eines gelernt habe: Armut ist komplex, aber nicht, einem Kind essen zu geben.«

ETWAS BEWEGEN

Im Jahr 2013 hielt ich vor zweihundert Schülern einer Mittelschule in Ohio eine Rede. Ich erzählte die Geschichte von Maurice und mir und sprach von meiner Überzeugung, dass ein einziger Akt der Nächstenliebe manchmal mehr bewirkt, als wir uns vorstellen können. Ich redete auch darüber, wie wichtig es ist anzuerkennen, wie viel Glück im Leben wir haben, wenn es so viele Menschen gibt, denen dieses Glück nicht zuteilwird.

Nach der Rede durften die Schüler Fragen stellen. Ich fand es ermutigend, wie engagiert und besonnen die Schüler waren. Soweit ich es beurteilen konnte, hatte die Geschichte von Maurice und mir sie wirklich gepackt und meine Botschaft war angekommen. Allerdings kann man sich da nie sicher sein.

Nach der Fragestunde wurde ich zu einem gemeinsamen Mittagessen in der Schulcafeteria eingeladen. Während ich in der Schlange wartete, fragte mich eine Mitarbeiterin der Cafeteria:
» Was ist denn heute Morgen passiert? «

» Wieso? Was meinen Sie? «

» Die Kinder sind auf einmal so nett «, erklärte sie. » Und zwar

ausnahmslos. Ständig hören wir, wie toll unser Essen schmeckt.
Und ich habe noch nie so viele Schüler Bitte und Danke sagen
hören. Was ist bloß mit ihnen los?«

Ich wusste genau, was mit ihnen los war.

Die Botschaft war angekommen.

Diese einfachen Gesten der Schüler – ein freundliches Wort,
eine höfliche Antwort, ein bisschen mehr Begeisterung wegen der
Burger und Fritten – zeigten mir wieder einmal, dass wir in der
Lage sind, unser Leben zu ändern.

Manchmal erscheinen uns die Probleme in unserem Leben
und auf der ganzen Welt so überwältigend, dass wir glauben, wir
könnten nichts tun. Doch es gibt immer etwas, das wir tun kön-
nen. Vielleicht nichts Großes oder Weltbewegendes, aber jeder
Einzelne kann auf seine individuelle Art sein Umfeld positiv be-
einflussen.

Wir können alle etwas bewegen.

Die Schüler in Ohio lernten diese Lektion dadurch, dass sie
lediglich ein bisschen freundlicher waren.

Der nächste Schritt für sie wäre zu lernen, wie sie mit ihren
einzigartigen Fähigkeiten Großes bewirken können.

. . . .

20

DIE FÜNF

Robin Tartarkin hatte eine schwierige Kindheit. Als sie sehr jung war, bekam ihre Mutter Krebs und musste ihre letzten Jahre ständig im Krankenhaus verbringen. Robins Vater arbeitete von früh bis spät und war kaum für seine Tochter da.

»Da mich niemand zur Schule brachte, schwänzte ich oft«, erzählt sie. »Mein Vater wusste einfach nicht, wie er mich ohne meine Mutter erziehen sollte. Ich war völlig mir selbst überlassen.«

Niemand setzte sich mit ihr zusammen und bereitete sie auf den Tod ihrer Mutter vor. Es wurde nicht einmal über die Krankheit gesprochen. »Ich bekam nur mit, dass es ihr schrecklich schlecht ging«, erzählt sie. »Dass man sie zum Beispiel in ein Eisbett steckte, um ihr Leben zu retten. Eines Tages dann sagte mein Vater zu mir: ›Deine Mutter hat Krebs und muss von nun an im Krankenhaus bleiben.‹«

Robin erinnert sich noch daran, dass sie ihre Mutter bis zum Schluss besuchte. »Sie war so krank, dass sie bis auf die Knochen abmagerte. Ich saß einfach nur an ihrem Bett und hielt ihre Hand. Als ich das Zimmer verließ, sagte ich: ›Ich kann nicht mehr da rein. Ich halte es einfach nicht aus. Es war schlichtweg zu viel für mich.‹«

Achtundvierzig Stunden später starb ihre Mutter. Da war Robin erst vierzehn.

Robins Vater machte stoisch weiter. Robin hingegen blieb in der Schule sitzen und lebte in einem Zustand ständiger Beklemmung. Die nächste Klasse erwies sich als ebenso schwierig. Schließlich regte eine Freundin ihres Vaters an, Robin auf ein Mädcheninternat im nördlichen Teil des Staates New York zu schicken. »Ich trauerte um meine Mutter«, erzählt sie. »Ich wusste einfach nicht, was ich machen sollte. Also erklärte ich mich einverstanden.«

Die drei Jahre Internat erwiesen sich als qualvolle Zeit, und die darauffolgenden Jahre waren nicht besser. Nach dem ersten Semester musste sie das College verlassen und landete schließlich auf der Straße. Dort bekam sie eine schwere Hautkrankheit. Mehr als einmal dachte sie an Selbstmord.

»Ich war eine verlorene Seele«, erklärt sie. »Ich hatte keine Freunde, keine Verwandten, niemanden, der sich für mich interessierte. Ich war vollkommen allein auf der Welt.«

Die wenigen Augenblicke in ihrem Leben, in denen ihr Liebe und Freundlichkeit widerfahren waren, konnte sie an einer Hand abzählen.

»In jener Zeit gab es nur fünf Menschen, die freundlich zu mir waren«, erzählt sie. »Meist durch ganz kleine, einfache Gesten. Einer sagte zu mir: ›Robin, du bist so schön.‹ Ein anderer sagte: ›Robin, wenn du doch nur häufiger lächeln würdest.‹ Noch zwei weitere Menschen zeigten mir auf diese Weise, dass sie sich für mich interessierten. Da ich niemanden im Leben hatte, der mir die Richtung wies, waren diese wenigen mitfühlenden Menschen enorm wichtig.«

Die fünfte Person jedoch änderte den Kurs von Robins Leben.

In dem Geschäft, in dem sie damals arbeitete, wurde sie von ihrem Vorgesetzten sexuell belästigt. »Er sagte, wie naiv und verletzlich ich sei, und nutzte das dann einfach aus. Mitten im Laden. Ein anderer Verkäufer bekam das mit.«

Dieser Mann nahm Robin beiseite und sagte: »Ich glaube, Sie brauchen einen neuen Job.«

Er arrangierte ein Vorstellungsgespräch für sie, und sie bekam die Stelle. »Damals war ich zweiundzwanzig, und dieser Vorfall erwies sich als Wendepunkt in meinem Leben«, sagt sie. »Ich hatte immer noch Probleme, doch jetzt glaubte ich an mich selbst. So wurde ich langsam stärker.«

Robin erinnert sich weder an den Nachnamen dieses Mannes noch an die Namen der anderen Menschen, die freundlich zu ihr waren. Schließlich liegt all das fast vierzig Jahre zurück. Doch sie hat nie vergessen, welche Bedeutung diese Menschen für ihr Leben hatten.

»Jahrelang fühlte ich mich, als wäre ich mit meiner Mutter begraben worden«, erklärt sie. »So als läge ich neben ihr in der Erde und die Leute guckten zu mir herunter und sagten: Mal sehen, ob du dich da rauswühlen kannst. Und genau das tat ich: Ich wühlte mich aus diesem Grab heraus. Aber ohne jene fünf freundlichen Menschen hätte ich das nie geschafft.«

Schließlich heiratete Robin einen wunderbaren Mann und bekam zwei prächtige Söhne, die auf der Highschool sportlich und beliebt waren. Robin nahm aktiv an ihrem Leben teil, kam zu allen schulischen Anlässen und half, wo sie konnte.

»Vier Jahre war ich die Vorsitzende eines Schulprojekts, das dafür sorgte, dass die Schüler in ihrer Abschlussnacht nicht betrunken Auto fuhren. Ich half bei der Sammlung von Spendengeldern und hatte ein Team von ehrenamtlichen Helfern, die mit mir zusammenarbeiteten. In gewisser Weise holte ich durch meine Söhne meine Highschoolerfahrung nach, wenn auch indirekt.«

Da geschah es, dass wieder fünf Menschen in ihr Leben traten und es veränderten.

Eines Tages fragte ihr Sohn Jeffrey, der im Footballteam spielte: »Mom, darf ich am Freitag nach dem Spiel ein paar von meinen Teamkollegen mitbringen?«

Robin hatte nichts dagegen.

Freitagabend kam Jeffrey also mit fünf halbwüchsigen Jungen nach Hause. Sie alle waren Amerikaner mit haitianischen Wurzeln und wohnten im Süden von Florida. Von dort kamen sie mit dem Bus nach Boca Raton, um die Highschool zu besuchen. Also in den Vorort, in dem Robin lebte.

»Da war Jason, der Topspieler des Teams, und dann noch Georry, Daniel, Lorence und Jean«, erzählt Robin. »Ich wusste nicht viel über sie, aber von da an kamen sie jeden Freitagabend nach dem Spiel zu uns. Das wurde unser kleines Ritual.«

Eines Freitagabends fragte Robin die Jungen beiläufig, welche Pläne sie fürs College hätten. Daraufhin starrten sie sie nur ausdruckslos an.

»Sie waren in der letzten Klasse der Highschool, hatten aber keinen zentralen Aufnahmetest gemacht«, sagt sie. »Sie waren nicht im Geringsten vorbereitet. Als ich das hörte, wurde ich sehr zornig. Niemand kümmerte sich um diese Kinder. Wie sich das anfühlte, wusste ich ganz genau.«

Daraufhin fragte Robin die Jungen: »Okay, wer von euch will denn aufs College?«

Alle fünf hoben die Hand.

»In diesem Augenblick hatte ich eine Mission«, erklärt Robin. »Ich wollte den Jungen die Hilfe geben, die sie brauchten.«

Robin war unermüdlich. Sie meldete die fünf Jungen für die kostenlosen Vorbereitungskurse auf den Collegetest an. Sie entwarf einen Studienplan und holte sie nach der Schule ab, um sie auf ihre Collegebewerbungen vorzubereiten.

»Ich bekam sogar Ärger mit dem Footballtrainer, weil sie zu spät zum Training kamen«, erinnert sie sich. »Dann rief er immer an und fragte: ›Wo bleiben sie?‹«

Robin half den fünf Jungen, sich Colleges auszusuchen, Empfehlungsschreiben zu bekommen, Lebensläufe zu schreiben, Kopien von Zeugnissen und Dokumenten zu machen und Footballvideos aufzunehmen. Sie stellte eine Liste mit Colleges zusammen und half ihnen, die für sie besten herauszufinden. Sie selbst absolvierte einen Kurs zum Beantragen finanzieller Förderungen und suchte nach Stipendien. Für jeden Jungen bereitete sie fünf Bewerbungen vor, kam für alle Kosten auf und achtete darauf, dass alle Termine eingehalten wurden.

»Wenn meine Freunde mich fragten: ›Warum tust du das?‹, erwiderte ich nur: ›Warum nicht?‹«, erzählt Robin. »Das wurde zu meiner Lebensmaxime: Frag nicht *warum*, sondern *warum nicht*. Die Jungen lagen mir am Herzen. Ich wollte ihnen helfen, weil ich es konnte. So einfach war das.«

Doch noch etwas trieb Robin an. Etwas, das tiefer lag.

»In diesem Alter hatte sich niemand so um mich gekümmert«, erklärt sie. »Sonst hätte ich vielleicht sogar Präsidentin der Vereinigten Staaten werden können. Ich habe das Gefühl, in jenen einsamen, orientierungslosen Jahren unendlich viel Zeit verloren zu haben. Auch wenn ich die nie wieder zurückbekomme, konnte ich wenigstens diesen fünf Jungen etwas geben.«

Allerdings konnte Robin nicht wissen, ob sie mit ihren Bemühungen Erfolg haben würde. Sie konnte nur hoffen, dass die Jungen an einem College angenommen würden. Eines Tages saß sie mit Daniel zu Hause und wartete auf ein Fax, das die Entscheidung eines Colleges übermitteln sollte.

»Die Spannung war unerträglich«, erzählt sie. »Wir wussten nicht, ob er einen Platz bekommen würde. Uns blieb nichts anderes übrig, als auf das Fax zu warten.«

Schließlich fing der Apparat an zu surren. Langsam schob sich ein Bogen Papier heraus.

Robin schnappte ihn sich und überflog ihn.

»Daniel«, rief sie aufgeregt: »Du hast es geschafft.«

Daniel, normalerweise ruhig und zurückhaltend, brüllte vor Begeisterung los.

Am Ende gingen alle fünf Jungen aufs College und schafften ihren Abschluss. Sie waren gute, verantwortungsvolle Studenten und arbeiteten fleißig. Jason durfte danach sogar in der NFL spielen, der *National Football League.*

Und Daniel? »Er ist so ein kluger Kopf«, erzählt Robin. »Wir reden oft miteinander, und er dankt mir heute noch für meine Hilfe.« Mittlerweile arbeitet Daniel bei der Gesundheitsbehörde von Florida. Er machte seinen Master in Gesundheitswesen und schreibt gerade an seiner Doktorarbeit. Außerdem ist er verheiratet und hat drei wohlgeratene Kinder.

»Seine Arbeit ist es, Menschen zu helfen und Leben zu retten«, sagt Robin stolz. »Das gibt mir ein unheimlich gutes Gefühl. So, als hätte ich wirklich etwas bewirkt.«

Georry, ein anderer der fünf, hat einen BA in Gesundheitswesen und arbeitet bei *Big Brothers Big Sisters* in Florida. Als sein jüngerer Bruder Kenny alt genug war, um sich fürs College zu bewerben, half Georry ihm mit allem, was er von Robin gelernt hatte.

Heute steht Kenny kurz vor dem Abschluss seines Medizinstudiums und will noch in diesem Jahr eine Stelle als Assistenzarzt antreten.

Das unsichtbare Band spannt sich weit.

Mittlerweile arbeitet Robin als Betreuerin für gefährdete Mädchen und unterstützt eine Gruppe von fünfzig Schülerinnen bei Problemen, mit denen sie selbst allein zurechtkommen musste.

»Ich helfe ihnen, Bewerbungen zu schreiben und die passende Kleidung für Vorstellungsgespräche auszusuchen«, erklärt sie. »Ich rede mit ihnen über Beziehungsprobleme und ermutige sie, ihre Träume zu verwirklichen. Ich versuche, ihr Selbstwertgefühl zu steigern und ihnen zu vermitteln, wie sie ihr Leben in die eigene Hand nehmen können. In gewisser Weise schließt sich durch meine Arbeit mit diesen Mädchen der Kreis. Ich nutze meine Lebenserfahrung, um das Leben anderer positiv zu verändern.«

Genauso wichtig ist es jedoch, dass durch die Verbindung

zu den fünf Jungen eine Wunde heilen konnte, die sich jahrelang nicht schließen wollte. Dadurch, dass Robin ein Engel auf Erden wurde, wurde sie geheilt.

»Diese fünf Jungen veränderten mein Leben«, erklärt sie. »Bis dahin war ich *Die Tochter, die ohne Mutter aufwuchs*. Das war meine Identität. Ich war ein mutterloses Kind. Diese Narben werde ich für immer behalten. Aber dadurch, dass ich diesen Jungen helfen, ihnen Fürsorge und Ermutigung schenken konnte, bekam ich ein Ziel, das mir bis dahin im Leben gefehlt hatte. Ich hatte das Gefühl, genau dies sei meine Bestimmung. Und bekam dadurch eine neue Identität und einen neuen Lebenssinn.«

All das wurde möglich, weil Robin nicht *warum* fragte, sondern *warum nicht*.

»Ich schenkte den Jungen nur die Aufmerksamkeit, Zuversicht und Motivation, die ich in meiner Jugend nie bekommen hatte«, erklärt sie. »Ich war einfach für sie da. Mehr ist manchmal gar nicht nötig.«

NARBENGEWEBE

Von Menschen wie Robin Tartarkin habe ich gelernt, dass wir nicht nur durch unsere Stärken und Erfolge im Leben einzigartig sind und dadurch befähigt werden, Engel auf Erden zu sein.

Sondern auch durch unsere Verletzungen und Rückschläge.

Das genau meine ich, wenn ich von Einzigartigkeit spreche. Sowohl das Gute als auch das Schlechte, das uns im Leben widerfährt, bereitet uns auf unsere einzigartige Rolle in einer vernetzten Welt vor. Wenn wir das erkennen und anfangen, unsere oft schmerzhaft erworbene Lebensklugheit mit anderen zu teilen, dann kann Großartiges daraus entstehen.

Selbst die, die glauben, viel zu verletzt oder schwach zu sein, um ein Engel auf Erden werden zu können, werden entdecken, dass gerade ihre Wunden, Narben und Schwächen sie dazu befähigen.

Manchmal verbergen sich unter Narbengewebe Superkräfte.

21

DIE BABYSITTERIN

»Nach dreiundzwanzig Jahren kündigte ich meine Festanstellung und ließ mich auszahlen. Dann verließ ich den Mann, mit dem ich siebzehn Jahre verheiratet gewesen war, bot mein Haus zum Verkauf an und suchte mir eine Arbeit, bei der ich ein Drittel meines vorigen Gehalts erhielt. Schließlich mietete ich mir mit meinem vierzehnjährigen Sohn ein Haus und erwarb eine Lizenz als Immobilienmaklerin. Ich hatte keine Ahnung, was als Nächstes kommen würde.«

So begann der Brief von Mary Faulkner an mich.

Im Grunde genommen fing Mary Faulkner ganz von vorne an. Sie holte tief Luft und stürzte sich in ein neues Leben. Als ich ihren Brief las, staunte ich über ihren Mut.

»Ja, es war beängstigend«, sollte sie später sagen. »Es ging mir schlecht, und ich wusste, dass ich alles grundlegend ändern musste, aber ich hatte Angst. Ich hatte Panik, eine falsche Entscheidung getroffen zu haben.«

Doch etwas, was ihr ihre Großmutter vor vielen Jahren gesagt hatte, half ihr durch alle Ängste, Zweifel und Sorgen.

»Meine Großmutter war eine sehr gläubige Katholikin und hatte in meiner Kindheit großen Einfluss auf mich«, erzählt Mary. »Ich werde nie vergessen, was sie einmal zu mir sagte. Es war nur ein Satz: *Mary, Gott zeigt dir deinen Platz.*«

Mary befand sich gerade an ihrem neuen Arbeitsplatz, einer kleinen Maklerfirma auf Long Island, als eine junge Frau namens Carissa das Büro betrat. Carissa hatte ihren vier Monate alten Jungen in einem Kindersitz dabei. Sie bat Mary, ihr dabei zu helfen, im Ort eine Wohnung zur Miete zu finden. Nach kurzem Überlegen fragte sie sie auch, ob sie ihr einen Babysitter empfehlen könne.

»Damit kann ich leider nicht dienen«, erwiderte Mary, »doch wenn Sie einen brauchen, rufen Sie einfach mich an.«

Bis heute weiß Mary nicht, wieso sie das gesagt hat. »Wahrscheinlich dachte ich mir: Sie kennt hier niemanden und hat das Baby. Da sollte man so was anbieten«, erklärt Mary. »Allerdings hatte Babysitten nie auf meinem Plan gestanden.«

Zwei Wochen später jedoch rief Carissa sie um acht Uhr abends an. »Sie sagte, sie müsse wegen eines Fotoshootings in die Stadt, und fragte mich, ob ich wohl zu ihr kommen und auf ihren Sohn aufpassen könne.« Mary war skeptisch: Ein Fotoshooting? So plötzlich und so spät am Abend? Dennoch erklärte sie sich dazu bereit.

Mary fuhr zu Carissas Wohnung, die etwa eine Meile von ihrer eigenen entfernt lag. Der kleine Junge namens Santino schlief bereits in seinem Bettchen. Mary blieb bei ihm. Die ganze Nacht. Denn Carissa kam erst um sechs Uhr morgens nach Hause.

»Ich dachte, es ginge nur um ein paar Stunden«, sagt Mary.

»Da war irgendwas faul, aber ich dachte, es ginge mich nichts an. Außerdem gab mir Carissa hundert Dollar, die ich damals wirklich gut brauchen konnte. Also sagte ich zu ihr, sollte sie Hilfe benötigen, müsse sie mich nur anrufen.«

So wurde Mary Santinos Babysitterin. Die Anrufe kamen immer öfter, und die Erklärungen wurden zunehmend bizarrer. »Einmal behauptete Carissa, sie könne ihren Wagen erst am nächsten Morgen bekommen, weil das Parkhaus geschlossen habe, und bat mich, die ganze Nacht bei Santino zu bleiben«, erinnert sich Mary. »Ein andermal hieß es, sie müsse übers Wochenende nach Florida. Ich wusste, ich würde die wahren Gründe nicht billigen, wusste aber auch, dass ihr Sohn bei mir gut aufgehoben war.«

Im Laufe der Zeit kaufte Mary einen eigenen Kindersitz, einen mobilen Laufstall und Spielzeug. Sie nahm Santino mit zu sich nach Hause, um dort auf ihn aufzupassen. Sie kaufte ihm *Thoma*s, die kleine Lokomotive, die schnell zu seinem Lieblingsspielzeug wurde. Außerdem brachte sie ihm bei, selbstständig auf die Toilette zu gehen.

»Er bekam nie Besuch von anderen Verwandten«, sagt Mary. »Seine Familie wohnte im Nordwesten. Im Grunde war er wie mein eigenes Kind. Er nannte mich Mimi.«

Dennoch hatte er natürlich eine Mutter, und Mary achtete sorgfältig darauf, die Grenzen nicht zu überschreiten. Immer wieder sagte sie zu sich, dass sie Santino nicht zu nahe an sich heranlassen dürfe. Einmal schickte Carissa ihren Sohn für zwei Wochen zu einer Tante nach Arizona und bat Mary, ihn zum Flughafen zu bringen und wieder abzuholen.

»Als ich am JFK auf ihn wartete, sah ich ihn und seine Tante plötzlich den Gang hinunterkommen. Da rief ich laut: ›Santino!‹

Kaum erblickte er mich, rannte er schon los, sprang in meine Arme, umfasste mit seinen kleinen Händchen mein Gesicht und drückte mich so fest er konnte an sich. Das war der entscheidende Moment, der Punkt, an dem es kein Zurück mehr gab. Ich wusste, er hatte schon eine Mutter. Aber ich war auch seine Mutter.«

Im Laufe der Zeit störte sich Mary zunehmend an Carissas Verhalten. Als Carissa sie einmal bat, am Muttertag auf Santino aufzupassen, entgegnete sie: »Ich habe schon was vor. Außerdem fände ich es nett, wenn du an dem Tag zu Hause wärst und ein bisschen Zeit mit deinem Sohn verbringen könntest.« Carissa versprach, das zu tun, tauchte aber nicht auf. »Ich verstand einfach nicht, wieso sie sich nicht um ihren Sohn kümmerte«, sagt Mary. »Ich konnte nichts daran ändern, merkte aber, wie sehr ich mich emotional einließ. Dagegen kam ich einfach nicht an.«

Etwa zu der Zeit wurde Carissa zunehmend eifersüchtig auf Marys und Santinos enge Beziehung. Als Santino vier Jahre alt war, verkündete sie aus dem Nichts, sie würde mit ihm nach Hawaii ziehen. »Das war's also«, dachte Mary. »Ich werde ihn vermissen, aber so ist das eben.« Sie passte ein letztes Mal auf ihn auf und winkte ihm traurig zum Abschied, als Carissa ihn abholte. »Dann war er fort«, erinnert sich Mary. »Es brach mir das Herz.«

Marys Großmutter hatte recht gehabt. Mary war an ihren Platz geführt worden, genau dorthin, wo sie gebraucht wurde. Und zwar von Santino, einem kleinen Jungen, der aus dem Nichts aufgetaucht war, ihr eine Zeit lang das Leben versüßt hatte und dann wieder verschwunden war. Vielleicht hatte er sie ja nur für die kurze Zeit gebraucht, die sie zusammen waren. Da zumindest war sie für ihn da gewesen, hatte für ihn gesorgt und versucht, ihn glücklich zu machen.

»Wir wurden einfach auseinandergerissen«, sagt Mary.

Doch dann, sechs Monate nach Carissas und Santinos Umzug bekam Mary einen Anruf von einem Sozialarbeiter auf Hawaii.

»Carissa ist eingewiesen worden«, teilte er ihr mit. »Santino ist vorübergehend bei einer Pflegefamilie.«

Carissa hatte einen Nervenzusammenbruch erlitten. Als sie aufgegriffen wurde, weigerte sie sich, der Polizei und den Sozialarbeitern Informationen über Santino zu geben. Die Behörden befragten eine ihrer Freundinnen, die ihnen sagte, was zu tun sei. »Rufen Sie Mary Faulkner an«, riet sie ihnen. »Sie weiß Bescheid.«

Stundenlang telefonierte Mary mit Santinos Betreuern und erzählte ihnen alles, was sie über ihn wusste. »Welche Impfungen er hatte, wie die Telefonnummer seines Kinderarztes lautete, all die wichtigen Informationen«, erklärt sie. »Sie waren erstaunt, dass ich das alles wusste.« Einer der Betreuer sagte zu ihr, Santino könne wirklich Besuch von jemandem brauchen, den er kenne und dem er vertraue. »Könnten Sie vielleicht nach Hawaii kommen?«, fragte er.

Natürlich wollte Mary das, aber es ging nicht. »Ich war alleinerziehend und konnte mir das nicht leisten«, erklärt sie. »Hawaii war einfach unerschwinglich für mich.«

Es sah so aus, als müsste Santino diesen Albtraum allein durchstehen.

Dann geschah etwas Wunderbares.

In den vier Jahren mit Santino hatte Mary den kleinen Jungen vielen ihrer Freunde, Verwandten und Kollegen vorgestellt. Sie alle kannten seine Geschichte – und Marys auch. Als sie erfuhren, was gerade in Hawaii passierte, traten sie in Aktion.

»Zuerst riefen meine Tante und mein Onkel an und schenkten mir ihre Vielfliegermeilen für das Flugticket«, erzählt Mary. »Danach überließ mir einer meiner Kunden seine Punkte für einen Mietwagen. Und schließlich bot mir ein Bauunternehmer für zwei Wochen seine Ferienwohnung auf Hawaii an. Sie alle wollten mit vereinten Kräften Santino helfen. Bevor ich mich's versah, saß ich im Flugzeug.«

Als Santino Mary sah, brach er in Tränen aus, umarmte sie und wollte sie nicht mehr loslassen. »Die Ferienwohnung hatte zwei Schlafzimmer, daher konnte er bei mir bleiben«, sagt Mary. »Eines Abends kam er weinend zu mir und bat: ›Bitte schick mich nicht zurück ins Gemüsehaus.‹ Die Betreuer, bei denen er vorübergehend untergekommen war, waren Hawaiianer und aßen vermutlich viel Fisch und Gemüse. Wie gerne hätte ich Santino versprochen, dass alles gut werden würde. Aber das ging nicht. Ich wollte ihm nichts versprechen, was ich nicht halten konnte.«

Schließlich übertrugen die Behörden das Sorgerecht für Santino vorübergehend seiner Tante. »Der Sozialarbeiter erklärte mir, dass man sich fast immer für Blutsverwandte entscheide«, sagt Mary. »Dann sagte er: ›Danke für Ihre Hilfe, aber jetzt werden Sie nicht mehr gebraucht.‹«

Mary war am Boden zerstört. Hin und wieder schickte sie kleine Pakete an Santino, Spielzeugzüge oder andere Dinge, die er mochte. Ansonsten versuchte sie, sich mit der traurigen

Tatsache abzufinden, dass Santino und sie wieder auseinandergerissen worden waren.

Doch dann …

Ein knappes Jahr später vibrierte Marys Handy. Sie saß gerade in einem chinesischen Restaurant, mitten in einem Geschäftsessen mit einem Chinesen. »Der Käufer und ich waren dabei, dazu ein Übersetzer und ein Kreditgeber. Und plötzlich kam dieser Anruf«, erinnert sich Mary. »Eigentlich hätte ich ihn nicht annehmen sollen, aber irgendwas drängte mich dazu.«

Als Mary sich meldete, hörte sie am anderen Ende der Leitung die Stimme von Santinos Tante.

»Wir schaffen es nicht mehr«, verkündete sie. »Ich gebe Santino in Pflege.«

Es war wieder so weit. Wieder einmal geriet Santino in die Mühlen des Systems. Wieder einmal wurde er zu Fremden abgeschoben. Wenn die Tante bereits den Sozialdienst gerufen und die Formulare ausgefüllt hatte, konnte man nichts mehr dagegen tun. Santino würde wieder in seinen ganz persönlichen Albtraum gestürzt werden.

Tatsächlich hatte Santinos Tante schon den Sozialdienst eingeschaltet.

Doch da auf Hawaii zufällig ein gesetzlicher Feiertag war, hatte sich niemand gemeldet.

»Das war göttliche Fügung«, sagt Mary. »Ich rief sofort meinen Anwalt an, um zu sehen, was man für Santino machen konnte.«

Danach rief Mary ihren Sohn George an. Schließlich hatte es lange Zeit nur sie beide gegeben, und Mary wollte sicher sein, dass er nichts dagegen hatte, Santino aufzunehmen.

»Seine Tante will ihn nicht mehr«, erklärte sie ihm.

»Tja«, sagte George. »Wir aber schon.«

»Es war ein ganz kurzes Gespräch«, erzählt Mary jetzt. »Ich sagte zu George, ich hätte ihn lieb, schaltete das Handy aus und machte mich auf den Weg zu Santino.«

Mary füllte alle notwendigen Unterlagen aus, um Santinos Pflegemutter zu werden. Als sie ihn am *Rettungstag* abholen kam, lagen seine persönlichen Sachen in einem großen Haufen vor dem Haus der Tante. Als Mary mit ihm losfuhr, sah sie durchs Küchenfenster des Hauses, dass seine Tante und ihr Mann einander abklatschten.

Zu Hause angekommen, stellte Mary einen Adoptions-antrag für Santino. Irgendwann wurde ihr mitgeteilt, dass Carissa aus der staatlichen Obhut entlassen worden sei und sich wieder auf Long Island befinde. Mary hatte Angst, sie würde bei ihr zu Hause oder in Santinos Schule auftauchen. Daher alarmierte sie die Verantwortlichen in der Schule und setzte sich mit Santino zusammen, um ganz offen über seine Mutter zu sprechen. »Danach hatte er große Angst«, erzählt Mary. »Er fragte: ›Was ist, wenn sie mich holen kommt?‹ Ich erwiderte, das würde ich nie mehr zulassen. Daraufhin fragte er: ›Und wenn sie mitten in der Nacht durchs Kellerfenster einbricht und mich holt?‹ Und ich sagte: ›Santino, mach dir keine Sorgen. Du bleibst hier.‹«

Eines Morgens wachte er schluchzend auf.

»Was ist denn?«, fragte Mary.

»Ich kann mich nicht mehr an ihr Gesicht erinnern«, sagte Santino. »Ich weiß nicht mehr, wie meine Mutter aussieht.«

»Ach so«, sagte Mary. »Dann geh mal ins Bad und schau in den Spiegel.«

Santino gehorchte und hüpfte aus dem Bett.

»Da siehst du ihr Gesicht, direkt vor dir«, sagte sie zu ihm.

Dann fragte sie ihn, ob er seine Mutter vermisse.

»Manchmal.«

»Warum hast du mir das nie erzählt?«

»Weil ich nicht will, dass du dich schlecht fühlst«, erwiderte Santino.

Darauf zog Mary ihn in ihre Arme und versicherte ihm, sie würde sich niemals deswegen schlecht fühlen, weil er seine Mutter liebe.

»Sieh's doch mal so«, sagte sie zu ihm. »Du hast zwei Mütter.«

Es dauerte viele Jahre, das dauernde Sorgerecht für Santino zu erkämpfen. Eine Weile sah es so aus, als würde Mary keinen Erfolg haben. Zwar hatte sie vorübergehend das Sorgerecht, doch seine Tante war der offizielle Vormund. Santinos Zukunft lag in ihren Händen. Was sie entschied, würde gemacht werden.

Monatelang weigerte sich Santinos Tante, die notwendigen Unterlagen zu unterschreiben. Sozialarbeiter aus Hawaii riefen Mary an und erklärten, sie hätten keinerlei Handhabe dagegen. »Es war schlimm«, erzählt Mary. »Aber selbst da dachte ich nur: Santino ist bei mir, und ich lasse ihn nie wieder gehen.«

Schließlich überließ Santinos Tante Mary das Sorgerecht. »Santino ging in die Vorschule, als wir den Antrag stellten, und war in der zweiten Klasse, als ihm stattgegeben wurde«, sagt Mary. »Am 24. Januar war der Tag der Adoption, aber wir feierten ihn nie, denn in Wahrheit gehörte Santino schon lange zu unserer Familie.«

235

Ein paar Jahre nach der Adoption erfuhr Mary, dass Carissa gestorben war. Sie setzte sich mit Santino zusammen, um ihm die traurige Nachricht zu überbringen.

»Deine Mutter ist im Himmel«, sagte sie zu ihm. »Sie hat dich sehr geliebt. Nur war sie leider nicht in der Lage, für dich oder auch nur für sich selbst zu sorgen.«

Santino hörte ihr zu und nickte, aber er weinte nicht. Da er im Sommer Verwandte in Montana besuchte, konnte er dabei sein, als die Asche seiner Mutter auf einem Berggipfel verstreut wurde.

Mittlerweile ist Santino achtzehn Jahre alt und geht aufs College. Er ist ein kluger Kopf, hat viel Humor und möchte später als Entwickler von Computerspielen arbeiten. »Er ist wie jeder andere Teenager auch. Wir haben unsere Höhen und Tiefen«, erzählt Mary. »Doch er ist ein ganz wunderbarer Junge, und ich hege die größten Hoffnungen für ihn.«

Gegen alle Wahrscheinlichkeit riss ihre Verbindung nie ab. »Ein paar Mal dachte ich wirklich, ich hätte ihn verloren«, erzählt Mary. »Ich weiß eigentlich nicht, wie das alles gekommen ist. Vielleicht ist es unerklärlich. Es musste so viel zusammenkommen. Ich musste ein neues Leben anfangen, ich musste genau in diesem Maklerbüro arbeiten, seine Tante musste sich an einem Feiertag entscheiden, Santino abzugeben – all das führte zu der Situation, wie sie jetzt ist.«

Als ich von Marys wundersamer Geschichte erfuhr, war mir sofort klar, was dieses Unerklärliche war. Ein unsichtbares Band.

»Santino und ich wurden mehrfach auseinandergerissen«, sagt Mary. »Aber wir fanden wieder zusammen.«

KEINE EINBAHNSTRASSE

Ich wollte nie als Maurices Retterin betrachtet werden, die zur Hilfe eilte, um ihn vor einem schlimmen Schicksal zu bewahren. Diese Erklärung wäre viel zu simpel für das, was wirklich geschah. Maurice hatte bereits eine Mutter und eine Familie. Obwohl seine Mutter drogenabhängig und nicht in der Lage war, sich richtig um ihn zu kümmern, wusste ich doch, dass er sie sehr liebte, und das sollte auch so bleiben. Eigentlich versuchte ich nur, Maurice ein bisschen mehr Kindheit zu schenken.

Ich versuchte, ihm zu zeigen, dass er jemandem am Herzen lag.

Genauer gesagt hatten Maurice und ich eine Abmachung.

Als ich zum ersten Mal in meiner Wohnung für ihn kochte, war er sichtlich nervös. Er wusste nicht, was ich von ihm wollte, und das Leben auf der Straße hatte ihn gelehrt, vorsichtig zu sein. Damals war mir das nicht klar, aber Maurice hatte für alle Fälle ein Messer in seiner Tasche.

Vor dem Essen erklärte ich Maurice, ich hätte ihm etwas Wichtiges zu sagen.

»Ich habe dich in meine Wohnung eingeladen, weil ich dich als Freund betrachte«, sagte ich. »Freundschaft basiert auf Vertrauen. Du sollst wissen, dass ich dein Vertrauen niemals enttäuschen werde. Doch solltest du mein Vertrauen enttäuschen, können wir nicht länger Freunde sein. Verstehst du das?« Ich wollte Maurice vermitteln, dass unsere Freundschaft keine Einbahnstraße war.

Nachdem ich das gesagt hatte, sah Maurice mich mit großen Augen verwirrt an.

»Ist es das?«, fragte er schließlich. »Sie wollen einfach nur meine Freundin sein?«

»Ja, das ist es«, sagte ich.

Da entspannte sich Maurice sichtlich. Er stand auf und hielt mir die Hand hin. Als ich sie ergriff, schüttelten wir uns die Hände.

»Abgemacht ist abgemacht«, sagte er.

So besiegelten wir unseren Pakt. Wir wollten nichts anderes, als füreinander Freunde sein.

Dieser Pakt hat seit dreißig Jahren gehalten.

Doch in den letzten fünf Jahren habe ich erfahren, dass es keine Einbahnstraße ist, wenn wir unsere Verbundenheit anerkennen und eine positive Rolle im Leben eines anderen spielen. So, wie wir jemandem helfen, hilft er auch uns. Ein Engel auf Erden ist nie isoliert. Meist bekommen wir sogar mehr, als wir geben.

Denn bei einer Verbindung, die durch ein unsichtbares Band zusammengehalten wird, fließt Geben und Nehmen in beide Richtungen.

. . . .

22

DIE ABMACHUNG

Deb Howe Allen fuhr zum staatlichen College ihrer Stadt, als eine Panikattacke sie überfiel.

Mit Nervosität hatte sie gerechnet, aber nicht mit einer solchen Angst. Schließlich war es ihre eigene Entscheidung gewesen. Niemand hatte sie gezwungen. Außerdem gab es keinen Grund, Angst zu haben. Ganz gleich, wie es laufen würde, in zwei Wochen wäre alles wieder vorbei.

Dennoch hatte Deb Allen Panik.

Sie fuhr zu einem Kind, das ihr der Verein *Fresh Air Fund* für zwei Wochen vermittelt hatte.

Fresh Air Fund war 1877 mit dem Ziel gegründet worden, unterprivilegierten Kindern zwischen sechs und zwölf Jahren zwei Wochen kostenlose Ferien zu ermöglichen. Deb war inmitten vieler Kinder aufgewachsen. Zwar hatte sie nur einen Bruder, aber neun Onkel, zehn Tanten und achtundzwanzig Cousins und Cousinen. »Wir verbrachten unsere halbe Kindheit miteinander«, erzählt sie.

Nach der Collegezeit lebte sie allein in einem Haus in

Rochester, New York, das sie sich gerade gekauft hatte. Da traf sie die Entscheidung, die zu ihrer Panikattacke führte. Die Idee hatte sie von der besten Freundin ihrer Mutter. Deren gute Tat hatte ihr so gefallen, dass sie beschlossen hatte, es selbst zu versuchen.

»Mein Haus war zwar klein, aber ich hatte ein zweites Schlafzimmer und keine eigenen Kinder«, erzählt Debbie. »Also rief ich bei *Fresh Air Fund* an und fragte, ob auch Alleinstehende Feriengäste aufnehmen könnten. Die Antwort lautete selbstverständlich. Dann wurde ich gefragt, ob ich lieber einen Jungen oder ein Mädchen hätte. Ich entschied mich für ein Mädchen.«

Darum ging es also: Deb bekam für zwei Wochen ein fremdes Mädchen zu Gast.

Das Problem war, Deb traute sich das eigentlich nicht zu.

Einerseits deswegen, weil sie weder ein Extrabett in ihrem Haus noch allzu viele Möbel hatte. Andererseits, weil Deb keinerlei Erfahrung damit hatte, für ein Kind zu sorgen. Vor allem wusste sie nicht, wie sie einem Kind unvergessliche Erfahrungen bescheren sollte. Das einzig Gute war nur, dass ihr Gast ein Mädchen sein würde. Sie ging davon aus, dass sie rein instinktiv besser mit ihm umgehen könnte.

Zwei Tage vor Beginn ihres abenteuerlichen Unterfangens bekam Deb einen Anruf von *Fresh Air Fund*.

»Wir versuchen gerade, einen sechsjährigen Jungen unterzubringen«, erklärte ihr eine Mitarbeiterin. »Könnten Sie ihn vielleicht nehmen?«

»Ich dachte, das könnte ich wohl kaum ablehnen«, erzählt Deb. »Also erklärte ich mich einverstanden.«

Zwei Tage später fuhr sie also mit ihrem alten Kleinwagen

zum staatlichen College, wo der Junge mit dem Bus ankommen sollte. Und bekam eine Panikattacke.

»Ich dachte: Was in aller Welt machst du da eigentlich? Wie sollst du diesen Jungen zwei Wochen lang beschäftigen? Was ist, wenn er dich nicht leiden kann? Ich hatte mich ziemlich weit vorgewagt.«

Sie parkte ihren Wagen und sah, wie ein Bus auf den Parkplatz gefahren kam. Ein Kind nach dem anderen stieg aus und wurde von Pärchen oder Familien begrüßt. Dann stieg ein kleiner Junge aus und sah sich einer einzelnen, ziemlich nervösen Frau gegenüber.

»Hi, ich bin Deb«, begrüßte sie ihn.

»Hi«, antwortete der Junge und strahlte sie an. »Ich bin Solomon.«

Solomon lebte mit seiner Mutter und drei Geschwistern in der Bronx. Mit seinen sechs Jahren war er das älteste Kind. Da die Familie vaterlos war, musste er helfen, die anderen Kinder aufzuziehen. »Er war wie ein Ersatzvater«, erklärt Deb. »Für einen Sechsjährigen ist das eine Menge Arbeit und Verantwortung. Er konnte einfach kein Kind mehr sein.«

An ihrem ersten gemeinsamen Tag fuhr Deb mit Solomon zum Supermarkt, um Lebensmittel einzukaufen, die er mochte. Er bat um *Pop-Tarts* und *Hamburger Helpers*. Nach dem Abendessen verkündete Solomon: »Ich mag alles, was du kochst.«

Deb war stolz auf sich. Sie hatte ein Essen zubereitet, das ihm schmeckte.

Doch dann sagte Solomon: »Meine Mutter hat gesagt, ich muss alles essen, was du kochst.«

»Das war ein ganz schöner Dämpfer«, gesteht Deb.

Sie hatte ihr Haus für Solomon ein bisschen wohnlicher gestaltet. Dazu hatte sie ein paar Tage vor seiner Ankunft ein Bett und einen Teppich von einer Freundin geliehen und bei der Heilsarmee ein Nachttischchen und eine Lampe gefunden. Für seine erste Nacht fand Solomon ein sehr gemütliches Zimmer vor.

Nur konnte er kaum schlafen. Denn er hatte noch nie ein Schlafzimmer ganz für sich allein gehabt.

In der zweiten Nacht stolperte Solomon mitten in der Nacht in Debs Schlafzimmer.

»Was ist denn?«, fragte Deb.

»Mir ist so komisch«, erklärte Solomon. »Es ist alles viel zu still.«

Also setzte sich Deb zu ihm ans Bett, bis er endlich einschlief.

Solomon erzählte nicht viel von seiner Familie. Aber ein paar Eindrücke von seinem Leben in der Bronx erhaschte sie doch.

Eines Tages fragte er sie: »Gibt's in deinem Viertel viele Waffen? Fühlst du dich sicher hier?« Ein anderes Mal ging er in den ersten Stock und sah Debs Wagen, der in der Einfahrt stand. »Dein Auto ist noch da«, brüllte er zu ihr hinunter.

»Das zeigte mir, womit er zu Hause zu kämpfen hatte«, sagt Deb. »Er hatte Dinge gesehen, mit denen die meisten Kinder nichts zu tun hatten.«

Tag für Tag wuchs das Vertrauen zwischen ihnen, und ihre Beziehung festigte sich. Eines Nachmittags, als Deb mit Solomon nach Hause fuhr, entdeckte sie einen Obststand am Straßenrand. Sie hielt und zeigte auf eine kleine Schachtel Himbeeren.

»Magst du die?«, fragte sie Solomon.

»Ich glaube schon.«

Deb kaufte eine Schachtel und bat Solomon, sie zu halten. Doch als sie zu Hause ankamen, war sie leer.

»Ich glaube auch, dass du Himbeeren magst«, war ihr einziger Kommentar.

»Ja«, sagte Solomon. »Sieht so aus.«

Die zwei Wochen vergingen wie im Flug. Solomon eroberte mit seiner fröhlichen, zugewandten Art Deb und ihr ganzes Umfeld. Sie ging mit ihm in den Swimmingpools ihrer Freunde schwimmen und begleitete ihn zum *Seabreeze*-Vergnügungspark, wo er mit der berühmten Achterbahn *Jackrabbit* fuhr. Außerdem gingen sie zu verschiedenen Flohmärkten und Garagenverkäufen.

»Er fand es toll, mit mir Schnäppchen zu finden«, sagt Deb. »Das wurde unser gemeinsames Lieblingswort: Schnäppchen. Wir waren gemeinsam auf Schnäppchenjagd.«

Deb wusste, dass Solomon kurz nach Ende seiner Ferien bei ihr Geburtstag hatte. Also feierte sie mit ihm vor und veranstaltete eine Party mit Kuchen, Eiscreme und Spielen im Garten. Sie kaufte ihm auch ein Geschenk, einen Fußball. Dann sah sie zu, wie er glücklich mit den Kindern ihrer Freunde auf dem Rasen spielte.

Bevor sie sich's versah, musste sie ihn schon zum College zurückbringen, wo er in den Bus stieg und nach Hause fuhr.

»Ich war froh über diese Erfahrung, sagte mir aber: Puh, das mache ich kein zweites Mal«, erzählt sie. »Es war einfach zu anstrengend gewesen.«

Im nächsten Frühjahr jedoch erkundigten sich Debs Freunde,

ob sie Solomon wieder in den Ferien zu sich nehme. Sie wollten ihn unbedingt wiedersehen. Da erkannte Deb, dass auch sie ihn vermisste.

»Es war wie bei einer Mutter, die ihre Wehen vergisst und denkt: Ach, ich könnte es ja noch mal machen«, erinnert sie sich. »Aber wenn, dann nur mit Solomon.«

Also fuhr sie im Sommer wieder zum Bus am College und holte ihren kleinen Freund ab. Im Sommer darauf wiederholte sich das. Und im Sommer danach und im nächsten Sommer ebenfalls.

Insgesamt verbrachten Deb und Solomon sechs wunderbare Sommerferien miteinander, bis Solomon zwölf wurde und damit zu alt für das Programm.

Am letzten Tag ihrer letzten gemeinsamen Ferien schmiss Deb noch einmal eine Riesengeburtstagsparty für ihn. Dieses Mal hatte sie ein ganz besonderes Geschenk.

»Er liebte Wale und Delfine«, erzählt sie. »Daher hatte ich einen Quilt mit vielen blauen und grünen Walen und Delfinen für ihn gemacht.« Der Abschied fiel beiden schwer, doch sie versprachen, in Kontakt zu bleiben.

»Solomon kam in die Pubertät, und der Kontakt wurde seltener«, erzählt Deb. »Ich hörte kaum noch was von seiner Familie. Dann verging ein ganzes Jahr ohne irgendwelche Neuigkeiten. Als ich versuchte, sie anzurufen, stellte sich heraus, dass der Anschluss abgemeldet worden war.«

Mehrere Jahre vergingen. Deb hatte keine Ahnung, was aus Solomon geworden war. Sie befürchtete, es könnte ihm nicht gut gehen. Sie hatte sogar Angst, er könnte vom rechten Weg abgekommen sein.

Dann rief Solomon an.

Es war so, als hätten sie erst am Vortag miteinander gesprochen. »Und im Sommer kam er mich besuchen«, erzählt Deb. »Ich war damals schon mit Jim zusammen, meinem späteren Ehemann, also verbrachten wir die Ferien zu dritt.« Nicht lange danach fing Deb mit der Planung ihrer Hochzeit an, und für sie war es selbstverständlich, dass Solomon dabei sein musste.

»Ich rief bei seiner Mutter an, sagte, ich wollte ihn bei meiner Hochzeit dabeihaben, und fragte, ob ich ihm den Flug nach Rochester bezahlen dürfte«, erzählt Deb. »Seine Mutter war so aufgeregt, dass sie schrie: ›Aber ja! Na klar!‹«

Doch auf der Hochzeit war Solomon kein normaler Gast.

Debs Vater war bereits tot, und ihr älterer Bruder konnte nicht zur Hochzeit kommen. Dennoch hätte es mehrere Onkel oder Freunde gegeben, die Deb zum Altar führen konnten. Aber Deb hatte etwas anderes vor.

»Ich wollte, dass Solomon das übernimmt«, sagt sie.

Die Zeremonie fand in einer alten Natursteinkirche in Childs, New York, statt. Deb stand in ihrem fließenden weißen Kleid am Eingang der Kirche und Solomon in dunklem Anzug mit Krawatte neben ihr. Als die Musik einsetzte, hakte sich Deb bei Solomon ein, und dann gingen sie langsam den Gang hinunter.

»Solomon führte mich zu Jim, drückte ihm die Hand und gab mir einen Kuss auf die Wange«, erzählt Deb. »Das war sehr süß von ihm.«

Für Deb war es ein wichtiges Symbol, dass sie sich von Solomon zum Altar führen ließ. »Ich bewegte mich dabei von einem Teil meines Lebens in den nächsten«, erklärt sie. »Solomon sollte wissen, dass er zu meinem neuen Leben gehörte.«

Mittlerweile ist Solomon einunddreißig und macht ein Fernstudium an der Universität von Phoenix, während er gleichzeitig einen Vollzeitjob hat. Er hat Seminare in Psychologie belegt, in Krankenhäusern und Heimen volontiert und würde gerne als psychologischer Berater arbeiten.

Im letzten Frühjahr fuhr Deb mit Jim und ihren beiden Kindern zum Grand Canyon und traf sich dort mit Solomon. »Er machte ein paar Tage mit uns Ferien, was ziemlich großartig war«, sagt sie. »Ich freute mich sehr, das gemeinsam mit ihm erleben zu dürfen.«

Manchmal, wenn es Solomon nicht so gut geht, bittet er sie in einer E-Mail, ihn wieder aufzubauen. »Dann schreibe ich ihm, dass ich ungeheuer stolz auf ihn bin, dass er durchhalten soll und nicht aufgeben darf«, erzählt sie. »Ich hoffe, das hilft ihm. Das Wissen, dass jemand für ihn da ist, ist wichtig für ihn.«

Gleichzeitig lässt sich Deb auch manchmal von ihm aufbauen. Zum Beispiel, als sie eine Zeit lang arbeitslos war. »Solomon, Gott segne ihn, hat mir dabei sehr geholfen«, erzählt sie. »Als ich ihm von all den Jobs schrieb, für die ich abgelehnt worden war, antwortete er: *Pech für diese Leute, dass sie dich nicht eingestellt haben. Sie haben einfach nicht mitgekriegt, was sie an dir gehabt hätten! Gib niemals auf.*«

Kurz gesagt: Deb und Solomon sind füreinander da.

»Manchmal, wenn ich über Solomon spreche, höre ich Bemerkungen wie: ›Ach, die weiße Lady aus dem Vorort hat sich ein Kind geschnappt, um es zu retten.‹«, sagt Deb. »Dabei musste Solomon gar nicht gerettet werden. Er hatte sein eigenes Leben, eine Mutter und eine Familie. Er konnte nur einfach nicht so aufwachsen wie ich und hatte nicht die Gelegenheit, ganz normale Kinderaktivitäten wie Radfahren oder Ähnliches zu erleben. Da kam ich ins Spiel. Ich verhalf ihm zu schönen Sommerferien.«

Eigentlich hatte Deb sogar gedacht, dass Solomon in gewisser Hinsicht sie gerettet hatte. Immer füreinander da zu sein war eine private Abmachung, die irgendwo zwischen einer Schachtel Himbeeren und dem Gang zum Altar getroffen worden war.

»Was war ich eigentlich für Solomon?«, fragt Deb. »Eine große Schwester? Eine Ersatzmutter? Nur jemand in seinem Leben? Ich weiß es nicht. Vielleicht muss auch gar keine Bezeichnung dafür gefunden werden. Sagen wir einfach: Wir sind sehr gute Freunde.«

Dann denkt Deb kurz nach.

»Solomon wird immer Teil meines Lebens sein«, sagt sie. »Er hält die Verbindung zu mir treuer als manche Freunde, die nur zehn Minuten von mir entfernt wohnen. Er ist nicht nur ein Freund, sondern eigentlich der treueste Freund, den ich habe.«

SECHSTER TEIL

Klarheit

Alle nachfolgenden Geschichten haben das Thema *Sehen*. Nicht normales Sehen oder Beobachten, sondern die Fähigkeit, Dinge zu erkennen, die anderen verborgen bleiben. Die Fähigkeit, über den ersten Anschein, über Vorurteile und voreilige Schlussfolgerungen hinwegzublicken, um zu erkennen, was sich dahinter verbirgt. Die Fähigkeit, klar zu sehen. Das Vermögen, in jedem Menschen einen Engel zu sehen. Diese Klarheit ist sehr wichtig. Wenn wir lernen, dieser Fähigkeit zu vertrauen, bereiten wir den Weg für wahre Wunder.

23

DER VERMITTLER

Johnny war ein Schüler, den man so oder so sehen konnte. Entweder man sah ihn wie die meisten Menschen als äußerst schlechten Schüler ohne jede Begabung.

Oder so, wie ihn sein Lehrer Andy Smallman sah.

»Johnny hatte eine Lese-Rechtschreib-Schwäche«, erzählt Andy von seinem einstigen Schüler an einer privaten Grundschule an der Westküste. »Doch er war einer der freundlichsten und aufrichtigsten Menschen, die ich je getroffen habe. Ich befürchtete, er würde auf einer Schule landen, wo man ihm vermitteln würde, dass etwas nicht stimmt. Dabei war mit ihm alles vollkommen in Ordnung.«

Eines Tages kam Johnny mit einer Frage zu Andy.

»Warum steht in der Zeitung nie das Gute, das um uns herum passiert?«, fragte er. »Eigentlich passiert doch viel mehr Gutes als Schlechtes.«

Da beschloss Andy, Johnny bei der Gründung einer kleinen Schülerzeitung namens *The Good News Newspaper* zu helfen. »Er befragte Leute über das Gute, das ihnen widerfuhr«, erklärt Andy. »Er wollte nicht über die Autos schreiben, die in Unfälle verwickelt wurden, sondern über die, die es unversehrt nach Hause schafften. Er wollte sich auf das Positive konzentrieren.«

Gemeinsam stellten Johnny und Andy etwas Kleines, aber Bedeutendes auf die Beine. *The Good News Newspaper* war jedoch nur der Anfang ihrer Geschichte.

In den letzten fünf Jahren habe ich vielen Tausend Schülern die Geschichte von Maurice und mir erzählt und gesehen, wie gerne Schüler etwas über Freundlichkeit und Mitgefühl hören.

Was mich zu der Frage führte, ob wir Freundlichkeit nicht in der Schule unterrichten sollten.

Schließlich lehren wir Mathematik, Naturwissenschaften und Literatur, weil es das Leben unserer Kinder bereichern soll. Doch gibt es etwas Bereicherenderes als Freundlichkeit? Wieso fangen wir nicht in der Grundschule an, menschliche Güte zu unterrichten? Wieso gibt es kein Fach namens Nächstenliebe?

Kann man Kindern eigentlich Freundlichkeit genauso beibringen wie Algebra?

Als ich mich näher mit diesen Fragen beschäftigte, lernte ich einen Visionär namens Andy Smallman kennen.

Andy arbeitet mittlerweile seit über zwanzig Jahren als Pädagoge, aber als Lehren bezeichnet er seine Aufgabe nicht. Er nennt es »Vermittlung«.

Andy gab als einer der Ersten, wenn nicht als Erster, Unterricht in Freundlichkeit. Es ist nicht sein Ziel, Nächstenliebe zu lehren, sondern eine Umgebung zu schaffen, in der sie gedeiht.

Der Grundgedanke dahinter lautet: »Wir Menschen sind vom Wesen her gut. Nur wird unsere Güte durch eine Menge anderer Faktoren beeinträchtigt.«

Andy wurde in Omaha, Nebraska, geboren. Als er zehn war, zog seine Familie nach Seattle. Sein Vater war Süßwarenvertreter, und seine Mutter arbeitete aktiv in der Gemeinde mit.

»Sie war Vizevorsitzende der PTA, einer Vereinigung von Eltern, die in der Schule mithelfen, und hatte ständig irgendwelche Projekte«, erzählt Andy. »Meine Eltern waren Menschen, die sofort einsprangen, sobald irgendwo Not am Mann war.«

Andys eigene Schulerfahrungen brachten ihn jedoch dazu, die traditionelle Schulerziehung infrage zu stellen. »Ich hatte nicht das Gefühl, dass die Highschool mir dabei half herauszufinden, wer ich bin«, sagt er. »Ich bekam zwar Noten, aber keinerlei Selbsterkenntnis.«

In seinem letzten Schuljahr nahm Andy verschiedene Jobs an: Nachtschicht in einem Buchladen, DJ in einer Kleinstadt in Alaska, Statistiker für das Rennsportjournal *Daily Racing Form*. Dann machte eine Freundin ihn mit *Big Brothers Big Sisters* bekannt.

»Ich bekam einen Drittklässler zugeteilt, dessen Vater keine Zeit für ihn hatte«, erinnert er sich. »Dabei wurde mir klar, dass ich mit Kindern arbeiten will. Es fühlte sich an wie eine Erleuchtung.«

Er schrieb sich am *Evergreen State College* ein, einem alternativen fortschrittlichen College, das eine Stunde von Seattle entfernt liegt. Seinen Abschluss schaffte er in unter drei Jahren, dann studierte er weiter, bis er sein Diplom als Lehrer bekam.

Um danach zu entscheiden, dass er nicht unterrichten wollte.

»Meines Erachtens bedeutete Unterrichten nur, Kinder in Schach zu halten, die in geschlossenen Räumen festsaßen. Stattdessen sollten sie nach draußen gehen und in Kontakt mit der Welt treten«, erklärt er. »Deshalb fing ich an, mir Gedanken darüber zu machen, wie eine Schule aussehen sollte, die ins einundzwanzigste Jahrhundert passt.«

Seine Vorstellungen wurden Wirklichkeit, als Andy mit seiner Frau Melinda Shaw 1994 die *Puget Sound Community School* in Seattle gründete.

»Für die Aufnahme waren keinerlei akademische Fähigkeiten erforderlich. Es gab keine Tests und keine Noten«, erklärt Andy. »Wir wollten Kinder, die von sich aus wissbegierig waren und gerne an ihre Grenzen gingen.«

Zehn Familien schickten ihre Kinder auf die Schule, die als gemeinnütziger Verein eingetragen war. Ein richtiges Schulgebäude gab es zumindest am Anfang nicht. Das Konzept sah vor, in Räumen zusammenzukommen, die der Schule zur Verfügung gestellt worden waren. Wichtiger war, die Schüler draußen mit echten Situationen zu konfrontieren. Der Unterricht fand zum Beispiel in Konferenzräumen, Kirchen und Altenheimen statt. Eines von Andys ersten Experimenten in Sachen Freundlichkeit fand in einem Seniorenheim statt.

»Wir brachten unsere Zwölfjährigen mit Achtzigjährigen zusammen und regten sie an, gemeinsam Gutes zu tun«, erzählt Andy. Bei einer Gelegenheit gingen Andy und jeweils vier Teenager und vier Senioren zu *Starbucks*. Sie gaben einer Kassiererin Geld, das die Rechnung des nächsten Kunden abdeckte. Dann sahen sie heimlich zu, wie eine Frau zur Kasse kam, um ihren Kaffee zu bezahlen.

Wie vereinbart, sagte die Kassiererin: »Sie wurden das Opfer eines Aktes der Nächstenliebe.«

Einen Augenblick lang war die Kundin völlig verblüfft. Doch dann lächelte sie und ging. Andy und seine Gruppe explodierten vor Freude, wie er später schrieb. »Wir fühlten uns vereint in einem Akt, der in unserer Vorstellung Superheldenqualität angenommen hatte. Die Älteren wirkten jünger, die Jüngeren weiser.«

Bei einem anderen Experiment erinnert sich Andy, dass eine Floristin ihnen Blumen schenkte, die sie an ältere Passanten verteilten. Als sie einem älteren Mann welche gaben, war der einen Moment lang völlig fassungslos. Er erzählte Andy und seinen Schülern, er habe noch nie in seinem Leben Blumen geschenkt bekommen.

Dann fing er an zu weinen.

»Für unsere Kinder war das eine wunderbare Erfahrung«, erzählt Andy.

Doch Andy hatte noch größere Pläne für die Verbreitung von Freundlichkeit in der Welt. Dazu inspirierte ihn auch einer seiner ersten elf Schüler an seiner neuen Schule.

Ein Schüler namens Johnny.

Andy hatte Johnny von der Privatschule mitgenommen, in der er vor der Gründung seiner eigenen Schule unterrichtet hatte. Seine Befürchtungen, dass Johnny in einer Schule landen würde, wo er den Eindruck bekäme, mit ihm stimme etwas nicht, erwiesen sich damit als unbegründet. Denn er kam an eine Schule, an der originelles Denken gefördert wurde.

Andy war einer der allerersten Pädagogen im Land, die E-Mails didaktisch nutzten. »Das war im Jahr 1994, als die Schulen noch Angst hatten, aufs Internet zuzugreifen«, sagt er. »Ich hatte ein paar E-Mail-Konten, die wir benutzen konnten. Wir fanden einen Mann in Europa, der sich Fragen zum Holocaust stellen ließ. Wir schickten ihm unsere Fragen und bekamen Antworten. Ich sah bereits damals, dass die Vernetzung der Menschen die Welt mit Güte überziehen konnte.«

Andy entwickelte einen einzigartigen und hochgelobten Kurs in praktischer Nächstenliebe. Mit einer kleinen internationalen Mailingliste lud er Menschen ein, an einer zehnwöchigen Auseinandersetzung über menschliche Güte teilzunehmen. Jede Woche trieb dieser Kurs die Teilnehmer zunehmend aus ihrer Komfortzone. Sie wurden aufgefordert, etwas Gutes für einen Bekannten zu tun, dann für einen Fremden und schließlich für jemanden, mit dem sie sich im Konflikt befanden.

»In der zehnten Woche war das Bewusstsein geschaffen, dass man sich selbst etwas Gutes tut, indem man anderen Gutes tut«, erzählt Andy.

Mit seinem Kurs »Praktische Nächstenliebe« gewann Andy die Aufmerksamkeit der Medien und anderer Pädagogen. Lehrer riefen ihn an, um zu erfahren, wie sie Nächstenliebe in ihr Curriculum aufnehmen konnten. »Denen sagte ich: ›Fangt nicht damit an, über Nächstenliebe zu sprechen, sondern über Dankbarkeit.‹«, erklärt er. »Wenn ein Kind wahrnimmt, was ihm Gutes widerfährt, sind seine Augen auch für die Chancen geöffnet, anderen Gutes zu tun.«

Andys Theorien über die Vermittlung von Nächstenliebe sind vielleicht nicht pädagogisches Allgemeingut, doch zahlten sie sich für einen seiner ersten Schüler aus, für seinen Freund Johnny.

Der Junge mit der Lese-Rechtschreib-Schwäche hat mittlerweile einen akademischen Abschluss. »Er arbeitet mit autistischen Kindern und hilft Familien mit behinderten Kindern«, erzählt Andy stolz. »Ich lade ihn oft an die Schule ein, wo wir dann gemeinsam über Nächstenliebe-Projekte sprechen, über Dinge, die wir getan, und Dinge, über die wir gelesen haben. Es ist, als wären wir Berater für menschliche Güte geworden.«

In ihrer gemeinsamen Zeit hat Andy Johnny einiges beigebracht.

Doch auch Johnny hat Andy manches beigebracht, das ihm heute nutzt.

»Ich sah, wie Johnny und andere Schüler sofort die Idee aufgriffen, anderen Gutes zu tun«, erzählt er. »Dadurch wurde mir klar, dass Freundlichkeit den Menschen angeboren ist. Je jünger ein Mensch ist, desto leichter kann er auf diese Eigenschaft zurückgreifen.«

BIST DU VERRÜCKT GEWORDEN?

Wer schreibt Artikel über Autos, die keine Unfälle haben? Wer gründet eine Schule ohne Lehrer oder Klassenarbeiten? Das sind Menschen, die etwas sehen, was anderen verborgen ist.

Die Vorteile eines Lebens in Klarheit können erstaunlich sein, doch manchmal gibt es auch Nachteile: Man könnte für verrückt gehalten werden.

An dem Tag, als ich Maurice zum ersten Mal sah, ging ich an ihm vorbei. Dann blieb ich mitten auf dem Broadway, einer der geschäftigsten Straßen der Welt, wie angewurzelt stehen. Die Fußgängerampel wurde rot, und alle Autos fingen an zu hupen. Ein Taxifahrer brüllte mich an: »Bist du verrückt geworden?« Selbst Maurice erinnert sich daran, mich mitten auf der Straße gesehen und gedacht zu haben, ich hätte den Verstand verloren.

Für alle anderen wirkte ich wie eine Frau, die den Kopf in den Wolken trug. In Wahrheit jedoch erlebte ich einen Moment höchster Klarheit, der mein ganzes Leben veränderte.

Lange Zeit hielten es Leute für einen schweren Fehler, dass ich Maurice in mein Leben gelassen hatte. Sie sorgten sich um meine

Sicherheit und glaubten, ich würde mich in Gefahr bringen. Sie fragten sich, ob ich eine falsche Entscheidung getroffen hätte.

Dabei war es die beste Entscheidung meines Lebens.

Wenn man ein Engel auf Erden sein will, darf man keine Angst davor haben, dumm oder verrückt zu wirken. Man darf nichts auf die Meinung anderer Leute geben. Sollen sie doch hupen und brüllen. Gehen Sie einfach den Weg, der klar vor Ihnen liegt.

• •

24

DIE BESTIMMUNG

Genevieve Piturro war schon immer ein zielstrebiger Mensch. Sie wuchs in Yonkers, New York, auf und wurde stets von ihrer Mutter von der Schule abgeholt. Als diese jedoch einmal mit einem riesigen Regenschirm auftauchte, weigerte sie sich, mit ihr zu gehen.

»Es war mir peinlich. Ich bestand darauf, dass sie ein paar Schritte hinter mir lief«, erinnert sich Genevieve lachend. »Da war ich unerbittlich. Ich sagte: ›Mom, ich gehe auf keinen Fall mit dir!‹«

Als sie älter wurde, hatte sie zielstrebige Pläne, was ihre Zukunft betraf. »Ich wollte allein in Manhattan wohnen, mit einem Traumjob und einer Traumwohnung«, erzählt sie. »Ich wollte wie Carrie Bradshaw aus *Sex and the City* sein.« Als sie nach dem College auszog, sprachen ihre Eltern ganze sechs Monate nicht mehr mit ihr. »Damals war es unerhört, dass ein Mädchen sein Elternhaus verließ«, erklärt sie. »Am Ende akzeptierten sie es, und als ich mir eine eigene Wohnung in Riverdale kaufte, waren sie unglaublich stolz.«

Alles verlief nach Plan. Genevieve erklomm die Karriereleiter und hatte als Führungskraft für Public Relations und Marketing großen Erfolg. In dieser Zeit hatte sie mehrere Freunde, die von Ehe und Kindern träumten. »Doch das war nichts für mich«, erzählt sie. »Bei mir tickte die biologische Uhr nicht. Ich dachte, mein Weg sei ein anderer.«

Dabei liebte Genevieve Kinder und verbrachte gerne Zeit mit ihren Nichten und Neffen. Außerdem spendete sie zehn Prozent ihres Gehalts an eine Wohlfahrtsorganisation namens *Starlight*, die Kinder im Krankenhaus mit Geschenken und der Erfüllung von Wünschen überrascht.

Es war, als hätte das Universum Genevieve alles gegeben, worum sie gebeten hatte. Sie verwirklichte in jeglicher Hinsicht ihren Traum.

Nur fühlte sie sich nicht so.

Mit achtunddreißig Jahren überfiel sie plötzlich aus dem Nichts das Bedürfnis, eine Pause zu machen. »Ich hielt einfach inne und fragte mich: Soll das alles gewesen sein? Bin ich auf dem richtigen Weg? Ist es richtig, was ich tue?«, erinnert sie sich. »Diese Fragen hatte ich mir vorher nie gestellt. Ich weiß nicht, wieso ich das an jenem Tag machte.«

Der eigentliche Schock war dann die Antwort, die sie aus dem Universum erhielt.

»Sie war ganz eindeutig«, sagt sie. »Die Antwort lautete: Vielleicht nicht. Vielleicht hast du was übersehen.«

Zum ersten Mal stellte Genevieve ihren Masterplan infrage. »Ich konnte einfach nicht aufhören, mir tiefgründige Fragen zu stellen«, sagt sie. »Hat unser Leben einen Sinn? Was ist der Sinn meines Lebens?« Als sie sich ihrem Freund Demo anvertraute, der kurz darauf ihr Ehemann werden sollte, riet er ihr, sich diesen Fragen zu stellen. »Er sagte: ›Ja, dein Leben hat einen Sinn, und den musst du herausfinden. Denk ernsthaft darüber nach. Bitte das Universum um Hilfe.‹ Ich wusste nicht, was das heißen sollte. Also riet er mir zu meditieren. Das machte ich dann jeden Tag.«

Da kam ihr, wie aus dem Nichts, eine Idee, nein, ein vollständig ausgereifter Plan.

»Ich beschloss, ehrenamtlich als Vorleserin für obdachlose Kinder zu arbeiten«, sagt Genevieve. »Kinder hatte ich schon immer geliebt, und ich las für mein Leben gern, daher lag das nahe. Nach ein paar Anrufen fand ich ein Obdachlosenasyl, wo ich den Kindern vorlesen durfte.«

Sie kaufte ein paar Kinderbücher, machte sich auf den Weg in eines der ärmsten Viertel von New York, setzte sich mit den Kindern zusammen und las ihnen vor.

»Viele von ihnen lebten von ihren Eltern getrennt, weil die Probleme mit Drogen oder dem Gesetz hatten. Dann kamen sie in Notunterkünfte, und von dort rief mich ein Sozialarbeiter an, damit ich ihnen vorlas«, erklärt sie.

Eines Abends blieb sie nach dem Vorlesen noch da und beobachtete, wie die Mitarbeiter die Kinder ins Bett brachten.

Was sie da sah, veränderte ihr ganzes Leben.

»Sie brachten die Kinder in kahle Zimmer, in denen es nur ein paar Sofas und ein Matratzenlager gab. Dann sagte jemand: ›Okay, Zeit zu schlafen!‹, und machte das Licht aus. Das war's«, erzählt sie. »Die Kinder hatten keine Schlafanzüge, sondern schliefen in ihren Kleidern. Es war so kalt und schrecklich. Die Mitarbeiter gaben ihr Bestes und waren auch nett, mehr konnten sie nicht tun. Als ich ging, hörte ich einige Kinder weinen.«

Genevieve musste an ihre eigene Kindheit denken. Eine ihrer schönsten Erinnerungen war, wie ihre Mutter abends zu ihr ins Zimmer kam, sie ins Bett brachte und ihr Geschichten erzählte.

»Sie erfand lustige Geschichten über einen Schokoriegel und Erdnüsse, die zum Leben erwachten«, erzählt sie. »Ich erfand tausend Gründe, um wach zu bleiben und das abendliche Ritual in die Länge zu ziehen, weil es so schön und liebevoll war. Seitdem habe ich oft davon gehört, dass sich die Bindung zwischen Eltern und Kindern bei abendlichen Ritualen festigte.«

Als Genevieve an diesem Abend das Obdachlosenasyl verließ, war sie selbst überrascht, als sie einer Mitarbeiterin eine Frage stellte. »Ich hatte vorher nicht darüber nachgedacht«, sagt sie. »Ich fragte nur: ›Darf ich beim nächsten Mal Schlafanzüge mitbringen?‹ Und die Mitarbeiterin antwortete: ›Selbstverständlich, das ist eine schöne Idee.‹«

Daraufhin kaufte Genevieve dreißig neue Schlafanzüge. »Ich wollte ganz sichergehen, dass jedes Kind einen bekam«, erklärt sie. Am nächsten Tag ging sie ins Obdachlosenheim und las wie immer vor. Als sie fertig war, sagte sie: »Stellt euch bitte alle mal in einer Reihe auf. Ich habe eine Überraschung für euch.«

Als die Kinder gehorchten, schenkte Genevieve jedem von ihnen einen neuen Schlafanzug. Neue, bunte, fröhliche Pyjamas mit Spiderman- oder Cinderella-Motiven. »Die Kinder waren vollkommen aus dem Häuschen«, erzählt Genevieve. »Alle bis auf ein kleines Mädchen.«

Als Genevieve der Kleinen einen Schlafanzug geben wollte, schüttelte diese den Kopf und sagte Nein. Kurz darauf versuchte Genevieve es noch einmal, doch wieder schüttelte das Mädchen den Kopf. Als alle anderen Kinder ihren Pyjama hatten, kam die Kleine zu Genevieve und stellte flüsternd eine Frage. Genevieve musste sich zu ihr hinunterbeugen, um sie zu verstehen. Die Frage lautete: »Was ist das?«

»Ich war wie vom Donner gerührt«, sagt Genevieve. »Völlig fertig. Aber ich riss mich zusammen, um nicht vor den Kindern in Tränen auszubrechen. Ich erklärte der Kleinen, wozu Schlafanzüge da seien, woraufhin sie erwiderte, sie schlafe immer in ihren Kleidern. Also half ich ihr, ihren Schlafanzug anzuziehen. Danach blickte sie an sich hinunter, strich über den Stoff und schenkte mir ein strahlendes Lächeln.«

Kurz darauf fuhr Genevieve gerade U-Bahn, als zwei Worte vor ihrem inneren Auge auftauchten. »Sie ploppten in meinen Kopf wie Regentropfen«, erklärt sie. »*Pyjama-Projekt.*«

Zwei Worte, die Genevieve in der überfüllten U-Bahn laut aussprach: »Pyjama-Projekt.«

Das klang gut. Das klang richtig. An der nächsten Haltestelle verließ sie die U-Bahn, rief Demo an und erzählte ihm von ihrer Erleuchtung.

»Weißt du, was du mit dieser Idee anfangen willst?«, fragte er nur.

»Ja, das weiß ich.«

»Dann mach.«

In den nächsten Wochen kam Genevieve kaum zum Essen oder Schlafen.

»Ich war wie elektrisiert«, erzählt sie. »Ich hatte nichts anderes mehr im Kopf als Kinder und Schlafanzüge. Meiner Mutter gefiel die Idee so sehr, dass sie einstieg. Sie sagte:

›Folge deinem Herzen.‹ Aber viele andere hielten mich für verrückt und fragten: ›Was soll das denn? Wieso tust du das?‹ Darauf antwortete ich nur: ›Ich versuche, Sinn in mein Leben zu bringen.‹«

Das Pyjama-Projekt fing klein an. Genevieve kaufte weiterhin Schlafanzüge und bekam auch welche gespendet. Dann rief jemand von einer Elternzeitschrift sie an. Die Redakteure hatten von ihr gehört und wollten einen kurzen Artikel über das Projekt bringen. Genevieve gab ihnen ein Interview und dachte nicht weiter daran.

Als sie aber eines Nachmittags in ihre Wohnung nach Riverdale zurückkehrte, erwartete sie eine Überraschung. »In der Eingangshalle des Wohnhauses stapelten sich überall Kartons«, erzählt sie. »Man konnte sich kaum bewegen. Die anderen Mieter waren zornig und schimpften. Ich hatte keine Ahnung, was passiert war.«

Da bemerkte Genevieve, dass die Mieter sie beschimpften.

Die Kartons waren voller Schlafanzüge. Menschen aus dem ganzen Land hatten den Zeitschriftenartikel gelesen und ihr daraufhin Pyjamas geschickt – Tausende von Pyjamas.

»Etwa einen Monat lang trafen täglich weitere Kisten und Kartons mit Schlafanzügen ein und verstopften die Eingangshalle«, erzählt Genevieve. »Mein Mann und ich brachten sie in unser kleines Apartment. Bald hatten wir keinen Platz mehr.«

Was war geschehen? Wieso hatte ein kurzer Artikel in einer Zeitschrift solche Reaktionen ausgelöst?

»Die Leute hielten unser Projekt für wichtig, einem Kind einen Schlafanzug zu schenken«, erklärt Genevieve. »Eine alte Dame verzichtete sogar auf frisches Brot und schickte mir das Geld, damit ich Schlafanzüge für die Kinder besorgen konnte.«

Danach beschleunigte sich alles lawinenartig. Genevieves Projekt wurde in einen gemeinnützigen Verein umgewandelt, was für die Bewältigung der Aufgaben sinnvoll war. Dann bekam sie eines Tages einen Anruf und hörte folgende Sätze, die sie nie mehr vergessen wird: »Ich arbeite für Oprah. Hätten Sie vielleicht kurz Zeit für mich?«

2010 lud Oprah Genevieve dazu ein, in ihrer Show ihre Geschichte zu erzählen. Das Thema dieser Sendung lautete: *Was ist Ihre Berufung?*

»Eines weiß ich genau«, sagte Oprah zu Beginn der Sendung. »Jeder von Ihnen kommt auf unseren wunderbaren Planeten, um etwas Großartiges und Einzigartiges zu vollbringen. Etwas, wofür nur Sie geboren wurden.«

Dann nahm Genevieve neben Oprah auf der Bühne Platz und erzählte, wie sie zu ihrem Pyjama-Projekt gekommen war. Von dem kleinen Mädchen, von dem Moment der Offenbarung in der U-Bahn und den fünfundachtzigtausend Schlafanzügen, die sie in den fünf Jahren seit Beginn ihres Projekts an Kinder hatte verschenken können.

Dann riss Oprah sie von den Socken.

»Wir haben das Publikum im Studio aufgefordert, die Idee aufzugreifen und so viele neue Schlafanzüge zu besorgen wie nur möglich«, sagte Oprah zu der völlig überraschten Genevieve. Doch die Sache hatte einen Haken. Jeder der etwa zweihundert Zuschauer durfte nur einen Pyjama persönlich kaufen und musste sich bemühen, so viele andere Menschen wie möglich zu überreden, ebenfalls einen zu kaufen und zu spenden. Oprah hatte keine Ahnung, wie viele Schlafanzüge dabei zusammengekommen waren, bis einer ihrer Mitarbeiter auf die

Bühne kam und ihr einen Umschlag gab. Oprah öffnete ihn und hielt das darin befindliche Blatt hoch, sodass alle die Anzahl der gespendeten Schlafanzüge sehen konnten.

Waren es ein paar Hundert? Tausend? Fünftausend?

Nein.

Insgesamt waren es 32 046 Pyjamas.

Dann wurden riesige Container hereingerollt, die mit Schlafanzügen überquollen. Genevieve war so fassungslos und gerührt, dass sie in Tränen ausbrach.

»So oft wollen Menschen helfen und wissen einfach nicht, wie sie es anstellen sollen«, erklärte Oprah Genevieve und dem Publikum. »Sie haben ihnen gezeigt, was sie machen können.«

Das Pyjama-Projekt besteht jetzt seit über fünfzehn Jahren und konnte über vier Millionen Schlafanzüge an bedürftige Kinder verteilen.

Es gibt vierundsechzig Niederlassungen in allen fünfzig Bundesstaaten. Außerdem gibt es drei Vorlesezentren, weitere sind geplant. Eine kleine, aber wachsende Anzahl von Freiwilligen hilft im ganzen Land bei der Verbreitung der Idee, die einst wie ein Regentropfen in Genevieves Kopf ploppte.

»Ein zweijähriges Mädchen namens Teresa war bei unserem Projekt«, sagt Genevieve. »Ihre Mutter war beim Dealen erwischt worden, daher kam die Kleine in ein Heim. Teresa ist mittlerweile fünfzehn, eine sehr gute Schülerin und hat ein Stipendium fürs College. Kürzlich kam sie zu einer unserer Veranstaltungen und hielt eine Rede darüber, wie sie damals als kleines Mädchen einen Schlafanzug bekommen hatte. Sie erzählte, wie sehr ihr das Vorlesen gefallen habe und dass sie selbst für ihr Leben gern lese. Es war sehr berührend.«

Genevieve weist ständig darauf hin, dass Studien die Bedeutung von gemeinsamen Abendritualen und Gutenachtgeschichten für die Bindungsfähigkeit von Kindern nachgewiesen haben.

»Ein Pyjama ist viel mehr als nur ein Stück Stoff«, sagt sie. »Er steht für Behaglichkeit, für Geborgenheit. Für Sicherheit. Viele Kinder haben Angst vor der Nacht. Es ist dunkel, und sie müssen an Geister, Monster und Furchteinflößendes in der Schule denken. Ein Pyjama ist da wie eine Umarmung. Man fühlt sich geliebt.«

Für Genevieve war der Weg ihrer wahren Bestimmung nicht immer leicht. Oft fehlte es an allen Ecken und Enden, und sie verbrachte deswegen viele schlaflose Nächte. Aber sie ließ sich von ihren Sorgen und Zweifeln nicht davon abhalten zu handeln.

»Viele Menschen haben Angst davor, etwas zu verändern«, sagt sie. »Sie haben Kinder, für die sie sorgen müssen, und andere Verpflichtungen. Das hält sie auf. Aber man wird niemals inneren Frieden finden, wenn man nicht seiner Bestimmung folgt. Also denken Sie darüber nach. Glauben Sie daran, dass Sie für etwas Größeres bestimmt sind als nur für Ihren Job. Fragen Sie sich jeden Tag, ob Sie in die richtige Richtung gehen. Wenn Sie das Gefühl haben, dass irgendwas nicht stimmt, dann ist das ein Zeichen.«

Ein Augenblick des Innehaltens, gefolgt von Fragen, gefolgt von Leuten, die sie für verrückt erklärten, gefolgt von Oprah und vier Millionen Schlafanzügen. Jetzt verbindet ein unsichtbares Band Genevieve mit all den Kindern, die ihre Pyjamas getragen, ihre Liebe gespürt und Genevieve etwas gegeben haben, was sie brauchte. Eine Berufung. Einen Sinn im Leben. Die Möglichkeit, ein Engel auf Erden zu sein.

NACH DEM ENGEL AUSSCHAU HALTEN

Früher dachte ich, den größten Vertrauensvorschuss meines Lebens hätte ich Maurice gegeben, als ich ihn bat, mit mir zu Mittag zu essen.

Die letzten fünf Jahre haben mir gezeigt, dass ich mich irrte.

Denn der größte Vertrauensvorschuss kam von Maurice.

Schließlich hätte ich ihm einfach etwas Geld geben sollen. Um mehr hatte er nicht gebeten. Stattdessen fragte ich: »*Maurice, wäre es in Ordnung, wenn wir zusammen essen gingen?*«

Maurice war damals erst elf, hatte aber jede Menge Lebenserfahrung. Er hatte in über zwanzig verschiedenen Sozialwohnungen und Notunterkünften gelebt, bevor ich ihn kennenlernte. Er wusste, dass er niemandem vertrauen durfte, sonst war sein Leben gefährdet. Alle wollten was von ihm: Drogendealer, Sozialarbeiter, Polizisten. Jeder hatte Hintergedanken. In seiner Welt war niemand einfach nur freundlich. Also ließ er niemanden an sich heran.

Trotzdem …

… erlaubte mir Maurice, mit ihm zu Mittag zu essen.

271

Nach und nach erfuhr Monique mehr über seine Familie. Seine Mutter hatte vier Kinder von drei verschiedenen Vätern, die alle die Familie verlassen hatten. Außerdem sorgte sie für ihre ältere Schwester, die blind und stumm war. James wohnte nicht mehr bei ihr, sondern mit seiner Großmutter und zwei Schwestern in einem Haus in der Straße hinter Moniques Haus.

»Seine Mutter hatte wirklich alle Hände voll zu tun«, erklärt Monique. »Sie war bestimmt eine gute Mutter, aber sie hatte einfach nicht genug Zeit für James.«

Ganz im Gegensatz zu Monique. Gemeinsam mit James gestaltete sie den Vorgarten. Eines Tages tauchte der Junge sogar mit einer Handvoll Blumensamen auf. »Ich hatte keine Ahnung, woher er die hatte, aber er wusste, dass ich meinen Garten liebte, deshalb wollte er sie mir schenken«, erzählt sie. »Wie sich herausstellte, entwickelten sich aus den Samen wirklich einzigartige exotische Pflanzen. Wir säten sie gemeinsam aus, und als daraus kleine Pflänzchen wuchsen, kümmerte er sich um sie.«

Monique half James auch bei seinen Hausaufgaben. Sie brachte ihm das Kochen bei, und als er eines Tages mit einem Drachen auftauchte, erklärte Monique sich bereit, ihn mit ihm zusammen steigen zu lassen – trotz heftiger Böen.

»Er hatte ihn von einem Lehrer bekommen und war deswegen völlig aus dem Häuschen«, erklärt sie. »Aber weil es ein billiger Drachen war, zerbrach er sofort.«

Als Monique eines Nachmittags bei ihrem Haus vorfuhr, wartete James schon auf sie. Er wirkte ungewöhnlich still. Monique erklärte ihm, sie müsse erst noch einen Anruf machen, daher solle er in zwanzig Minuten wiederkommen. Doch schon zwanzig Sekunden später klopfte er erneut an ihre Tür. Als sie sie öffnete, sah sie, dass er weinte.

»Mein Rad ist geklaut worden«, sagte er.

Monique ist nicht besonders groß, aber viel tougher, als sie aussieht. Sie fährt Motorrad und hat sich im Umkreis den Ruf erworben, Dinge in Ordnung zu bringen – als Verantwortliche für ihr Viertel. Als sie hörte, dass man James das Fahrrad gestohlen hatte, sagte sie: »Gehen wir«, und machte sich mit ihm auf den Weg.

Ein paar Blocks weiter sah sie zwei der Jungen, mit denen James normalerweise unterwegs war.

»Ihr habt fünf Minuten, um das Fahrrad zurückzugeben«, verkündete sie ihnen.

»Ich weiß nicht, was Sie meinen«, entgegnete einer von ihnen.

»Ich habe eine Überwachungskamera«, sagte sie. Was nicht stimmte.

»Ich weiß, dass ihr wisst, wo das Rad ist. Ihr habt fünf Minuten – und die Zeit läuft!«

Zwei Minuten später stand James' Fahrrad wieder in ihrer Einfahrt.

Eines Tages kam einer von Moniques Nachbarn zu ihr und sagte: »Sie sollten lieber mal nach James sehen.«

Monique fand ihn ein paar Straßen weiter. Zwei Polizisten und seine Mutter waren ebenfalls bei ihm. James wirkte bedrückt und blutete.

»Er war ziemlich übel von zwei älteren Mädchen verprügelt worden«, erzählt Monique. »Weil es Mädchen waren, hat er sich nicht gewehrt. Ich bat die Polizisten, mit mir zum Haus der Mädchen zu fahren, damit ich mit ihnen reden konnte.«

»Wer sind Sie denn?«, fragte einer der Polizisten ziemlich abschätzig.

Doch bevor sie antworten konnte, hörte sie eine Stimme.

»Das ist seine Patin, wenn Sie's genau wissen wollen.«

Die Stimme kam von James' Mutter.

Monique war wie vom Donner gerührt. Bislang hatte sie nicht ein einziges Wort mit der Frau gesprochen. Auch James wirkte vollkommen verblüfft. Der Polizist jedoch nickte nur und fuhr sie zu den Mädchen.

Eine Stunde später saßen Monique und James auf ihrer Veranda und unterhielten sich.

»Was ist eine Patin?«, fragte James.

»Nun, eine Patin ist jemand, der sich um einen kümmert, wenn man es braucht«, erklärte sie.

James dachte eine Weile darüber nach.

»Also genau so jemand wie du«, sagte er schließlich.

»Ja«, erwiderte Monique und musste mit den Tränen kämpfen. »So jemand wie ich.«

Danach nannte James sie nur noch »Patenmama«.

Zwei Jahre verbrachten sie miteinander, gärtnerten, redeten und waren einfach Freunde. Dann ging Moniques Ehe in die Brüche, sie ließ sich scheiden. Außerdem beschloss sie wegzuziehen.

»James setzte die Scheidung sehr zu. Er fragte mich ständig, wie es mir ginge«, erzählt Monique. »Er machte sich wirklich Gedanken darüber, wie ich mich fühlte. Außerdem machte er sich wegen des Umzugs Sorgen. Wir konnten uns immer noch treffen, aber es war nicht mehr dasselbe.«

Die beiden verbrachten weiterhin Zeit miteinander, nur nicht mehr so oft. Irgendwann heiratete Monique ein zweites

Mal und bekam ein eigenes Kind. Dennoch blieb sie mit James in Kontakt und lud ihn zu den Geburtstagspartys ihres Sohnes ein. Sie vergaß auch nie, ihm zu seinem eigenen Geburtstag etwas zu schenken. In einem Jahr brachte sie ihm ein Geschenk mit, das ziemlich groß, aber ungewöhnlich leicht war. Als James das Papier aufriss, sah er, was es war: ein Drachen.

Ein guter, stabiler Drachen in Form eines Falken, stromlinienförmig und farbenfroh.

James starrte ihn eine Weile nur an, dann blickte er zu Monique auf.

»Du hast es nicht vergessen«, sagte er.

»Das war ihm wichtiger als der Drachen«, erklärt Monique. »Dass ich es nicht vergessen hatte, bedeutete, dass ich mich wirklich für ihn interessierte. Wir gingen mit dem Drachen auf ein Feld, und dieses Mal stieg er hoch in den Himmel hinauf. James war überglücklich.«

Mittlerweile ist James vierzehn. Monique und ihr Mann Michael treffen sich so oft wie möglich mit ihm. Sie nehmen ihn auf Ausflüge mit und laden ihn in ihr Haus ein, damit er im Pool schwimmen oder auf dem Trampolin springen kann. Neulich durfte er sie sogar zu einem Biker-Treffen begleiten.

James ist klug und zielstrebig. Er will eines Tages zur Army, um Militärpolizist zu werden. »Ich sage ihm immer, dass er alles werden kann, was er will, wenn er ein festes Ziel vor Augen hat«, erklärt Monique. »Daran glaube ich wirklich. Ich will, dass er im Leben vorankommt und Erfolg hat. Ich will dafür sorgen, dass er ein wirklich schönes Leben hat.«

Es ist eine ungewöhnliche Freundschaft zwischen dem Straßenjungen, der gar nicht wild war, und der Frau, die die böse

herstellte. Er bot ihm nicht nur zehn Dollar an, sondern forderte ihn heraus. Dwayne sagte später, dass diese Herausforderung sein Leben verändert habe.

Manchmal müssen wir alle Register ziehen, um ein Engel auf Erden zu werden. Gegen Konventionen verstoßen. Die Regeln ändern. Warnungen missachten.

Denn Nächstenliebe lässt sich nicht aus dem Lehrbuch lernen.

• •

26

DIE WARNUNG

»Diese Familie macht nichts als Ärger.«

Das war das Erste, das Mary Warwick über einen Jungen namens Terrance hörte, der die erste Klasse ihrer Grundschule besuchte. »Mehrere seiner Brüder und Schwestern waren schon bei uns. Sie haben alle nur Ärger gemacht«, erklärte ihr der stellvertretende Leiter. »Passen Sie bloß auf.«

Mary hatte gerade ihren Abschluss als Lehrerin gemacht, und dies war ihre erste Klasse. Da ihr Vater bei der Luftwaffe arbeitete, war sie in Florida, Okinawa, Colorado und Mississippi aufgewachsen. Ihre erste Liebe galt eigentlich Tieren, daher hatte sie zuerst als Tierpflegerin im Zoo von Houston gearbeitet. Aber irgendetwas zog sie zum Lehrerberuf.

»Ich wollte einen guten Einfluss auf Kinder ausüben«, erklärt sie. »Also machte ich eine Ausbildung als Lehrerin und fand nach meinem Abschluss eine Stelle an einer Grundschule in der Nähe von Houston.«

In ihrer Klasse waren zweiundzwanzig Schüler, Terrance eingeschlossen, der damals sechs Jahre alt war. Still und schüchtern. Das war Marys erster Eindruck von ihm. Doch dann, an einem der ersten Tage in ihrer neuen Klasse, hörte Mary während einer Gruppenaktivität einen Tumult, der von Terrance ausging.

»Jemand hatte ihm etwas weggenommen, und Terrance rastete aus«, erzählt sie. »Ich war geschockt. Er brüllte, fluchte und schubste den Jungen. Ich verordnete ihm eine fünfminütige Auszeit. Dann besprach ich mit ihm, wie man diese Situation anders hätte lösen können.«

Danach durfte Terrance wieder zur Gruppe, und der Rest des Tages verlief ohne weitere Zwischenfälle.

Doch am nächsten Tag rastete Terrance wieder aus. In der ersten Unterrichtswoche verlor er mehrere Male die Beherrschung.

»Er bekam schreckliche Wutanfälle«, erzählt Mary. »Dann beschimpfte er die Kinder. Manchmal boxte er sie auch oder stieß sie um. Sein Verhalten war destruktiv und unakzeptabel. Ich setzte mich mit ihm zusammen und arbeitete einen Plan aus, wie er besser mit solchen Situationen umgehen könnte. Doch die Wutanfälle hörten nicht auf.«

Als der stellvertretende Leiter Mary wegen Terrance warnte, erklärte er ihr auch, wie man mit Problemschülern umging.

»Sollten die Auszeiten nichts bewirken, wurde der Schüler zum Direktor geschickt«, erklärt Mary. »Am Ende machte ich das auch mit Terrance, dachte aber damals schon: Wie soll er was lernen, wenn er jeden Tag im Büro des Direktors erscheint?«

Die Besuche beim Direktor bewirkten keine Besserung. Im Gegenteil, Terrances Wutanfälle wurden nur noch schlimmer.

Eines Tages spielten Terrance und ein paar andere Kinder

mit Bauklötzen. Als eines der anderen Kinder seinen Turm um-
kippte, verlor Terrance vollkommen die Beherrschung.

»Dieses Mal war er wie von Sinnen«, erzählt Mary. »Er
wurde fuchsteufelswild, brüllte den Jungen an und stieß ihn zu
Boden. So schlimm war es noch nie gewesen.«

Zu der Zeit saß Mary bei einer anderen Gruppe Kinder auf
dem Boden. Doch sie war nahe genug bei Terrance, um ihn
sich packen zu können. In dieser Sekunde vergaß Mary alle
Regeln und handelte rein instinktiv.

»Ich streckte den Arm aus, griff mir Terrance, zog ihn zu mir
und schloss ihn in meine Arme«, sagt sie. »Ich drückte ihn fest
an mich. Es war reiner Instinkt. Gegen alle Regeln. Doch als
ich Terrance umarmte, wehrte er sich überhaupt nicht, sondern ließ sich einfach in meine Arme sinken.«

Die Umarmung löste Terrances Probleme nicht.

»Aber es entstand eine Verbindung zwischen uns«, sagt
Mary. »Er bekam weiterhin Wutanfälle, aber die ließen mit der
Zeit nach. Er erzählte mir mehr über seine Familie. Weil er
wusste, dass ich für ihn da war und mich um ihn sorgte.«

Als der Frühling kam, sollten sich die Schüler für sportliche
Aktivitäten eintragen. Die meisten Jungen wollten T-Ball spielen, eine Mischung aus Baseball und Softball. Terrance äußerte
sich überhaupt nicht.

»Ich sah ihm an, dass er verstört war, als fragte er sich:
Wieso kann ich eigentlich nicht T-Ball spielen?«, sagt Mary.
»Nach der Schule fragte ich ihn, ob er spielen wolle, worauf er
ganz aufgeregt wurde und nickte.« Also nahm Mary es auf
sich, Terrances Eltern aufzusuchen, um die nötige Erlaubnis
einzuholen. »Sie wohnten in einer ziemlich üblen Gegend«, erzählt sie. »Im Haus waren unheimlich viele Leute, ein ganzes

Dutzend. Später erfuhr ich, dass seine Mutter dort mit Drogen handelte.«

An jenem Tag traf Mary Terrances Mutter nicht an, wohl aber seinen Vater, und sie bekam von ihm die notwendige Unterschrift.

Das T-Ball-Spielen erwies sich für Terrance als großartiger Erfolg. »Er liebte es und war sehr gut«, sagt Mary. »Ein paarmal gab sein Spiel den Ausschlag. Ich sah die Begeisterung in seinem Gesicht, wenn er spielte. Am meisten gefiel ihm daran, dass es so normal war. Auf dem Spielfeld hatte er nie einen Wutanfall.«

Auf familiären Gründen musste Mary die Grundschule nach einem Jahr verlassen. Doch sie blieb mit Terrance in Kontakt und wurde seine inoffizielle Mentorin. Sie ging mit ihm zur Bücherei, half ihm bei Mathe und spornte ihn an, seine Hausaufgaben zu machen und für Klassenarbeiten zu lernen.

»Im Grunde war er völlig auf sich allein gestellt«, erklärt sie. »Da er keine Uhr hatte, kam er ständig zu spät. Ich hatte ihm eine Uhr gekauft, die ihm gestohlen wurde.«

Als Terrance in die dritte Klasse kam, halfen ihm seine Trainer und die Eltern seiner Teamkollegen dabei, zum Training und zu den Spielen zu kommen.

Eines Tages ging Mary nach der Schule zu Terrance nach Hause, um ihn zur Bücherei mitzunehmen. Dort begegnete sie Terrances Mutter. Mary sagte zu ihr, wie gut sich ihr Sohn entwickle.

»Wenn Sie ihn so toll finden, können Sie ihn mir ja abkaufen«, antwortete seine Mutter nur.

Mary war schockiert. Genauso wie Terrance, konnte sie sich vorstellen. Schließlich hatte er daneben gestanden, als seine Mutter ihn zum Verkauf anbot. Später setzte sie sich mit ihm zusammen und sprach über das, was geschehen war.

»Ich sagte zu ihm, dass seine Mutter eine Krankheit habe und deshalb nicht wisse, was sie sage. Das verstand Terrance zwar, aber ich sah ihm an, dass er sehr verletzt war.«

Als der Junge in der vierten Klasse war, kam Mary wieder einmal bei ihm zu Hause vorbei, um ihn zu einem Ausflug abzuholen. Doch auf ihr Klopfen reagierte niemand. Da die Haustür offen stand, warf sie einen Blick ins Haus. Dort war niemand, und alle Möbel waren weg. Das Haus war vollkommen leer.

»Ich ging durch alle Zimmer und suchte nach Hinweisen, was geschehen war«, erzählt sie. »In einer Ecke fand ich einen von Terrances Pokalen, zerbrochen auf dem Boden.«

Jemand war mit dem Gesetz in Konflikt geraten, worauf die ganze Familie die Flucht ergriffen hatte. Terrance blieb unauffindbar. In den darauffolgenden Wochen und Monaten fuhr Mary häufig in der Hoffnung an seinem Haus vorbei, ihn zu sehen. Doch vergeblich.

Eines Tages entdeckte Mary ein Schild vor dem Haus, auf dem stand: *Zum Abbruch freigegeben.* Als sie ein paar Wochen später wieder daran vorbeifuhr, war kein Haus mehr da.

Die nächsten fünf Jahre hörte Mary nichts von Terrance.

Dann rief er sie an.

»Hi, Mrs. Warwick«, sagte er. So hatte er sie immer genannt.

»Hi, Terrance«, erwiderte Mary und bemühte sich, ihre Tränen zurückzudrängen.

Seine Familie war zuerst nach Georgia und von dort nach Louisiana gezogen. Seine Lage war so schlimm wie eh und je. Mittlerweile war er älter, und der Lockruf der Straße war stärker geworden. Er lief Gefahr, vom Drogenhandel der Familie vereinnahmt zu werden. Doch hatte er nie die Telefonnummer verloren, die Mary ihm gegeben hatte, und er fing an, sie einmal im Monat anzurufen, nur um mit ihr zu reden. Bei einem ihrer Gespräche erwähnte Terrance, dass er die Schule verlassen habe.

»Als er nach Louisiana kam, war er so weit hinter den anderen Schülern zurück, dass er sagte, er hätte sie nicht mehr einholen können. Da fing ich an, mir echte Sorgen zu machen. Jetzt war er doch ein Straßenjunge geworden.«

Den nächsten Anruf bekam Mary aus dem Gefängnis.

»Terrance war verhaftet worden, weil er Drogen verkauft hatte. Er schämte sich und hatte Angst, ich wäre enttäuscht. Das war ich auch, doch ich verstand, dass seine Umgebung ihn auf die schiefe Bahn gebracht hatte. Ich fühlte mich so hilflos.«

Mary bezahlte für Terrances Anwalt und reiste zu seinem Prozess nach Louisiana. Sie wusste nicht, ob sie ihn im Gerichtssaal erkennen würde. Als sie ihn sah, lächelte er sie jedoch an, und sie lächelte zurück. »Er sah genauso aus wie der kleine Junge, den ich damals umarmt hatte«, erzählt sie.

Der Richter setzte Terrances Haftstrafe unter der Bedingung zur Bewährung aus, dass er zu Mary nach Houston zog. »Ich war sehr aufgeregt, denn ich hatte das Gefühl, wenn er mit mir käme, könnte ich ihm tatsächlich helfen«, sagt sie.

Da seine Entlassung aus der Untersuchungshaft einige Zeit in Anspruch nahm, verabredeten sie, sich vor dem Gerichtsgebäude zu treffen, wenn alles erledigt war. Mary wartete also. Eine halbe Stunde verging, dann eine ganze. Mary wartete drei Stunden, aber Terrance tauchte nicht auf. »Schließlich erkundigte ich mich nach ihm und erfuhr, dass er vor Stunden entlassen worden und durch eine Hintertür hinausgeschlüpft war. Also fuhr ich allein nach Houston zurück.«

Irgendwann rief Terrance bei ihr an und entschuldigte sich. Er erklärte, er habe seinen kranken Vater nicht allein lassen wollen.

Ein paar Monate später erhielt Mary erneut einen Anruf. Terrance saß wieder im Gefängnis.

»Diesmal konnte ich nichts für ihn tun«, erklärt Mary. »Ich rief zwar den Anwalt an, doch Terrance hatte gegen seine Bewährungsauflagen verstoßen, daher musste er im Gefängnis bleiben.« Er bekam eine vierjährige Haftstrafe ohne Chance auf vorzeitige Entlassung. In der ganzen Zeit wurde er nicht ein einziges Mal von einem seiner Verwandten besucht.

Der einzige Außenkontakt waren seine wöchentlichen Anrufe bei Mary.

»Ich schickte ihm Bücher und CDs und machte mir jede Nacht Sorgen um ihn«, erzählt Mary. »Merkwürdigerweise wollte Terrance nie Mitleid. Er tat sich auch nicht selbst leid, sondern akzeptierte, dass er für seine Tat büßen musste. Er versprach mir, zukünftig die Finger von Drogen zu lassen.«

Eines Tages bekam Mary einen Brief von Terrance. Er hatte ein Gedicht für sie geschrieben. Der Titel lautete schlicht *Danke.*

»Glauben Sie fest daran, dass ich es schaffen werde«, schrieb Terrance. »Meine Liebe zu Ihnen wird niemals schwinden.«

Im Gefängnis schaffte Terrance es, seinen Highschoolabschluss nachzuholen. Als er entlassen wurde, bekam er die Auflage, in Louisiana zu bleiben. Daher konnte er weder zu Mary ziehen noch sie besuchen. Also taten sie das, was sie seit vielen Jahren machten. Sie telefonierten miteinander.

»Er ruft ständig an, um mir zu sagen, wie es ihm geht. Ich merke, dass er ernsthaft versucht, etwas aus sich zu machen«, erzählt sie. »Er will unbedingt den Teufelskreis aus Gewalt und Drogen durchbrechen, in dem er gefangen ist, doch es arbeitet vieles gegen ihn. Es wird unglaublich schwer werden.«

Mittlerweile ist Terrance siebenundzwanzig und versucht immer noch, den Teufelskreis zu durchbrechen. Er träumt davon, Schweißer zu werden, und tut, was er kann, um diesen Traum wahr werden zu lassen. Mary half ihm dabei, endlich einen Führerschein und eine Sozialversicherungskarte zu bekommen, doch gibt es ständig Hindernisse und Schwierigkeiten. In der Zwischenzeit nimmt er jeden Job an, den er bekommen kann.

»Ich setze immer noch große Hoffnungen auf ihn«, sagt Mary. »Ich hoffe, für ihn wird sich etwas ändern, etwas ergeben. Aber Terrance ist nun erwachsen und weiß, dass es jetzt an ihm ist. Ich kann ihm nur zeigen, dass ich für ihn da bin.«

Über zwanzig Jahre ist es her, dass Mary alle Regeln missachtete und Terrance in die Arme nahm. Die Jahre seitdem waren schwierig und schmerzlich. Und die Zukunft ist ungewiss.

Doch eines ist gewiss und unveränderlich.

Mary wird immer mit Terrance verbunden sein.

»Am Ende jedes Telefonats sagt er: ›Ich hab Sie lieb, Mrs. Warwick.‹ Worauf ich stets antworte: ›Und ich habe dich lieb, Terrance.‹ Das wird immer so bleiben«, erklärt Mary. »Ganz gleich, was kommt, Terrance weiß, dass jemand ihn liebt, sich um ihn sorgt und für ihn da ist, wenn er anruft. Das sage ich ihm bei jedem unserer Gespräche: ›Terrance, du und ich, wir werden in diesem Leben immer verbunden sein.‹«

EINE GESEGNETE VERBINDUNG

Ich habe eine besondere Verbindung zu meiner Freundin Mary Phillips.

Vor langer Zeit arbeitete Marys ältere Schwester Kathy mit meiner älteren Schwester Annette zusammen. Als Mary und ich etwa zur selben Zeit unabhängig voneinander nach New York zogen, meinten unsere Schwestern, wir sollten uns kennenlernen. Als ich Mary dann anrief, fragte ich sie, wo sie arbeite.

»An der Ecke 51. Straße und 5th Avenue«, antwortete sie.

»Tatsächlich? Ich auch.«

Wie sich herausstellte, arbeitete Mary auf der östlichen Seite der Straße und ich auf der westlichen. Im weiteren Verlauf des Gesprächs fragte ich sie, wo sie wohne.

»Auf der 83. Straße zwischen 1st und 2nd Avenue«, gab sie zur Antwort.

»Moment mal! Genau da wohne ich auch!«

Wie sich herausstellte, lagen unsere Apartments nur zwei Gebäude voneinander entfernt.

Da wussten wir, dass wir Freunde werden würden.

Im Verlaufe unserer Freundschaft entdeckten wir weitere Parallelen. Wir hatten beide je zwei Brüder und zwei Schwestern. Keine von uns hatte eigene Kinder. Und wir liebten kleine Hunde.

Mein erster Hund war ein rotbrauner französischer Pudel namens Lucy, danach kamen zwei Pudel namens Coco und Emma. Mary hingegen hatte bislang noch keinen Hund gehabt, wusste jedoch, sollte sie je einen bekommen, sollte es ein kleiner weißer sein – ein Bichon etwa oder auch ein Pudel.

Was mich zum Kern dieser Geschichte bringt.

Mary arbeitete zuerst in Manhattan, heiratete, zog nach Connecticut, wurde geschieden, arbeitete als Immobilienmaklerin. Ihr ereignisreiches Leben führte sie schließlich nach Florida, wo ihre gute Freundin Darlene lebte, und zwar zusammen mit einem großen schokoladenbraunen Labrador namens Lady. Lady liebte Mary.

»Sie war blind, doch kaum hörte sie meine Stimme, kam sie zu mir gelaufen, wobei sie ständig irgendwo anstieß, bis sie mich schließlich erreichte und mich anstupste, das arme Ding«, erzählt Mary. »Lady war es, die mich auf den Gedanken brachte, endlich einen Hund zu mir zu nehmen.«

Dann passierten einige merkwürdige Dinge. Mary wollte eines Sonntags gerade zur Kirche, als Darlene sie anrief. »Normalerweise gingen wir nicht gemeinsam zur Kirche, aber an diesem Sonntag ergab sich das so«, sagt Mary.

Der Pfarrer hielt eine Predigt, in der Hunde vorkamen.

»Er war ein großer Hundeliebhaber und hielt diese großartige Predigt, in der von der Liebe und Freude die Rede war, die Hunde mit sich bringen. Und von der Verantwortung, die bei der Sorge für Hunde vonnöten ist«, erzählt Mary. »Es war wirklich bewegend.«

Nach dem Gottesdienst wandte sich Mary vor der Kirche an Darlene: »Ich glaube, jetzt bin ich bereit, mir einen Hund zu suchen.«

»Großartig«, erwiderte Darlene. »Dann besuchen wir mal einige Tierheime.«

Aber sie kamen nicht dazu, sich nur ein einziges anzusehen.

Am gleichen Abend gingen Darlene und ihr Labrador am Jupiter Beach spazieren. Dort sah Darlene eine Frau mit einem kleinen Hund auf dem Arm näher kommen. Der Hund war ganz schmutzig und zerzaust. Sein Fell war verfilzt. Die beiden Frauen blieben stehen, und Darlene erkundigte sich nach dem Hund.

»Der gehört nicht mir«, erklärte die Frau. »Sondern meinen Nachbarn. Die wollen ihn nicht mehr. Daher habe ich mich angeboten, ein gutes Zuhause für ihn zu finden.«

Darlene traute ihren Ohren nicht. Obwohl der Hund eindeutig vernachlässigt wirkte, erkannte Darlene in dem struppigen Tier einen Bichon.

»Das brauchen Sie nicht mehr«, sagte Darlene. »Ich rufe meine Freundin an.«

Später am Abend fuhren Darlene und Mary gemeinsam zum Haus der Nachbarn, um sich den Hund anzusehen. Als Mary sich vor den Hund hockte und ihn anschaute, änderte sich mit einem Schlag ihr ganzes Leben.

»Sie stellte Augenkontakt zu mir her. Ihr Blick war einfach unglaublich«, erzählt Mary. »Danach war es um mich geschehen. Ich hatte mich verliebt.«

Der kleine weiße Hund namens Annabella wurde Marys Hund, aber nicht nur das. »Wir waren unzertrennlich und machten alles zusammen«, erzählt sie. »Sie war eine großartige Reisebegleiterin. Wenn wir lange Autofahrten unternahmen, um meine Mutter und meinen Stiefvater zu besuchen, dann saß Bella auf dem Beifahrersitz, und wir teilten uns kleine Snacks. Sie schlief bei mir im Bett, und abends beim Fernsehen saß sie direkt neben mir auf dem Sofa. Wir lernten, miteinander zu kommunizieren. Zum Beispiel brauchte sie mich nur anzusehen und sich einmal über die Schnauze zu lecken, da wusste ich, sie hatte Hunger.«

Mary ist fest überzeugt, dass es kein Zufall war, der sie und Bella zusammenführte. »Für mich war Bella ein Geschenk Gottes«, sagt sie. »Zuerst der Gottesdienstbesuch mit Darlene, dann die Predigt über Hunde und dann die Begegnung von Darlene und Bella am Strand. Das ist eine von Gott gesegnete Verbindung. Ich würde es nicht gerade als Wunder bezeichnen. Aber Zufall war es definitiv nicht.«

Als ich Immer montags beste Freunde schrieb, ging ich davon aus, dass diese besonderen Verbindungen nur zwischen Menschen entstehen können. Aber in den letzten fünf Jahren habe ich erfahren, wie sehr ich mich in diesem Punkt irrte. Nachdem ich Marys Geschichte gehört hatte, die von den unsichtbaren Bändern zwischen Mensch und Tier handelten, begriff ich, dass Tiere genauso zum richtigen Zeitpunkt in unser Leben treten können wie Menschen.

· ·

27

DAS KANINCHEN

Lucy Galasso liebt Tiere, seit sie denken kann. Ihr Vater arbeitete als Hausmeister auf einem großen Anwesen in Connecticut, und sie wuchs mit vielen Tieren auf: Enten, Tauben, Hühnern und Hunden. »Ich hatte die Liebe zu Tieren nie verloren«, erzählt sie. »Doch als meine Tochter geboren wurde, verschoben sich die Prioritäten.«

Das änderte sich, als ihre Tochter acht wurde und Lucy ihr ein Reitpferd kaufte. »Es war eine weiße, wunderschöne Welsh-Kreuzung namens Pony Express«, erzählt sie. »Wir riefen ihn Poe. Meine Tochter liebte es, ihn zu reiten, nahm ihn sogar mit zum College. Sie gewannen mehrere Reitturniere.«

Es folgten weitere Tiere. Momentan leben bei Lucy und ihrem Mann Alan etwa dreißig Tiere auf ihrem etwa fünf Hektar großen Anwesen, das sich in Bedford, New York, befindet.

»Zwei Pferde, eine Minikuh, sechs Schafe, zwei Ziegen, zehn Hühner, vier Enten, ein Truthahn, zwei Katzen und ein kleiner Terriermischling«, zählt sie auf. »Wir haben aber keine Farm oder so. Das sind alles Haustiere.«

Von Zeit zu Zeit besucht Lucy eine Tierzüchterin in Carmel, New York, um für ihren Haushalt ein paar neue Mitglieder zu finden. »Eines Tages fuhr ich zu ihr, um ein paar neue Hühner zu kaufen«, erzählt sie. »Ich suchte mir welche aus und wollte gerade wieder zu meinem Wagen gehen, als die Züchterin plötzlich sagte: ›Moment mal.‹«

Vor dem Haus stand ein kleiner Käfig. Die Züchterin sah Lucy an, zeigte darauf und sagte: »Das Häschen wäre übrigens gratis.«

»Wieso denn das?«

»Weil es niemand haben will.«

Lucy ging zum Käfig und schaute hinein. Dort saß ein kleines Holländerkaninchen. Schwarz, mit weißem Kragen, weißen Pfötchen und einer weißen Nase. Die Züchterin nahm es aus dem Käfig und drückte es Lucy in die Arme.

»Es passte perfekt hinein«, sagt sie. »Und es war Liebe auf den ersten Blick.«

Lucy fuhr mit ihren neuen Hühnern und der Gratisdreingabe nach Hause.

Das Kaninchen hieß Jack und war sehr schlau. Lucy baute ihm ein Gehege auf dem Grundstück, und es fügte sich gut bei den anderen Tieren ein. Eines Tages rief eine Nachbarin bei Lucy an, um ihr zu erzählen, dass gerade drei ihrer Tiere in einer Reihe an ihrem Fenster vorbeigelaufen seien: ihre Bulldogge Tara, gefolgt von ihrem Hängebauchschwein Mini, dahinter das Kaninchen Jack.

»Sie hielt es für einen lustigen Zufall«, sagt Lucy. »Doch es lag an Jack. Er war ein echtes Original.«

Damals unterrichtete Lucy Soziologie an einer alternativen

Highschool. »Die Schüler dort waren hochintelligente Jugendliche mit Lernschwierigkeiten«, erklärt sie. »An jeder anderen Schule völlig fehl am Platz.« Für Lucy war es nicht leicht, zu ihnen vorzudringen, denn sie waren oft verschlossen, zornig oder rebellisch. »Ich fragte mich ständig, wie ich diese Kinder unterrichten sollte. Wie ich den Unterricht kreativer gestalten könnte.«

Dann wurde sie gebeten, in einer Klasse Psychologie zu unterrichten. Eine Stunde sollte von positiver und negativer Verstärkung handeln. Da kam Lucy eine Idee. »Es ging um erlerntes Verhalten«, sagt sie. »Und ich dachte: Ich hab's! Ich bringe meine Kaninchen mit.«

Lucy hatte bemerkt, dass sie mit einer Sache all ihre Schüler erreichte: mit Tieren. Viele von ihnen hatten Haustiere, und wenn sie ihnen von ihren eigenen Tieren erzählte, merkte sie, wie sie sich öffneten.

»Eine meiner schwierigsten Schülerinnen war ein junges Mädchen mit Verhaltensauffälligkeiten und Drogenproblemen«, erklärt sie. »Sie musste mich erst einordnen, bevor sie mich akzeptierte und mir vertraute. Da ich gehört hatte, dass sie ein Frettchen besaß, setzte ich mich eines Tages zu ihr und unterhielt mich mit ihr darüber. Sie liebte dieses Frettchen wirklich sehr. Wir sprachen oft und lang darüber. So gelang es mir, ihr Vertrauen zu gewinnen.«

Der nächste logische Schritt war es also, eigene Tiere mitzubringen, ihre Kaninchen.

»Dazu brauchte ich keine Genehmigung von der Schule«, sagt Lucy. »Ich durfte da mein Ding machen, was wohl ein Glück war.«

Lucy hatte vier Kaninchen: Jack und drei brave Häschen mit Schlappohren. Sie brachte sie in Käfigen zur Schule und teilte ihre Schüler in vier Gruppen ein. »Dann bekamen sie die Aufgabe, je einem Kaninchen einen Trick beizubringen«, erklärt Lucy. »Zum Beispiel eine bestimmte Strecke zurückzulegen. Oder durch einen Reifen zu hüpfen. Ich wollte, dass sie sich überlegten, wie sie das Kaninchen zu einem bestimmten Verhalten bewegen konnten.«

Lucys Schüler waren mit Feuereifer dabei. Sie hatte sich schon gedacht, dass sie interessiert sein würden, aber mit einer solchen Begeisterung hatte sie nicht gerechnet.

»Sie waren vollkommen aus dem Häuschen«, erzählt sie. »So hatte ich sie noch nie erlebt.«

Schließlich war es für die einzelnen Gruppen Zeit zu zeigen, was sie erreicht hatten. Eine Gruppe lockte ein Kaninchen mit Alfalfa-Keimen über einen kleinen Steg. Eine andere brachte ihres dazu, tatsächlich durch einen Reifen zu springen. Dann kam Lucy zu der Gruppe, die Jack trainiert hatte. Sie sah zu, wie Jack ebenfalls über einen kleinen Steg hoppelte und dann durch einen Reifen sprang.

Doch das war noch nicht alles.

»Irgendwie hatten diese Kinder Jack beigebracht, sich auf die Hinterbeine zu stellen und sie abzuklatschen«, sagt sie. »Mit seiner kleinen Pfote gab er *High Fives*. Ich traute meinen Augen nicht!«

Diesen Augenblick bezeichnet Lucy als den schönsten und denkwürdigsten Moment ihrer Lehrerlaufbahn. »Jack brachte diese Kinder zum Staunen«, erzählt sie. »Er half ihnen durch eine sehr schwierige Phase. Sie liebten ihn und gingen plötzlich gern zur Schule, nur um ihn zu treffen. Manche durften Jack sogar übers Wochenende mit nach Hause nehmen.«

Jack veränderte Lucys gesamte Unterrichtsmethode. Sie fing an, ihre Schüler zu ermutigen, an bestimmten Tagen ihre Haustiere mitzubringen, und sah die positiven Auswirkungen, die Tiere auf aus der Bahn geworfene Jugendliche haben konnten.

»Ich hatte einen sehr aggressiven Schüler, der immer wütend zu sein schien«, erklärt sie. »Eines Tages brachte jemand seinen Hund mit zur Schule, und ich bat diesen Schüler, mit ihm um das Schulgebäude zu gehen. Als ich sie durchs Fenster beobachtete, bot sich mir ein wunderbarer Anblick. Sie rannten und spielten Fangen miteinander. Sie amüsierten sich großartig. Der Hund konnte ihn tatsächlich erreichen, und die Wut schwand. Diese Tiere waren von unschätzbarem Wert.«

Lucy unterrichtete nur ein Semester Psychologie. In andere Stunden nahm sie Jack nie mit.

»Dennoch hatte sich sein Ruf auf dem gesamten Schulgelände verbreitet. Ich wurde gebeten, ihn für eine Stunde Tierkunde mitzubringen«, erzählt sie. »Er wurde berühmt als das Kaninchen, das *high-fives* geben konnte.«

Außerdem brachte Lucy andere Tiere mit in die Schule: einen süßen kleinen Erpel namens Alex oder einen witzigen Truthahn namens Walter. Das Ergebnis waren immer begeisterte und engagierte Schüler. Jack hingegen genoss bald seinen Ruhestand, hoppelte entweder auf dem Rasen umher oder saß auf Lucys Schoß, während sie Klassenarbeiten korrigierte.

Eines Morgens ging Lucy zu Jacks Gehege, um ihn zu füttern. Da lag er ganz friedlich im Gras.

»Er war gestorben«, sagt Lucy. »Mit sieben Jahren hatte er die durchschnittliche Lebenserwartung für ein Holländerkaninchen erreicht. Man hatte ihm vorher nichts angemerkt, was völlig normal ist. Ich fand ihn einfach tot auf dem Rasen.«

Vor ihrem Haus lag ein kleines Wäldchen, das einem Ab-
schnitt ihres Vorgartens Schatten spendete. Im Laufe der Jahre
hatte es sich zum Friedhof von Lucys Tieren entwickelt. Bei
einem Trödler fand sie einen kleinen Metallengel mit Flügeln
und stellte ihn auf Jacks Grab, das nicht weit von einem Baum
im Schatten lag.

»Das fand ich passend«, erklärt Lucy. »Jack war mein
Engel gewesen und auch ein Engel für all die Kinder, die ihn
brauchten.«

IN DIE ZUKUNFT BLICKEN

Ein paar Monate nach meinem ersten Essen mit Maurice lud ich ihn ein, mit mir zu meiner Schwester Annette nach Long Island zu fahren.

Meine Schwester Annette, ihr Mann Bruce und ihre drei Kinder Colette, Derek und Brooke hatten schon von Maurice gehört und wollten ihn unbedingt kennenlernen. Als wir ankamen, rannte Maurice los, um mit den Kindern zu schaukeln und mit Derek Fahrrad zu fahren. Als es Zeit zum Abendessen war, setzten wir uns alle an den großen Esstisch. Es wurde geredet, gelacht und das Essen herumgereicht.

Als wir später nach New York zurückfuhren, fragte ich Maurice, der schon ganz schläfrig war: »Was hat dir heute am besten gefallen?« Ich rechnete damit, dass er vom Schaukeln, Radfahren oder irgendeiner anderen Aktivität schwärmte. Aber Maurices Antwort überraschte mich.

»Das Zimmer mit dem großen Tisch«, sagte er.

Das Esszimmer? Das hatte ihm am besten gefallen? Doch als ich darüber nachdachte, verstand ich es. Maurice war es nicht ge-

wohnt, sich zum Essen an einen Tisch zu setzen. In seiner Welt aß man, wo und wann man etwas zu essen hatte. Wenn man überhaupt etwas hatte. Er kannte es nicht, dass die ganze Familie redend und lachend an einem großen Tisch zusammensaß.

»Miss Laura«, sagte Maurice an diesem Abend, »wenn ich groß bin, werde ich auch so ein Zimmer und einen großen Tisch haben, wo meine Familie und ich essen können.«

Wieder erlebten Maurice und ich ein erstes Mal.

Es war das erste Mal, dass ich Maurice über seine Zukunft sprechen hörte, über den ersten Traum, der über sein jetziges Leben hinauswies.

Unser Leben in Klarheit zu leben bedeutet auch, in die Zukunft zu blicken. Um ein Engel auf Erden zu werden, muss man sehen, was fehlt: das Potenzial, die Möglichkeiten, die Schönheit dessen, was sein könnte.

Wieder einmal hängt es von der Wahrnehmung ab. Ist nur das Realität, was im Augenblick existiert, oder auch das, was existieren könnte, wenn wir die Realität ändern?

Heute übrigens hat Maurice tatsächlich einen großen Esstisch in seiner Wohnung, wo er, seine reizende Frau Michelle und seine sieben prächtigen Kinder gerne sitzen, um miteinander zu plaudern und zu lachen.

· ·

28

DER SONNENBRAND

Angel Pérez wurde in Puerto Rico geboren und wuchs in der Südbronx auf. Als er im Alter von drei Jahren dorthin kam, war die Südbronx nicht nur ein gefährlicher Ort, sondern der gefährlichste überhaupt. »Meine Eltern wollten der Armut entfliehen und ein besseres Leben haben«, gab er als Grund für die Umsiedlung an.

Die Bronx war ein Symbol für den Niedergang der Städte. Unzählige ausgebrannte Wohnblöcke, in denen es nur Drogen, Gewalt und tiefste Armut gab. Es wimmelte von Straßenbanden, Drogensüchtigen, Dieben. Im Grunde handelte es sich um ein sich selbst überlassenes Elendsviertel.

»Eine meiner ersten Erinnerungen ist, wie ich in einem Sozialbau aufwachte und von Ratten umgeben war«, erzählt Angel. »Nachdem mein Bruder geboren wurde, bekam er zum Schutz vor den Ratten das Kinderbettchen, und ich musste auf dem Flur schlafen.«

In der Mittelschule wurde Angel nur wenige Blocks von seiner Schule entfernt mit dem Messer bedroht. Mit dreizehn raubten ihm acht Teenager seine Winterjacke, und er kam mit einem gebrochenen Arm, einem blauen Auge, Schnittwunden und Blutergüssen ins Krankenhaus. Als er eines Tages im Hof seines Wohnhauses herumlief, hörte er einen Schuss.

»Ich rannte los und stolperte. Als ich aufsah, lag da jemand auf dem Boden. Tot«, erzählt Angel. »Das konnte ich lange Zeit nicht vergessen. Ich hatte Angst, draußen zu spielen. Ich war nervös, weil ich meinte, das könnte mir auch passieren. Ich hatte gar nicht die Möglichkeit, ein Kind zu sein.«

Es schien unvermeidlich, dass er auf die *South Bronx Highschool* in der Nähe seines Wohnhauses kam. Doch er bewarb sich um einen Platz an der *Martin Luther King Junior Highschool* in Manhattan, in der Nähe des Lincoln Centers. In den 1970ern gab es dort auch Banden, Drogen und Gewalt, doch es war nicht ganz so schlimm wie in der Bronx. Zu seiner großen Erleichterung bekam er den Platz.

»Ich wusste, dass ich nicht den Rest meines Lebens in der Südbronx bleiben wollte«, erzählt er. »Also war das der erste Schritt in diese Richtung.«

Angel musste jeden Morgen mit dem Zug und dem Bus zur Schule fahren. Immer noch hatte er Angst, angegriffen oder ausgeraubt zu werden. Daher besuchte er so viele außerschulische Aktivitäten wie möglich, um nicht mit dem großen Strom der Schüler nachmittags nach Hause zurückzukehren.

»Ich machte diese Aktivitäten nicht wegen meiner späteren Bewerbung fürs College«, erklärt er lachend. »Ich wollte nur nicht verprügelt werden.«

Eine der AGs war ein Streitschlichterprojekt, in der Schüler sich Auseinandersetzungen anhören und dafür eine Lösung finden mussten, die sie einem Vertrauenslehrer vorschlugen.

Einmal bereitete Angel eine solche Lösung vor und rannte zum Büro der Vertrauenslehrer. Dort herrschte reines Chaos.

»Die Schule hatte viertausend Schüler, und es gab nicht besonders viele Vertrauenslehrer«, erzählt er. »Vor dem Büro warteten unglaublich viele Kinder. Es herrschte ein Höllenlärm. Ich musste mich gedulden, bis einer der Vertrauenslehrer Zeit hatte.«

Schließlich kam Angel zu einer etwa dreißigjährigen Vertrauenslehrerin namens Irma.

Er hatte sie bislang noch nicht persönlich kennengelernt, aber einige Male gesehen. »Sie war deutscher Herkunft und hatte hellblonde Haare«, erzählt er. »Früher war sie Turnerin gewesen, daher hatte sie eine unglaubliche Haltung. Sie sah ganz anders aus als alle anderen an der Schule. Wenn man sie anschaute, fragte man sich unwillkürlich: Was macht diese Frau hier?«

Irma winkte Angel zu sich ins Büro. Er reichte ihr seinen Lösungsvorschlag und wartete, während sie ihn las. Schließlich blickte sie auf und lächelte.

»Das ist fantastisch«, sagte sie. »Wie heißt du?«

»Angel Pérez, Ma'am.«

»Angel, du musst unbedingt noch einmal zu mir kommen«, sagte Irma. »Wir sollten uns zusammensetzen und über deine Zukunft reden.«

Angel hatte sie beeindruckt. Vielleicht durch seinen Respekt und seine Höflichkeit. Oder seine gewählte Ausdrucksweise. Was auch immer der Grund gewesen sein mochte, Irma hatte persönliches Interesse an ihm.

»Sie war nicht die Vertrauenslehrerin, die für mich zuständig war«, erzählt Angel. »Ich hatte eine andere, und Irma musste sich bereits um fünfhundert Kinder kümmern. Dennoch nahm sie an meinem Werdegang Anteil.«

Es lag bei Angel, ob er zu Irma gehen würde oder nicht. Er entschied sich dafür. »In einer Einrichtung mit Tausenden von Kindern bekommt man nicht besonders viel Aufmerksamkeit«, erklärt er seine damalige Entscheidung. »Aber genau die brauchen wir. Wir alle brauchen jemanden, der sich für uns interessiert. Ich war fasziniert, dass Irma nett zu mir war, obwohl sie mich gar nicht kannte. Es war eine schlichte, freundliche Geste, aber sie hatte große Wirkung auf mich.«

Angel fing an, bei Irma vorbeizuschauen, wann immer er Zeit hatte. Sie sprachen über seine Erfahrungen in der Schule, über seine Zukunft und sein Leben. »Wir hätten gegensätzlicher nicht sein können«, sagt er. »Doch wir redeten über alles. Sie stellte mir eine Menge Fragen über mein Leben und meinen Hintergrund.«

An einem Sonntag im Frühling spielten Angel und seine Freunde stundenlang im Freien. Als er schließlich nach Hause kam, hatte er einen schlimmen Sonnenbrand. »Montags in der Schule sah ich aus wie eine Tomate«, sagt er. Am selben Tag kam Irma auf dem Gang auf ihn zu und drückte ihm eine kleine Flasche in die Hand.

Es war eine Aloe-Vera-Creme gegen seinen Sonnenbrand.

»Zuerst war ich verwirrt«, sagt Angel. »Ich fragte mich, wieso sie das getan hatte. Schließlich war sie nicht verpflichtet, mir zu helfen. Trotzdem hatte sie Geld für mich ausgegeben und sorgte sich um mich.«

Die Creme hatte vielleicht fünf Dollar gekostet. Doch als Irma sie Angel gab, war er vollkommen überwältigt.

»Rückblickend bekam ich in diesem Augenblick die Möglichkeit, mich zu öffnen und mich voller Freude mit der Welt zu verbinden. Ich bekam Hoffnung. Wo ich herkam, war man nicht nett zueinander. Jeder musste sich durchs Leben kämpfen. Irma war einfach nur freundlich. Es war eine kleine, unglaublich wirkungsvolle Geste.«

Erst viel später erfuhr Angel, dass Irma nicht zufällig an der *Martin Luther King Junior Highschool* gelandet war.

»Ihre erste Stelle hatte sie auf Long Island auf einer Schule in einem Reichenviertel. Dort hatte es ihr gar nicht gefallen«, erzählt Angel. »Die Privilegien, der Dünkel, das hatte sie nicht ausgehalten. Also bat sie darum, an eine Schule im Zentrum von Manhattan versetzt zu werden. Sie wollte an einen Ort, wo sie etwas bewirken konnte.«

Vier Jahre lang trafen Angel und Irma sich regelmäßig. Sie half ihm bei seiner Fächerwahl, fragte ihn, warum er bestimmte Fächer belegen wolle und andere nicht. Sie sorgte dafür, dass er zu Stunden ging, die ihm nicht gefielen, und nahm ihn in ein Förderprogramm auf, das sie entwickelt hatte.

In seinem letzten Jahr versuchte Irma, Angel für bestimmte Colleges zu begeistern. »Sie sagte zum Beispiel: ›Die Vertreter vom *Skidmore College* sind hier, die musst du unbedingt treffen.‹ Sie ließ einfach nicht locker.«

Am Ende bewarb sich Angel jedoch bei einem College in New York City, weil er in der Nähe seiner Familie bleiben wollte. »Ich hatte einen Teilzeitjob, wo ich sieben Dollar die Stunde bekam. Den wollte ich behalten und gleichzeitig ein städtisches College besuchen«, erklärt er. »Ich hätte mich schuldig gefühlt, wenn ich meine Familie verlassen hätte.«

Aber als er Irma davon erzählte, war sie sehr aufgebracht. »Sie sagte: ›Auf gar keinen Fall bleibst du hier. Du musst dich bei größeren und besseren Colleges bewerben. Du musst weg von zu Hause und ein anderes Leben kennenlernen.‹«

Nur ihr zuliebe bewarb sich Angel bei weit entfernten Colleges wie dem *Skidmore* in Saratoga Springs, New York. Doch er wurde am *Hunter College* in New York City angenommen und wollte dorthin gehen.

»Nur über meine Leiche«, erwiderte Irma. »Du wirst aufs *Skidmore* gehen, und wenn ich dich selbst in den Bus setzen muss.«

»Aber ich hab ja noch nicht mal Geld fürs Busticket«, protestierte Angel.

»Dann zahle ich das.«

»Ich kann meine Familie nicht allein lassen.«

»Doch, das kannst du.«

Angel bekam den Platz am *Skidmore College*. Er stieg in einen Bus in den Norden des Staates New York. Vier Jahre später machte er seinen Abschluss. Er war kein ängstlicher Junge aus der Bronx mehr, sondern ein Mann, der bereit für die Herausforderungen des Lebens war.

»Diese vier Jahre haben mein ganzes Leben verändert«, sagt er.

Seine Eltern kamen nicht zu Angels Abschlussfeier. »Ich hatte ziemlich viel Streit mit meinem Vater, und er wollte nicht kommen. Und ohne ihn kam meine Mutter auch nicht«, erklärt Angel. »Aber Irma war da.«

Nach seinem Abschluss wusste Angel zwar nicht genau, was für eine Stelle er bekommen würde. Doch eines wusste er: Er wollte im Bildungswesen arbeiten und Schülern helfen, ihre Zukunft aktiv zu gestalten.

»Weil mich jemand ermutigte, aufs College zu gehen, durfte ich diese Erfahrungen machen«, sagt er. »Das wollte ich auch für andere junge Menschen tun. Ich wollte mich revanchieren.«

Heute arbeitet Angel am angesehenen *Trinity College* in Connecticut. Er ist für die Aufnahme und Förderung von Studenten zuständig, kümmert sich um die Zulassungen, die finanziellen Fördermittel, Forschungsmöglichkeiten und Fortbildungen. Außerdem lehrt er an der Pädagogischen Fakultät. Er hat seinen Doktor gemacht, bekam ein Fulbright-Stipendium und wurde Professor. Mittlerweile hat er viele Auszeichnungen bekommen, unter anderem für seine Unterstützung unterprivilegierter Studenten.

»Ein solches Leben hätte ich mir niemals erträumt«, schrieb Angel in seiner E-Mail an mich. »Doch eine Frau, die sich für mich interessierte, überzeugte mich davon, dass es möglich war.«

Mittlerweile ist Irma im Ruhestand und lebt auf Long Island. Angel hat noch Kontakt mit ihr, und sie begleitet ihn täglich in seinen Gedanken.

»Ich hatte eine Studentin am *Trinity,* die nicht wusste, ob sie ins Ausland gehen sollte oder nicht«, erzählt Angel. »Ich sagte zu ihr: ›Wenn du in ein Flugzeug steigst und ins Ausland fliegst, wird die Welt kleiner.‹ Plötzlich merkte ich, dass Irma genau das einmal zu mir gesagt hatte. Ich ertappe mich ständig dabei, wie ich ihre Formulierungen benutze. Sie sagte immer: ›Du musst das Risiko eingehen. Du musst den Schritt wagen. Du musst die Welt sehen. Du musst große Träume haben.‹«

Engel auf Erden müssen keine Berge versetzen oder das Meer teilen. Manchmal müssen sie einem einfach nur einen kleinen Schubs geben.

Die kleine freundliche Geste einer einzigen Frau hat immer größere Kreise gezogen. Irmas Freundlichkeit wird durch Angel an die vielen Hundert Studenten weitergegeben, die in sein Büro kommen und auf seine Worte hören. Die Worte, die er früher von seiner Vertrauenslehrerin gehört hat.

»Von Irma und all den Studenten, mit denen ich zusammenarbeite, habe ich eines gelernt. Wichtig ist der persönliche Kontakt, die persönliche Verbindung«, erzählt Angel. »Wir alle brauchen Wertschätzung. Jeder sucht danach, ganz gleich, wie er aufgewachsen ist. Diese Wertschätzung kann sich in allem Möglichen äußern. In einem Gespräch, einem Lob. In dem Satz: ›Du bist was ganz Besonderes. Mach weiter so.‹«

Angel sagt: »Auch was anfangs klein und wenig bedeutsam erscheint, kann nachhaltige Auswirkungen haben.«

SIEBTER TEIL
Verbundenheit

Unsichtbare Bänder verbinden uns alle. Wir würdigen
und aktivieren diese Verbindungen durch Nächstenliebe. Das habe ich durch die Geschichten gelernt, die
Sie bisher gelesen haben. Die letzten beiden Geschichten handeln von meiner schönsten Erkenntnis: Unsichtbare Bänder überdauern das irdische Leben. Die Verbundenheit, die uns ausmacht, währt ewig. Engel auf
Erden und Engel im Himmel unterscheiden sich im
Grunde nicht.

29

DAS KIND

Sein Name ist Sebastian.

Er wurde 2004 zwei Wochen zu früh geboren, als hätte er es gar nicht erwarten können, auf die Welt zu kommen. Sein Vater war Horst Ferrero aus Venezuela. Die Familie seiner Mutter Luisa Cannella Ferrero stammt aus Italien. Die beiden entschieden sich für den Namen Sebastian, weil er sowohl auf Englisch, als auch auf Spanisch und Italienisch leicht auszusprechen ist.

»Als Sebastian noch klein war und mit uns in einem Restaurant aß, sprach er mit mir Spanisch, mit Luisa Italienisch und mit dem Kellner Englisch«, erzählt Horst. »Er war so selbstbewusst und offen. So voller Leben.«

Die Verbindung zwischen den Ferreros und ihrem ersten Kind war lebendig und liebevoll. Sebastian erwies sich als Kind, das der Welt zugewandt und mit allen verbunden war. Er hatte bereits drei Kontinente und viele Meere bereist. Sein Leben war eine einzige Abfolge von Abenteuern.

»Wir nahmen ihn überall mit hin«, sagt Luisa. »Unser Ziel

war, dass er immer glücklich ist. Nicht nur das: Sein Leben sollte etwas ganz Besonderes sein.«

Das war der Traum, den sie für ihren Sohn hegten. Er sollte jemand werden, der durch seine Liebe, seinen Geist und seine Energie eines Tages die Welt verändern konnte.

Ein wunderbarer Traum.

Horst und Luisa lernten sich auf einer Party über gemeinsame Freunde kennen.

»Am selben Abend sagte ich zu Luisa, ich würde ihr Lächeln lieben«, erinnert sich Horst, ein international bekannter Anwalt. »Ich gab ihr meine Karte und sagte, ich würde am nächsten Tag in einem bestimmten Seminar sein. Sie erwiderte: ›Das klingt interessant. Das schaue ich mir an.‹«

Zwar erwies sich das Seminar als ausgebucht, aber Horst und Luisa trafen sich trotzdem zum Lunch. Fünf Jahre später heirateten sie in einem Hotel in Venezuela.

»Es war wie eine italienische Hochzeit, mit vielen Verwandten, Freunden und Kindern«, erzählt Luisa, die Einzelkind ist und vier Sprachen fließend spricht.

2003 zogen die Ferreros nach Gainesville, Florida, und ein Jahr später wurde Sebastian geboren. »Als sie ihn mir zum ersten Mal in den Arm legten, kam er mir vor wie ein Wunder«, sagt Horst. »Er war unser Baby, unser Kind.«

Im Herbst 2007, als Sebastian drei war, empfahl sein Kinderarzt einen Wachstumshormontest, weil er für sein Alter zu klein war. »Das war keine Hormonbehandlung oder Operation«, erklärt Horst. »Nur ein Routinetest, um zu sehen, ob er nicht genug Wachstumshormone hatte.«

Doch bei diesem Test ging etwas schief. Sebastian bekam

versehentlich eine Überdosis der natürlichen Aminosäuren, die für diesen Test benutzt werden. »Es war so unwirklich«, sagt Horst mit Tränen in den Augen. »Innerhalb von achtundvierzig Stunden verloren wir ihn. Sebastian starb.«

Die Überdosis war auf eine Reihe vermeidbarer Fehler zurückzuführen. »Wir gingen immer wieder das ganze schreckliche Geschehen durch, um herauszufinden, was eigentlich passiert war«, flüstert Luisa mit kaum hörbarer Stimme.

»Wir konnten es einfach nicht glauben«, fügt Horst hinzu. »Wenn man ein Kind verliert, kann nichts es wieder zurückbringen, nichts kann helfen. Nichts kann trösten.«

Die Ferreros wurden in einen Strudel aus Angst, Trauer, Verwirrung und Schock gestürzt. Ihr Verlust war unvorstellbar. In ihrer Trauer hätten sie sich ohne Weiteres von der Welt zurückziehen können. Sie hätten sich in ein tiefes Loch aus Verzweiflung fallen lassen können. Das wäre nur zu verständlich gewesen.

Doch das taten sie nicht. Sie erlaubten es sich nicht. »In den Tagen nach der Tragödie wurde uns beiden klar, dass Wut und Verzweiflung keine Lösung war«, erinnert sich Horst. »Die Menschen sollten Sebastian im Gedächtnis behalten, und dazu mussten wir einen Weg finden. Wir mussten in die Zukunft blicken. Wir brauchten ein Projekt, eine Bewegung, damit Sebastian nicht sinnlos gestorben war.«

Es ist eine Sache zu sagen, dass man eine Bewegung ins Leben rufen will. Es ist leicht zu träumen. Aber etwas wirklich anzugehen und tatsächlich zu machen ist nicht einfach, sondern sehr schwer. Für die meisten Menschen ist die Vorstellung so abschreckend, dass sie nie auch nur den ersten Schritt tun.

Horst und Luisa aber machten den ersten Schritt.

Ihr Ziel: Sie wollten nicht, dass andere Eltern das durchmachen mussten, was sie selbst durchgemacht hatten. Dazu wollten sie ein im ganzen Land anerkanntes Patientenschutzprogramm ins Leben rufen, das solche Fehler wie in Sebastians Fall verhinderte. Damit wollten sie Sebastians Andenken bewahren.

Darüber hinaus träumten sie von einem modernen Kinderkrankenhaus in Gainesville, in dem alle Fachrichtungen vertreten waren.

»Bei Sebastian fanden alle Tests und Behandlungen in unterschiedlichen Gebäuden statt«, erzählt Luisa. »In der Notaufnahme wurden gleichzeitig Erwachsene und Kinder aufgenommen. Das Hauptgebäude und die Fachkliniken lagen über eine Meile auseinander. Die achtundvierzig Stunden, in denen wir um Sebastians Leben kämpften, waren ein einziges Chaos.«

»Unsere kühne Idee war ein Kinderkrankenhaus, in dem sich alles unter einem Dach befindet«, erklärt Horst. Ein Krankenhaus, in dem die Kinder sicher und geschützt waren und bestmöglich behandelt wurden. Um das zu ermöglichen, beschlossen die Ferreros, sich mit dem Krankenhaus zusammenzutun, in dem Sebastian versehentlich falsch behandelt worden war, dem *Health Shands Hospital*.

»Wir entschieden uns gegen eine Klage«, sagt Horst. »Die Verantwortlichen des Krankenhauses kamen auf uns zu und baten uns um Verzeihung. Sie räumten ihre Fehler ein und verhielten sich sehr ehrenhaft.« Anstatt Anwälte einzuschalten und das Krankenhaus zu verklagen, akzeptierten die Ferreros die angebotene Entschädigung von achthunderttausend Dollar.

Das wurde das Startgeld für die *Sebastian-Ferrero-Stiftung*.

Die Ferreros stifteten außerdem eine erhebliche Summe aus ihrem Privatvermögen und fingen an, zusätzliche Spender zu werben. Sie veranstalteten eine Gala, wo sie mit dreihundert Gästen rechneten. Mehr als sechshundert erschienen.

»Allen weiteren Gästen musste aus Brandschutzgründen der Zugang verwehrt werden«, erklärt Horst. »So viele Menschen wollten uns ihre Anteilnahme und Hilfsbereitschaft zeigen.«

Sie organisierten weitere Wohltätigkeitsevents und überzeugten große Firmen, ebenfalls zu spenden. Mithilfe der sozialen Netzwerke erhöhten sie den Bekanntheitsgrad der Stiftung und bekamen Zuspruch aus dem ganzen Land. Ursprünglich hatten sie eine Summe von fünf Millionen Dollar angepeilt. Doch die wurde allein von einem einzigen Großspender aufgebracht.

»Mithilfe unserer Events schufen wir ein Bewusstsein für unsere Sache, daher ging es schnell voran«, erklärt Horst. »Leidenschaftliches Engagement war der Motor.«

Dennoch war ihnen klar, dass das zur Verwirklichung ihres Traums nicht reichte. Also arrangierten sie ein Treffen mit dem Geschäftsführer eines großen Unternehmens aus der Gesundheitsbranche. Dieser lobte ihre Erfolge und ihre Hartnäckigkeit. Direkt nach ihrer ersten Gala 2008 versetzte er ihnen jedoch einen Dämpfer:

»Ein wirtschaftlich erfolgreiches Kinderkrankenhaus als Teil der *Shands*-Klinik wäre ein großer Aktivposten«, sagte er gegenüber der *Gainesville Sun*. »Doch dazu braucht man Jahre, wenn nicht ein ganzes Jahrzehnt, und ein wesentlich wirtschaftsfreundlicheres Klima.«

Sieben Jahre später, am Mittwoch, dem 3. September 2014, ließ eine sanfte Brise die bunten Fähnchen vor einem Gebäude auf der Archer Road flattern. Hunderte von Menschen waren dort versammelt, darunter Horst und Luisa Ferrero und ihre Kinder Sergio, Santiago und Stefano.

Sie waren gekommen, um Zeuge von etwas ganz Besonderem zu werden.

Es wurden Reden gehalten, und das Publikum applaudierte. Die Ferreros und ihre Kinder bekamen eine riesige Schere, mit der sie ein dekoratives Band durchschnitten.

Damit war das *Sebastian-Ferrero*-Atrium am *Health-Shands*-Kinderkrankenhaus eröffnet.

Dieses Krankenhaus, das auf dem Gelände der größeren Uniklinik steht, ist heute eine der führenden Kinderkliniken des Landes. Wenn Kinder hier aufgenommen werden und durch die Eingangstüren ins *Sebastian-Ferrero*-Atrium gelangen, finden sie einen Ort voller Wunder vor. Es gibt interaktive Videoinstallationen, Kunstwerke mit Naturthemen, ein Aquarium und Aufzüge, die nur den Kindern und ihren Familien zur Verfügung stehen.

»Hier muss man keine Angst haben«, sagt Horst. »Hier können Kinder sich wohlfühlen und glücklich sein.«

Mitten im Atrium steht auf einem weißen Podest ein wunderschönes Kunstwerk. Es zeigt einen lächelnden Jungen in grüner Hose und orange gestreiftem Hemd, der in die Luft greift, um einen herzförmigen Schmetterling zu berühren. Das Kunstwerk wurde vom weltberühmten Künstler Romero Britto eigens für dieses Atrium geschaffen und trägt den Titel *Morgen*. Britto erklärte, dass sein Kunstwerk das Wohl und Glück von Kindern darstelle.

An einer Wand des Atriums hängt ein großes, gerahmtes Foto. Es zeigt einen rennenden, sorglos lachenden Dreijährigen.

»Sebastian ist der kleine Held, der uns alle zusammengebracht hat«, sagt Horst.

Wie konnte ein so großes und gewagtes Unterfangen so schnell verwirklicht werden? Wie überwanden die Ferreros so viele Hindernisse und hemmenden Konventionen in der Gesundheitsbranche? Wie konnte eine solche Tragödie etwas so Positives, so Wunderbares hervorbringen?

Darauf gibt es nur eine einzige Antwort: Sebastian.

Horst und Luisa trafen die Entscheidung, das bemerkenswerte Leben ihres Sohnes zu würdigen, indem sie den Traum verwirklichten, den sie für ihn hatten – dass er eines Tages die Welt verändern würde. Dies ist dank ihrer Bemühungen geschehen. Die Veränderung, die Sebastian in der Welt bewirkte, gilt nicht nur für heute, sondern für die kommenden Jahrzehnte.

Es war einfach ein Wunder, das die Ferreros aus Liebe zu ihrem Sohn bewirkten. Dass sie es in solch kurzer Zeit schafften, ist nicht auf Magie zurückzuführen, sondern auf harte Arbeit, Entschlossenheit, Hingabe und unermüdliches Engagement. Einfach ausgedrückt, ließen die Ferreros nicht mehr locker. Sie baten alle Menschen um Unterstützung, die Sebastian gekannt und geliebt hatten: Freunde, Nachbarn, Verwandte, Angestellte des Erziehungs- und Bildungswesens.

Sie verpflichteten Spezialisten für ihre Sache: Ärzte, Kommunalpolitiker, Mitarbeiter von Universitäten und Krankenhäusern, selbst zwei Senatoren des Staates Florida. Alle setzten ihre Kenntnisse und Fähigkeiten dazu ein, Millionen von Dollar aufzubringen. Sie hörten nie auf, an die Macht ihres Traums für Sebastian zu glauben.

Nach ihrer Tragödie zogen sie sich nicht zurück, sondern wandten sich im Gegenteil nach außen und vereinigten viele Menschen unter einem gemeinsamen Ziel.

»Das ist das eigentliche Vermächtnis von Sebastian«, sagt Luisa.

Die Mission der Ferreros, überall für die Sicherheit von Patienten in Krankenhäusern zu sorgen, ist noch nicht beendet. Doch ihre Bemühungen haben bereits bemerkenswerte Resultate erzielt.

2008 entwarf das *University of Florida College of Medicine* einen vier Jahre umfassenden Kurs für Qualitätsmanagement und Patientenschutz, den alle Medizinstudenten absolvieren müssen. Diese Initiative geht auf Sebastians Tod und die Bemühungen der Ferreros zurück. Ihre Stiftung veranstaltet jährlich eine Reihe von familienfreundlichen Events, die Tausende von Spendern anzieht. Horst und Luisa halten zudem regelmäßig Vorträge vor Medizinstudenten und Krankenhausangestellten, in denen sie ihre Tragödie schildern und für mehr Aufmerksamkeit und Mitgefühl werben.

»Hören Sie auf die Eltern«, ist einer ihrer Leitgedanken. »Eltern kennen ihre Kinder besser als jeder andere.«

Der erste Stock der Kinderklinik war früher für die Mitglieder der Führungsetage des Krankenhauses vorgesehen, die von dort viel natürliches Licht und den besten Blick auf das Gelände der Uniklinik hatten. Heute befindet sich dort eine hochmoderne Kinderintensivstation, wo fünfzehn Prozent aller Herztransplantationen an Kindern ausgeführt sowie erbliche Herzkrankheiten behandelt werden.

»Es ist einfach unglaublich zu sehen, wie Kleinkinder nach einer Herztransplantation, an Monitore angeschlossen, durch die Flure laufen, auf Dreirädern fahren oder Reha-Übungen machen. Ein wunderbares Gefühl, vor allem für die Eltern, die nun wieder hoffen dürfen«, sagt Horst.

Alles nur wegen Sebastian.

»Bei jedem großen und kleinen Schritt denke ich an ihn«, erzählt Horst. »Ich denke daran, wie sehr er so vielen Menschen hilft. Nur Sebastian ist es zu verdanken, dass all diese Kinder froh und munter durch die Räume laufen.«

Luisa fügt hinzu: »Wenn Eltern uns anrufen, um uns von ihren guten Erfahrungen im Krankenhaus zu erzählen und uns zu danken, dann weiß ich: Das ist Sebastians Werk. Er allein bewirkt das. Er hat mehr erreicht, als ich es je in meinem ganzen Leben könnte, und das in nicht einmal drei Jahren.«

Noch etwas Wichtiges gibt es über Sebastian zu sagen.

Sebastian ist nicht fort. Er ist da.

»Er ist überall«, erklärt Luisa. »Seine Präsenz ist ständig in meinem Leben spürbar. Er ist Teil von allem, was ich tue. Wo ich bin, ist auch Sebastian.«

Er ist in den Filmen, die seine Eltern von ihm aufgenommen haben und die ihn zeigen, wie er auf einen Stoffelefanten klettert, Seifenblasen erhaschen will, in seiner Badewanne planscht, Spaghetti um eine große Gabel wickelt, zärtlich seinen kleinen Bruder Sergio küsst.

Er ist in den Gesichtern der vielen Hundert Kinder, die das nach ihm benannte Atrium durchschreiten, und in ihrem Lächeln, wenn sie gesund und munter entlassen werden können.

Er ist in dem Haus, wo seine Familie lebt und seine jüngeren Brüder von ihm sprechen und seine Fotos sehen wollen. Selbst

Stefano, der jüngste und mittlerweile Sechsjährige, wendet sich an seine Mutter und sagt: »Wie hat mein Bruder geheißen?«

Und seine Mutter lächelt und sagt: »Sebastian.«

Vor allem jedoch lebt Sebastian weiterhin in den Herzen der Menschen, die ihn lieben, die von ihm inspiriert wurden und deren Leben er verändert hat.

»Manchmal spreche ich mit ihm«, sagt Horst. »In seinem Kindergarten gibt es eine kleine Gedenkstätte für ihn, eine Fotocollage mit seinem Bild in der Mitte. Wenn ich daran vorbeikomme, bleibe ich ein bisschen und rede mit Sebastian, und zwar nicht im Stillen, sondern laut.«

»Sebastian«, sagt Horst dann zu seinem Sohn. »Wir haben es geschafft. Gemeinsam haben wir es geschafft.«

Ein unsichtbares Band verbindet Sebastian Ferrero mit denen, die ihn lieben. Doch es gibt andere unsichtbare Bänder, die ihn mit den vielen Kindern verbinden, denen er täglich hilft. Genauso wie mit den Kindern der kommenden Jahre und Jahrzehnte, die das Atrium betreten und sein fröhliches Lächeln sehen.

Sebastian ist, wie seine Eltern schon immer wussten, ein Kind, das der ganzen Welt gehört.

ROTE LUFTBALLONS

Eine der schönsten Geschichten über unsichtbare Bänder, die ich je hörte, beginnt mit einem Brief an den Weihnachtsmann. Geschrieben wurde er von der fünfjährigen Joie aus San Diego.

In einem Kindergartenprojekt schrieben Joie und ihre Freunde Briefe an den Weihnachtsmann, banden sie an Luftballons und ließen diese steigen.

»Lieber Weihnachtsmann«, hieß es in Joies Brief. »Zu Weihnachten hätte ich gerne eine Nixenpuppe mit Schleifchen. Danke. Alles Liebe, Joie.«

Joies roter Luftballon flog einige Stunden durch die Luft, bevor er schließlich wieder sank. Ein Mann namens Terry Hardin verließ gerade seine Arbeitsstelle, da blickte er zum Himmel und sah den Luftballon auf sich zufliegen. Aus irgendeinem Grund konnte er seinen Blick nicht davon lösen, daher wartete er ein paar Minuten, bis der Ballon auf einem Parkplatz in der Nähe landete. Er hob ihn hoch, las den Brief – und ein Schauer durchrieselte ihn.

Der Brief war von einem Mädchen mit dem ungewöhnlichen Namen Joie.

Terrys kürzlich verstorbene Mutter hieß ebenfalls Joie.

Terry setzte alles daran, den Kindergarten ausfindig zu machen, und schenkte Joie eine kleine Nixenpuppe mit Schleifchen zu Weihnachten.

Doch das wahre Geschenk war nicht die Puppe.

Als Terrys Mutter starb, war ihre Beziehung nicht ungetrübt gewesen. Es gab Probleme, die sie nicht geklärt hatten. Dann fiel ein roter Luftballon vom Himmel und landete in seinen Händen, als hätte seine Mutter ihm den geschickt.

Wie Terry einem Radiosender in San Diego erzählte, war der rote Luftballon »wirklich und wahrhaftig vom Himmel gekommen, um alles in Ordnung zu bringen«.

Die Geschichte scheint fast zu schön, um wahr zu sein. Die Wahrscheinlichkeit, dass es sich so abspielen würde, war äußerst gering. Schließlich hätte Joies Luftballon überall landen können: auf einer Autobahn, in einem Baum, auf der Fifty-Yard-Linie eines Footballfelds. Stattdessen schwebte er lange genug über Terrys Kopf, um seine Aufmerksamkeit zu erregen, und senkte sich dann langsam zu ihm hinunter. Er musste nur zum richtigen Zeitpunkt am richtigen Ort sein – und genau das war er.

So kamen die beiden Joies zusammen. Sie waren Generationen, ja, ganze Welten auseinander, doch gemeinsam bewirkten sie etwas Magisches. Der unschuldige Wunschzettel der fünfjährigen Joie schloss eine Wunde, die Terry für unheilbar gehalten hatte. Und Terrys freundliche Geste bestätigte den Glauben eines Kindes, dass die Welt gut ist.

Eine unsichtbare Macht verband die beiden Joies und Terry, um einen Augenblick atemberaubender Schönheit zu erschaffen.

Ich weiß nicht, ob ich vor ein paar Jahren diesen roten Luft-

ballon als Werkzeug für eine Verbindung zwischen Himmel und Erde angesehen hätte.

Doch weil ich so viele Engel auf Erden kennengelernt und so viele inspirierende Geschichten gehört habe, ist mir das Band, das uns alle verbindet, viel bewusster als früher. Ich achte viel mehr darauf. Bin aufmerksamer. Offener. Großzügiger. Mutiger. Ich weiß viel mehr um meinen Platz in dieser Welt.

Ich bin näher an meinem wahren Ich.

Als ich vor fünf Jahren das Motto mit dem unsichtbaren Band für mein Buch wählte, verstand ich noch nicht, in welchem Ausmaß es der Wahrheit entspricht, dass unsichtbare Bänder sich zwar spannen und verheddern können, aber niemals reißen werden.

Die Geschichte von Sebastian und die folgende Geschichte haben meine Augen für die wahre Bedeutung des Sprichworts geöffnet. Die Liebe, die uns auf Erden verbindet, verbindet uns auch über unser Leben hinaus. Sie ist grenzenlos. Sie ist bindend. Sie ist unendlich.

Genau deshalb lässt der schlichteste Akt der Nächstenliebe einen göttlichen Funken in unserem Leben aufleuchten.

* *

30

DER REGENBOGEN

Bislang habe ich Geschichten von bemerkenswerten Menschen zusammengetragen, die mir von den wundertätigen Verbindungen in ihrem Leben berichtet haben. Jetzt möchte ich Ihnen eine meiner eigenen Geschichten erzählen.

Als ich Mitte zwanzig war, bekam meine Mutter Marie Gebärmutterkrebs. Sie kämpfte tapfer dagegen an und war entschlossen, ihn zu besiegen. Mein Vater brachte sie ins *Memorial Sloan Kettering Hospital* in Manhattan, von dem aus es nur ein kurzer Fußweg zu meiner Wohnung war. Daher besuchte ich sie jeden Abend nach der Arbeit für ein paar Stunden. Wiederholt wurde sie nach Hause entlassen. Eines Tages fand mein Vater sie dort bewusstlos vor und brachte sie eilends in die Notaufnahme.

Als ich dort ankam, war ein Priester bei meiner Mutter und gab ihr die letzte Ölung. Meine Schwester und ich sahen, dass sie nur noch mühsam atmen konnte. Dann hörte sie ganz auf zu atmen. Ihr Arzt, Dr. Ochoa, wandte sich zu uns um und sagte: »Sie ist von uns gegangen.«

Eine Woge von Emotionen überflutete mich. Eigentlich hätte ich erleichtert sein müssen, weil meine Mutter schrecklich hatte leiden müssen. Doch mich überkam eine unendliche Traurigkeit, denn meine Mutter hatte es im Leben sehr schwer gehabt. Ich war traurig, dass sie nicht mehr Glück hatte erfahren dürfen.

Meine Schwester und ich standen weinend im Krankenzimmer, als etwas geschah, das sich jedem Erklärungsansatz entzieht.

Mehrere Minuten nachdem meine Mutter für tot erklärt worden war, fing sie wieder an zu atmen.

»O mein Gott – Ihre Mutter lebt!«, rief die Krankenschwester, die es als Erste bemerkte. »Reden Sie mit ihr! Reden Sie mit ihr!«

Dann schlug meine Mutter die Augen auf.

Ich stand unter Schock und konnte mir nicht erklären, was da vor sich ging. Während ich meine Mutter anstarrte, blickte sie uns an und bedachte uns mit einem friedlichen, warmherzigen Lächeln. Die Krankenschwester prüfte ihre Vitalwerte und stellte fest, dass sie besser waren als seit Monaten. Zuerst konnte meine Mutter nur undeutlich sprechen, aber mit einem Mal war sie klar und wach und hatte etwas zu sagen.

Mit ruhiger Stimme erklärte sie: »Mir ist die Kraft verliehen worden, euch das zu sagen, was ich euch immer sagen wollte, aber nicht konnte.«

Es war unbegreiflich. Ich konnte es nicht verstehen. Genauso wenig wie Dr. Ochoa, der auch keinerlei Erklärung lieferte. Er war sich absolut sicher gewesen, als er sie für tot erklärte. Doch dann – war sie einfach wieder zum Leben erwacht.

»Ich will mit euch allen sprechen«, sagte meine Mutter.

Wir unterhielten uns einzeln mit ihr, einer nach dem anderen. Zuerst kam meine Schwester Annette, dann kam ich an die Reihe. Ich umklammerte die Hand meiner Mutter.

»Du warst mir eine gute Tochter«, begann sie. »Zwar habe ich dich nicht immer verstanden, aber ich weiß, dass du gut und stark bist.«

Das stimmte. Ich liebte meine Mutter unendlich, aber wir hatten Differenzen gehabt. Ich war eigensinnig und stur. Wir hatten uns oft gestritten. Dennoch waren wir füreinander da und liebten uns sehr. Unsere Verbindung war unzerstörbar.

»Ich bin so stolz auf dich, Laurie«, sagte meine Mutter. »Ich habe dich sehr lieb.«

Das waren Worte, die jede Tochter erhofft, ersehnt und braucht.

Danach sprach meine Mutter mit meinem Vater, mit meinem Bruder Steven und ein bisschen später mit meinem Bruder Frank und meiner Schwester Nancy, die ins Krankenhaus geeilt kamen. Nachdem meine Mutter mit jedem von uns einzeln geredet hatte, rief sie uns alle zu sich und erzählte uns, was geschehen war, nachdem Dr. Ochoa sie für tot erklärt hatte.

»Ich habe die andere Seite gesehen«, erklärte sie. »Es ist viel schöner und friedlicher, als wir es uns je vorstellen könnten. Ich bin zutiefst überzeugt, dass ich von dort für euch sorgen kann. Ich werde über euch wachen, sehen, was ihr macht, und dafür sorgen, dass alles gut geht.«

Da meine Mutter bei klarem Verstand war und offenbar keinerlei Schmerzen hatte, fragten wir Dr. Ochoa, ob wir sie mit nach Hause nehmen könnten. Er hatte nichts dagegen, aber als wir das meiner Mutter mitteilten, sträubte sie sich.

»Ich will nicht nach Hause«, sagte sie nur. »Ich will hierbleiben, bis es Zeit ist, in mein neues Zuhause zu gehen.«

Wieder waren wir alle geschockt. Keiner hatte die Zeit gehabt zu verarbeiten, was geschehen war. Ich wollte so gerne glauben, dass meine Mutter wie durch ein Wunder geheilt war. Es kam mir nicht in den Sinn, dass sie sich nur für kurze Zeit erholt haben könnte.

Doch genau so war es.

Etwa zwei Stunden später sagte meine Mutter plötzlich auf Italienisch: »*Padre, vengo a casa pronto* – Vater, ich komme jetzt heim.« Dann bat sie uns, uns die Hände zu reichen und gemeinsam das Vaterunser zu beten.

»Gebt mir alle einen Kuss, sagt, dass ihr mich lieb habt, und lasst mich gehen«, waren ihr letzten Worte.

Kurz darauf schloss sie die Augen und fiel ins Koma.

Drei Tage später starb sie, mit siebenundvierzig Jahren.

In den Monaten nach dem Tod meiner Mutter drückte mich die Trauer zu sehr nieder, um daran zu denken, was sie uns gesagt hatte. Dass sie vom Himmel aus über uns wachen würde.

Das war natürlich eine schöne Vorstellung, aber ich dachte eigentlich nicht, dass sie aus den Wolken zu mir herunterblickte und jeden Schritt von mir sähe. Ehrlich gesagt spürte ich ihre Gegenwart nicht. Ich dachte zwar ständig an sie und redete im Stillen mit ihr, doch ich spürte sie nicht. Sie war fort, und zwar endgültig.

Dann, sechs Monate nach ihrem Tod, hatte ich einen Traum.

Ich träumte ihn in der Nacht vor einem sehr wichtigen Vorstellungsgespräch. Als ich mir an jenem Abend das Essen zubereitete, schnitt ich mir in den Finger, und zwar so schlimm, dass ich ins Krankenhaus musste, um mit acht Stichen genäht zu werden. Das ganze Blut und der Anblick des Krankenhauses setzten mir ziemlich zu. Ich ging weinend ins Bett, und als ich schließlich einschlief, war ich überzeugt, es würde ein schlechtes Vorstellungsgespräch werden.

Dann hatte ich den Traum. Ich sah meine Mutter vor mir stehen und rannte auf sie zu. Wir umarmten und küssten uns. Ich sagte zu ihr, wie sehr ich sie liebte und vermisste. Das Gefühl, sie im Arm zu halten und ihren Kuss zu spüren, war irgendwie unwirklich.

»Mom, siehst du das?«, fragte ich. »Ich habe mir in den Finger geschnitten.«

Darauf antwortete meine Mutter: »Das weiß ich doch, Laurie.«

Dann erzählte ich ihr, ich sei besorgt wegen meines Vorstellungsgesprächs.

»Keine Angst, Laurie«, sagte sie da. »Du wirst dich großartig schlagen und den Job bekommen.«

Sie gab mir noch einen Kuss und sagte: »Versuch, noch ein bisschen zu schlafen.«

Ich wachte kurz schluchzend auf, schlief aber sofort wieder ein.

Am nächsten Morgen war ich unerklärlich ruhig. Ich ging mit meinem verbundenen Finger zum Vorstellungsgespräch und wusste danach sofort, dass es gut gelaufen war. Genau, wie meine Mutter es im Traum vorhergesagt hatte, bekam ich die Stelle.

Ich weiß, viele werden jetzt sagen: »Ach, das war doch nur ein Traum. Das war doch nicht echt.« Ich kann auch nicht beweisen, dass es etwas anderes als ein Traum war.

Doch eines kann ich sagen: Nach dem Traum blieb die Verbindung zu meiner Mutter, die ich nach ihrem Tod für beendet gehalten hatte, nicht nur bestehen, sondern wurde tiefer und stärker. Ich begriff, dass meine Mutter mich im Traum besucht hatte, weil sie wusste, dass ich sie brauchte.

Von diesem Tag an spürte ich die Präsenz meiner Mutter in meinem Leben. Ich spürte, dass sie über mich wachte, genau, wie sie es versprochen hatte. Ich spürte sie, als stünde sie direkt neben mir.

Niemand kann mir erzählen, dass das nicht echt ist.

Der Traum mit meiner Mutter war ein Wendepunkt in meinem Leben. Von da an akzeptierte ich, dass meine Mutter weiterhin eine wichtige Rolle in meinem Leben spielte. Nicht nur wegen der Werte, die sie mir vermittelt hat, sondern weil ich glaube, dass sie mich jeden einzelnen Tag auf einem ganz bestimmten Weg leitet.

Im Verlaufe der letzten fünf Jahre scheint die Präsenz meiner Mutter eher stärker geworden zu sein. Ich kann sie besser spüren, und nicht nur das. Ich sehe auch die Zeichen, die sie mir schickt.

Ich erinnere mich an einen meiner ersten Auftritte nach dem Erscheinen von *Immer montags beste Freunde*. Reden in der Öffentlichkeit zu halten war nicht mein Ding. Wie ich bereits erwähnte, hatte ich Angst davor. Dennoch stand ich dort und sollte auf einer Veranstaltung des *Big Brothers Big Sisters* der *Family Services of Westchester* sprechen. Ich war äußerst nervös und dankbar, dass das Publikum nicht besonders groß war.

Da sah ich im Publikum ein kleines Mädchen mit dunklen, lockigen Haaren. Um sie herum wimmelte es von Menschen, aber aus irgendeinem Grund erweckte dieses Mädchen meine Aufmerksamkeit. Ich bemerkte, dass auch sie mich ansah.

Also ging ich zu ihr und sagte: »Hi, mein Name ist Laura. Und wie heißt du?«

»Maria«, antwortete sie.

Einen Augenblick lang war ich sprachlos. Der Name meiner Mutter war Marie, auf Italienisch Maria. Viele Leute nannten sie so. Manche nannten sie aber auch Mary. Als das kleine Mädchen mir seinen Namen verriet, dachte ich sofort an meine Mutter. Ich glaube, genau aus diesem Grund fesselte das Mädchen meine Aufmerksamkeit! So wollte meine Mutter mich wissen lassen, dass sie an diesem Tag bei mir war. Sofort fühlte ich mich ruhig und gestärkt. Ich verabschiedete mich von Maria und hielt meine Rede. Ohne jegliche Nervosität. Ich empfand nichts als inneren Frieden.

Danach fing ich an, vor öffentlichen Auftritten mit meiner Mutter zu reden. Damit beginne ich bereits am Vorabend und setze das Gespräch auf der Fahrt zum Event fort. Ich bitte sie, für mich da zu sein, mir Kraft zu geben und meine Angst zu vertreiben.

»Wenn du kannst, schick mir ein Zeichen, dass du da bist«, sage ich dann.

Bei jedem Auftritt ist bisher jemand auf mich zugekommen, der Marie, Maria oder Mary hieß. Nicht nur ein- oder zweimal.

Nein, jedes einzelne Mal.

Zugegeben, einige werden sagen, dass Mary ein ziemlich weitverbreiteter Name ist. Früher mehr als heute, ab den 1960ern ließ seine Beliebtheit ständig nach. Heute rangiert er in den Vereinigten Staaten nicht mehr unter den hundert beliebtesten Mädchennamen. Sicherlich besteht immer die Möglichkeit, dass einem an einem bestimmten Tag eine Marie, Maria oder Mary über den Weg läuft.

Genauso groß ist jedoch die Möglichkeit, dass dies nicht geschieht. Trotzdem ist das bis zum heutigen Tag nicht ein einziges Mal passiert.

Manchmal war es knapp. Zum Beispiel hielt ich einmal eine Rede in einer jüdischen Gemeinde auf Long Island. Schon auf der Fahrt dorthin befürchtete ich, keine Marie, Maria oder Mary anzutreffen. Ganz einfach, weil es eher ein katholischer Name ist. Vor meiner Rede testete der Rabbi das Mikrofon, indem er *Strangers in the Night* sang, den Lieblingssong meiner Mutter. Die Assoziation zu meiner Mutter war also sofort da. Ich fragte mich, ob das ihr Zeichen sein sollte. Doch der Song zählte nicht. Es war einfach nicht dasselbe wie ihr Name.

Vor der Rede lernte ich viele Menschen kennen, aber der Name meiner Mutter tauchte nicht auf. In der Signierstunde danach traf ich ebenfalls auf viele Menschen, doch auch da hatte ich kein Glück. Als nur noch drei Personen in der Schlange standen, gab ich die Hoffnung auf, an jenem Abend den Namen meiner Mutter zu hören.

Doch auf einmal fühlte ich mich wieder von einem Menschen ganz besonders angezogen, und zwar dem drittletzten in der Schlange. Warum, weiß ich nicht. Vielleicht weil es wie meine Mutter eine hübsche Frau mit wunderschönen dunklen Haaren war. Als sie mir ihr Exemplar meines Buches gab, fragte ich sie nach ihrem Namen, damit ich etwas Persönliches hineinschreiben konnte.

»Ich heiße Marie«, sagte sie.

»Marie«, erwiderte ich mit einer Begeisterung, die sie sicher nicht nachvollziehen konnte. »Was machen Sie denn in einer jüdischen Synagoge?«

»Ach«, sagte sie. »Eine Freundin hat mich in letzter Minute eingeladen.«

Daraufhin umarmte ich sie und dankte ihr, weil sie meine Marie gewesen war.

Vor einem anderen öffentlichen Auftritt bat ich meine Mutter auf der Fahrt: »Tauch doch heute bitte etwas früher auf. Ich bin sehr müde und möchte, dass es gut läuft, daher wüsste ich gerne von Anfang an, dass du da bist.«

Die dritte Person, die mir an diesem Abend vorgestellt wurde, sagte: »Hi, ich bin Marie.«

Ein anderes Mal bat ich meine Mutter ebenfalls um frühes Erscheinen, signierte meine Bücher jedoch vor der Rede statt danach, konnte meine Leserinnen also nicht persönlich kennenlernen. Daher dachte ich, die Chance, einer Marie, Maria oder Mary zu begegnen, wäre ziemlich gering. Da rief eine Kellnerin, die alles für den Empfang danach vorbereitete, einer Kollegin zu: »Hey, Marie, könntest du mir bitte mit den Tellern helfen?«

Selbst als ich einmal im Fernsehen auftrat, begegnete ich einer Marie. Sie war meine Visagistin.

Ich bin weit über hundertfünfzig Mal öffentlich aufgetreten, bei den unterschiedlichsten Events und im Fernsehen. Jedes Mal bin ich einer Marie, Maria oder Mary begegnet. Immer wenn das geschieht, weiß ich ohne den geringsten Zweifel, dass meine Mutter bei mir ist, direkt an meiner Seite.

Doch nicht nur ihr Name ist ein Zeichen dafür, dass sie bei mir ist. Laura Lynne Jackson ist eine sehr liebe Freundin und

335

Gefährtin auf meiner spirituellen Reise, der ich gar nicht genug danken kann. Sie zeigte mir, dass meine Mutter mir auch durch einen Regenbogen offenbart, dass sie bei mir ist. Nicht nur durch einen richtigen Regenbogen am Himmel, sondern als Abbildung an allen möglichen Orten. Allerdings muss ich dafür einen Blick haben.

Eines Tages befand ich mich auf einem sehr wichtigen Meeting in einem Konferenzraum und wusste, dass keine Maries dabei waren. Also sagte ich im Stillen: »Bitte, Mom, zeig mir, dass du da bist. Schick mir ein deutliches Zeichen. Zeig mir etwas Besonderes.«

In genau diesem Augenblick wandte ich den Kopf und blickte aus dem Fenster auf einen Parkplatz. Dort sah ich einen riesigen Regenbogen.

Nicht am Himmel.

Auf dem Parkplatz.

Wenn das nichts Besonderes war!

Genau gesagt, war es ein riesiger Regenbogen auf einem überdimensionalen Schild. Dennoch war er spektakulär. Da ich am Kopfende des Tischs saß, war ich die Einzige im ganzen Raum, die aus dem Fenster blicken und ihn sehen konnte.

Seitdem habe ich viele Regenbogen in allen möglichen Erscheinungsformen gesehen. Sie alle haben mir gezeigt, dass meine Mutter bei mir ist und mir ein Zeichen schickt.

In meinem ersten Buch *Immer montags beste Freunde* gibt es eine Episode mit einer braunen Papiertüte. Am Anfang meiner Freundschaft mit Maurice trafen wir uns nur am Montagabend. Später sahen wir uns manchmal auch samstags. Eines Samstags klingelte es in meiner Wohnung. Der Portier meines Wohnhauses teilte mir mit, dass Maurice unten in der Eingangshalle sei.

Ich bat darum, ihn zu mir hochzuschicken. Als er oben ankam, sagte er sofort: »Es tut mir leid, Sie zu stören, aber ich habe großen Hunger. Könnten wir vielleicht was essen gehen?« Da wurde mir klar, dass unsere Montagabende nicht ausreichten. Beim Essen tüftelten Maurice und ich also einen Plan aus.

Ich sagte Maurice, ich könne ihm entweder Geld geben, damit er sich die Woche über etwas zu essen kaufen könne. Oder ich könnte etwas zubereiten und es ihm dann beim Portier hinterlegen. Die Entscheidung liege ganz bei ihm.

Maurice dachte eine Weile darüber nach.

»Wenn Sie mir etwas zu essen machen, stecken Sie es dann in eine braune Papiertüte?«, fragte er.

Ich war mir nicht sicher, was er damit meinte.

»Soll ich es denn in eine braune Papiertüte stecken?«, fragte ich.

Maurice nickte.

»Ich will kein Geld, Miss Laurie«, sagte er. »Ich will nur meinen Lunch in einer braunen Papiertüte.«

»Okay, klar«, erwiderte ich. »Aber warum?«

»Weil die anderen Kinder in der Schule ihr Essen auch in einer braunen Papiertüte haben«, erklärte Maurice. »Wenn ich das sehe, weiß ich, jemand denkt an sie.«

Für mich war eine Papiertüte nur eine Verpackung für etwas zu essen. Für Maurice war sie ein Symbol, das sichtbare Zeichen für etwas Unsichtbares: Fürsorge, Mitgefühl, Liebe.

Damit lehrte mich Maurice etwas Wichtiges. Er zeigte mir, dass selbst die einfachsten und normalsten Dinge, Handlungen und Geschehnisse enorme Bedeutung für unser Leben haben können, wenn wir nur unsere Augen und Herzen für das öffnen, was dahinter liegt.

Vor nicht allzu langer Zeit hielt ich eine Rede bei einem Event, die ziemlich gut lief. Ich bekam sogar stehende Ovationen. Danach ging ich mit meiner Freundin und Marketingexpertin Linda Michalisin durch einen Gang in meinem Hotel, um mein Gepäck zu holen.

Ich wandte mich zu Linda und sagte: »Meine Mutter ist bestimmt stolz auf mich.«

Kaum hatte ich das ausgesprochen, bemerkte ich etwas auf dem Boden des Gangs. Die gesamte Hotelanlage war makellos sauber und so auch der Gang – bis auf das, was dort lag. Als ich mich dem Gegenstand näherte, sah es aus wie ganz normaler Abfall. Doch das war es nicht. Ganz und gar nicht.

Es war eine braune Papiertüte.

An jenem Abend hatte ich von der braunen Papiertüte erzählt, und als ich die Tüte da am Boden liegen sah, dachte ich an Maurice. Ich hob sie hoch, um sie näher zu begutachten. Sie war glatt und unbenutzt. Doch als ich sie umdrehte, verschlug es mir den Atem.

Darauf war eine Buntstiftzeichnung.

Von einem großen, wunderschönen Regenbogen.

»Was sagt man dazu?«, dachte ich. »Sieht so aus, als wäre meine Mutter wirklich stolz auf mich.«

Diese kleine Papiertüte habe ich heute noch und werde sie für alle Zeiten in Ehren halten.

EPILOG

Meinen fünfzigsten Geburtstag feierte ich im Kreis von Familie und Freunden. Ich tanzte zu meinen Lieblingssongs und hörte mir gerührt die Reden an, die meine Lieben auf mich hielten. Der letzte Toast war etwas ganz Besonderes. Er kam von Maurice.

Der Junge, der nicht damit gerechnet hatte, seine Jugend zu überleben, war nun ein erwachsener Mann mit Frau und Kindern. Er trug einen schicken Smoking und seine Frau ein wunderschönes blaues Abendkleid. Er ging zur Bühne des Saals, nahm das Mikrofon in die Hand und lächelte mir zu. Ich lächelte zurück.

»Dass wir uns trafen, war etwas ganz Besonderes für mich«, begann Maurice. »Ich war ein kleiner Straßenjunge, der praktisch nichts hatte. An jenem Tag hatte ich großen Hunger und fragte die fremde Lady: ›Hätten Sie ein bisschen Kleingeld für mich?‹ Aber sie ging einfach weiter. Doch dann blieb sie stehen –, kam zurück und ging mit mir zu *McDonald's*. Sie müssen wissen, dass sie mir in diesem Augenblick das Leben rettete.

Denn mein Leben befand sich bereits in der Abwärtsspirale – und der Herr schickte mir einen Engel. Dieser Engel war Laurie.«

Für mich war diese Rede sehr wichtig, und ich erwähnte sie sogar in meinem ersten Buch. Doch erst kürzlich dachte ich daran zurück und bemerkte, dass Maurice mich als seinen Engel bezeichnet hatte.

Damals dachte ich, er meinte das im gebräuchlichen Sinn wie: »Ach, du bist ein Engel.« Doch das hatte er nicht gemeint. Maurice wusste lange vor mir, dass es Engel auf Erden gibt. Ich brauchte dazu über zehn Jahre und musste erst all die Geschichten in diesem Buch erfahren. Heute sehe ich das genauso wie er.

Wenn ich in nächster Zeit mal die Gelegenheit bekommen sollte, eine Rede auf Maurice zu halten, werde ich ihm sicher eine Zeile aus seiner Rede stibitzen und leicht abwandeln: »Der Herr schickte mir einen Engel, und dieser Engel war Maurice.«

Die meisten Geschichten in diesem Buch handeln von winzigen Augenblicken, alltäglichen Begebenheiten und normalen Dingen. Einem Ratgeber. Einer Fernbedienung für das Garagentor. Einer verlorenen Brieftasche. Einem unerwünschten Kaninchen. Einer Umarmung. Trotzdem veränderten all diese Dinge das Leben eines einzelnen und manchmal sogar vieler Menschen, weil sie von einem Akt der Nächstenliebe begleitet waren.

Diese Geschichten haben mich gelehrt, dass wir durch Akte der Nächstenliebe Zugang zu einer unglaublichen Macht bekommen. Nächstenliebe aktiviert die Verbindungen zwischen uns Menschen. Nächstenliebe bringt etwas in Bewegung.

Nächstenliebe macht uns zu Engeln.

Ich glaube, unsichtbare Bänder verbinden uns mit anderen Menschen und leiten uns auf einem bestimmten Weg. Doch das ist nur der Anfang unserer Reise. Dann ist es an uns, in Aktion zu treten und etwas umzusetzen.

Wenn dies in Nächstenliebe geschieht, auf Liebe, Fürsorge und Mitgefühl basiert, können wir die Welt verändern. Jeder einzelne von uns.

Jede Geschichte in diesem Buch hat mir etwas Neues beigebracht. Alle zusammen haben mich überzeugt, dass wir die Anlage und die Kraft haben, Engel auf Erden zu sein.

Die Geschichte über Sebastian Ferrero hat mir gezeigt, dass die unsichtbaren Bänder, die uns miteinander verbinden, auch dann nicht reißen, wenn wir aus diesem Leben scheiden. Die Geschichte meiner Mutter hat mich gelehrt, dass wir nie aufhören, Engel zu sein – wir werden nur diskreter.

Die mächtigen Verbindungen zwischen uns sind echt und geben unserem Leben einen Sinn. Nächstenliebe aktiviert sie. Wir müssen nicht unser ganzes Leben umkrempeln oder radikale Veränderungen vornehmen, um den damit verbundenen Segen zu empfangen. Wir müssen nur unsere Sichtweise ändern.

Wir müssen nur glauben.

Glauben, dass wir alle durch unsichtbare Bänder miteinander verbunden sind.

Glauben, dass ein roter Luftballon oder eine Fernbedienung für ein Garagentor oder eine braune Papiertüte oder ein Regenbogen mehr sind, als es den Anschein hat.

Glauben, dass unser Leben größer, besser, mutiger, liebevoller, authentischer und freudvoller ist, wenn wir erkennen, dass wir selbst die Engel sind, die die Welt so dringend braucht.

DANK

Im November 2011 wurde zu meiner großen Freude mein erstes Buch *Immer montags beste Freunde* veröffentlicht. Damals hätte ich mir nie vorstellen können, dass ich kurz davorstand, auf eine sehr erfüllende Entdeckungsreise zu gehen. Es ist wahrhaft bemerkenswert, wie viel Liebe und Unterstützung ich von meiner Familie, meinen Freunden und meinen Lesern erfahre. Dafür werde ich ewig dankbar sein.

Ich danke dir, Maurice Mazyck, weil du mein Leben in vielerlei Hinsicht spektakulär verändert hast. Außerdem möchte ich deiner Frau Michelle und deinen wunderbaren Kindern Ikeem, Maurice Jr., Jalique, Princess, Jahleel, Precious und Jahmed danken.

Dieses Buch nahm seinen Anfang, als ich meine Leser bat, mir ihre eigenen Geschichten zu berichten, die von unsichtbaren Bändern handelten. Dennoch hätte ich niemals auf solch überwältigende Resonanz aus dem ganzen Land und gar der ganzen Welt gerechnet. Ich wünschte nur, alle Geschichten hätten in diesem Buch Platz finden können. Denjenigen, deren

343

Geschichten veröffentlicht wurden, danke ich für ihr Vertrauen, anderen Menschen ihre inspirierenden Zeugnisse von Nächstenliebe und unsichtbaren Bändern zugänglich zu machen. Ich hoffe, in Zukunft werden sich mehr Menschen über Nächstenliebe austauschen und in der ganzen Welt vernetzen.

Mein größter Dank gilt meinen persönlichen Engeln auf Erden: Vicki Sokolik, Dru Sanchez, Laura Lahey Chambers, Talia Bardash, Dr. Jody Bardash, Michele Bardash, Chuck Posternak, Annie McCormick Bonner, Linda DeCarlo, LaJuana Moser, Jim Kettlewell, Avital Sutin, Rachel Sutin, Jason Bradburn, José Luis Balleza, Wendell Affield, Angie Hawk, Eileen Pacheco Schwartz, Dr. Hipolito, Dr. Dale Atkins, Susan Sagan Levitan, Barbara Campbell, Lou Honderich, Christine Honderich, Linda Preuss, Jessica Preuss, Tom Grotticelli, Iris Astrof, Debbie Ring, Nancy Kropacek, Mary Schell, Eliza Marie Schell, Rose Mary Knudson, Barbara Ginsberg, Debbie Shore, Billy Shore, Anne Houseman, Clay Dunn, Robin Tartarkin, Mary Faulkner, Santino Faulkner, Deb Howe Allen, Solomon Young, Andy Smallman, Genevieve Piturro, Monique Cano, Mary Warwick, Mary Phillips, Lucy Galasso, Dr. Angel B. Pérez, Horst und Lisa Ferrero.

Mein tief empfundener Dank gilt meiner geliebten Mutter Marie Procino Carino, die immer bei mir ist und mich durch einen Regenbogen ihre ewige Liebe und Anwesenheit spüren lässt. Danke, dass du mich hast wissen lassen, dass du durch eine Marie, Maria oder Mary im Publikum in meiner Nähe bist, wenn ich Vorträge halte, im Fernsehen spreche oder durch meinen Alltag gehe. Du bist immer wieder aufgetaucht!

Auch in diesem Buch gibt es sechs Geschichten mit dem Namen meiner Mutter. Meine Mutter weiß, dass ich ihre Präsenz spüre, und zeigt mir im passenden Augenblick, wenn sie bei mir ist. Danke, Mom, dass du mir die Kraft, den Mut und das Vertrauen für diese bemerkenswerte Reise geschenkt hast.

Mein Vater weiß, dass ich ihn liebe und ihm vergeben habe. Danke, dass du deine Stärken so großzügig mit mir geteilt hast. Ein ganz besonderer Dank geht an meinen Bruder, weil er mich auf meiner Reise begleitet und mir mit schlichten Gesten zeigt, dass er an meiner Seite ist. Es tröstet mich sehr, zu wissen, dass du im Himmel deinen Frieden gefunden hast.

Ich fühle mich gesegnet, weil ich eine wunderbare Familie habe, die mich liebt, unterstützt und ermutigt: meine Schwestern Annette Carino Lubsen und Nancy Carino Johansen, mein liebevoller Bruder Steven Carino. Sie sind meine größten Fans.

Dank auch an ihre wunderbaren Familien: Annettes Mann Bruce Lubsen, ihre Tochter Colette Lubsen Reid und ihren Mann Mike und deren Töchter Callie und Sadie. Derek Lubsen, seine Frau Brooke und deren Kinder Dashiell, Heidi und Violett. Brooke Lubsen Cassens, ihr Mann Steve und deren Kinder Chase und Evelyn. Nancys Mann John Johansen und ihre wunderbaren Kinder Jena und Christian. Meinen süßen Pudeln Coco und Emma, weil sie mich jeden Tag begleiten und erden. Ich hoffe, ihr wisst, wie sehr ich euch alle liebe und schätze.

Ewigen Dank schulde ich auch meinen Onkeln Pat und John Procino und meiner Tante Diana Robedee und ihren Familien, weil sie mich stets unterstützt haben.

Vor sechs Jahren traf ich mich im *Stardust Diner* in New York mit meinem Koautor Alex Tresniowski und erzählte ihm die Geschichte von Maurice. Alex und ich arbeiteten beide siebzehn Jahre bei *Time Inc.*, doch hatten sich unsere Wege nie gekreuzt. Wir fuhren jeden Tag im selben Aufzug und aßen in derselben Kantine, trotzdem kannten wir uns nicht. Glücklicherweise brachte uns *Immer montags beste Freunde* zusammen. Alex ist der wunderbarste Autor, und ich kann nicht mit Worten ausdrücken, wie sehr ich sein bemerkenswertes Talent und sein Engagement für unsere Bücher und unsere Freundschaft zu schätzen weiß. Bei unserem ersten Treffen hätte ich mir nie vorstellen können, welch ein wichtiger Teil meines Lebens er werden würde. Alex ist einer der treusten Freunde, die man sich erhoffen kann: aufmerksam, freundlich und überaus großzügig. Ich glaube, meine und seine Mutter haben unsere Freundschaft vom Himmel aus eingefädelt. Sie wussten, dass wir einander brauchen!

Nena Madonia Oshman von *Dupree/Miller* einfach nur zu danken reicht nicht ansatzweise, um auszudrücken, wie sehr ich ihre überaus hilfreiche, leidenschaftliche und ermutigende Arbeit als Literaturagentin zu schätzen weiß. Nena ist nicht nur eine enge Freundin, sondern hat auch das unermüdliche Bestreben, im Leben anderer Gutes zu bewirken. Auf ewig dankbar sein werde ich auch Jan Miller und ihrem wunderbaren Team bei *Dupree/Miller,* weil sie so viel für meine Bücher gemacht haben. Diese Bücher wären nicht zustande gekommen, hätte Jan nicht im Jahr 2010 an unsere Geschichte geglaubt.

Die letzten sechs Jahre hatte ich die Ehre und das große Vergnügen, mit Jonathan Merkh von *Howard Books* zusammenzuarbeiten. Jonathan, du bist ein großartiger Verleger und hast zusammen mit Judith Curr, Verlegerin von *Atria Books,* und Carolyn Reidy, Geschäftsführerin von *Simon & Schuster,* meine Bücher gefördert und mir das kompetenteste und enga-

346

gierteste Team zur Seite gestellt. Ich danke euch allen aus tiefstem Herzen!

Ein ganz besonderer Dank gilt auch meiner Lektorin Beth Adams von *Howard Books*. Du hast von Anfang an an *Immer montags beste Freunde* geglaubt und mich kundig unterstützt. Danke für deine brillanten und klugen Vorschläge. Du bist wirklich bemerkenswert, und ich kann mich glücklich schätzen, mit dir zusammenzuarbeiten.

Ein ganz besonderer Dank gilt auch dem gesamten Team von *Howard Books* und *Simon & Schuster*, insbesondere Rob Birkhead, Jessica Chin, Bruce Gore, Lisa Keim, Michelle Leo, Brandi Lewis, Ami McConnell, Katie Sandell und Jennifer Smith. Ich danke, Valerie Garfield und allen bei *Simon & Schuster* für ihr unglaubliches Engagement und ihre Unterstützung bei der Weihnachtsgeschichte zu *Immer montags beste Freunde*.

Den Begriff der »unsichtbaren Bänder« habe ich aus einem chinesischen Sprichwort: *Ein unsichtbares Band verbindet [...] diejenigen, deren Begegnung vorherbestimmt ist.* Ich fühle mich gesegnet, weil mein Leben durch so viele unsichtbare Bänder bereichert wird.

Danken möchte ich auch Sheri Wohl-Lapidus für ihre Freundschaft und dafür, dass sie mir eine meiner liebsten Freundinnen vorgestellt hat: Linda Michalisin, meine Marketingexpertin. Dank dir, Linda, für deine unermüdlichen Bemühungen, für deine Liebe, deine Klugheit, dein leidenschaftliches Engagement. Du bist meine Komplizin, und ich kann dir gar nicht beschreiben, wie sehr ich deine brillante Arbeit und deine stetige Ermutigung und Förderung zu schätzen weiß. Du verschönst mir mein Leben.

Ich danke auch Lindas Mann Bill und ihren Kindern Liam und Ella, weil sie ihre Vormittage, Tage und Abende mit mir verbringen.

Im Laufe der letzten fünf Jahre durfte ich mit den wunderbaren Teams von *Simon & Schuster Speakers Bureau* und *Greater Talent Network* zusammenarbeiten. Ich hätte nie mit einer solchen Entwicklung gerechnet und kann mich nicht einmal ansatzweise ausreichend für die unermüdliche Unterstützung bedanken.

Ich werde Hadley Walker ewig dankbar sein. Hadley, danke, dass du von Anfang an an mich geglaubt hast. Ich danke auch Jennifer Peykar, Edna Schenkel und Jillian Conroy und den Teams, die mich stets anfeuern und aufmuntern.

2008 trat Laura Lynne Jackson in mein Leben und veränderte es von Grund auf. Lauras Geschenke ans Universum sind umwerfend, und ich wurde Zeuge, wie sie das Leben anderer bereichert. Laura hat mir geholfen zu erkennen, dass geliebte Menschen uns niemals verlassen und uns ständig durch Zeichen zeigen, dass sie bei uns sind – man muss nur offenen Herzens und offenen Geistes sein. Laura, du hast mir gezeigt, wie meine Mom, meine Marie, Maria und Mary, immer bei mir ist. Danke, meine geliebte Freundin.

Ich bin gesegnet durch viele wunderbare Freunde, die Höhen und Tiefen mit mir durchgestanden haben und für mich wie eine Familie sind. Ihre Güte ist überwältigend. Ich hoffe, ich kann mich für ihre Liebe und Freundschaft auch nur ansatzweise erkenntlich zeigen. Tief empfundenen Dank an Christina Albee, Gregg Goldsholl und ihre reizenden Töchter Clare und Grace, an Debbie und Russell Brown, an Paul und Pam Caine, an Donna und Lou Cona, an Lori, Michael, Sydney und Darien

Cohn, an Silvana Constantinides und Lila und Juliette Smith, Yvette Manessis Corporon, Hope Falkenberg-Coughlin, June Deane, Mary Gallagher-Vassilakos, Davin Geithner, Susan Goldfarb, Barbara Groner-Robinton, Cherie und Joseph Guccione, Lori Ressa-Kyle, Peggy Mansfield, Nora und Ed McAniff, Martha Nelson, Darcy Parriott-Phillips, Brette Popper und Paul Spraos, Lauren Price, Andrea Rogan, Phoebe Rothkopf, Valerie Salembier, Kim Schechter, Janet Schechter, Cindy Schreibman, Sara Subert, Lori Levine-Silver, Sue und John Spahlinger, Stacie Sullivan, Lynn Ruane-Tuttle, Sandi Shurgin-Werfel, Kevin White und Raul Barreneche.

Jedes kleine Mädchen träumt davon, einmal die berühmte blaue Schmuckschatulle mit der weißen Schleife präsentiert zu bekommen. Ich jedenfalls war so ein Mädchen. Im Laufe der letzten sechs Jahre durfte ich bei *Tiffany & Co.* arbeiten und möchte jetzt meinen Freunden für ihre unglaubliche Unterstützung und ihre Nachsicht gegenüber meinem vollen Stundenplan danken.

Meine Website ermöglichte mir, mit meinen Lesern auf einzigartige Weise in Kontakt zu treten, und dafür möchte ich Kristina und J. Wadsworth danken.

Dank auch an meine brillante und talentierte Fotografin Jennifer Tonetti Spellman, an meine Hairstylistin Liell Hilligoss von *Pierre Michel* und an Kristen Colasrdo bei *Bù-tique*.

Danken möchte ich den vielen Menschen, die mich eingeladen haben, bei ihren Events und in ihren Schulen zu sprechen, und allen Menschen, die mir zugehört haben. Ich werde ewig dankbar sein für die Resonanz auf meine Bücher.

Schließlich danke ich allen, die meine Bücher gelesen und meine Entwicklung verfolgt haben: Sie sind der Grund, warum ich meine Geschichte erzähle. Im Verlauf der letzten sechs Jahre habe ich erfahren, wie viel Güte es auf der Welt gibt, wie viele Menschen, die sich täglich in Nächstenliebe üben, ohne etwas dafür zu erwarten. Ich hoffe, die wahren Geschichten in diesem Buch inspirieren Leser im ganzen Land und auf der ganzen Welt, sich uns anzuschließen und Engel auf Erden zu werden.

Laura Schroff

Vor allem möchte ich wieder einmal Laura Schroff danken, weil sie mich auf ihre wunderbare Reise mitgenommen hat. Laura, ich habe so viel von Dir über Güte, Freundlichkeit und Solidarität gelernt. Doch der größte Segen für mich war Deine Freundschaft. Es war eine wunderwunderschöne Reise.

Dank auch an meinen Kumpel Maurice Mazyck, der genauso für die *Knicks* schwärmt wie ich. Du hast ein so gutes Herz!

Des Weiteren danke ich der Marketingexpertin Linda Michalisin, weil sie sich rund um die Uhr für uns ins Zeug legt. Ich danke meinen großartigen Literaturagentinnen Nena Madonia Oshman und Jan Miller, weil sie dieses Buch ermöglicht haben, und Jonathan Merkh, Beth Adams, Bruce Gore, Jennifer Smith, Lisa Keim und dem Rest des Teams von *Howard Books,* weil sie so sehr an unsichtbare Bänder glaubten. Einen großen Dank auch an Carolyn Reidy und Valerie Garfield, die uns bei *Simon & Schuster* ein Zuhause geboten haben. Will Becker darf ich auch nicht vergessen, weil er ein echter Kumpel ist, und Mark Apovian, meinen ältesten und witzigsten Freund.

Ohne meine Familie wäre ich nichts. Es ist eine unglaubliche Gruppe von Menschen, die ich sehr liebe: meine große

Schwester Tamara und ihren tanzenden Freund Howie, meine kluge und warmherzige Schwester Fran und ihren Mann Rich sowie ihre großartigen, mittlerweile erwachsenen Kinder Emily und Zach, meinen Bruder Nick, der cooler ist als ich, seine Frau Susan und ihren fußballverliebten Sohn Humboldt. Außerdem Earlene, Grace, Willie, Jessie, Paul, Markie, Janice, Sammy, Dino, Holly, Andreas, Cindy, Jordan, Chelsea und vor allem meine wunderschöne Nichte Celeste und meinen dinoverliebten Neffen Charlie. Und selbstverständlich die kleine Gang, die in meinem Herzen lebt und meine Bananen isst: Manley, Guy, Lady, BiBi, JoJo, Nino, She She, Baby Girl und Bitsy. Ihr schenkt mir so viel Liebe.

Schließlich danke ich Lorraine Kay Stundis. Rainey, du bist der Stern, der mir die richtige Richtung weist.

Alex Tresniowski

Eine Frau, die alles hat. Ein Junge, dem alles fehlt. Eine untrennbare Freundschaft.

Laura Schroff, *Immer montags beste Freunde*
ISBN 978-3-453-29175-1 · Auch als E-Book

Laura ist eine erfolgreiche Verkaufsleiterin, die an einem normalen Montag durch die Straßen von New York hetzt. Sie hat keine Zeit, achtet kaum auf ihre Mitmenschen – auch nicht auf den kleinen Jungen, der sie um Kleingeld anbettelt. Sie ist schon an der nächsten Straßenecke, als sie plötzlich stehen bleibt – und umkehrt. Sie kauft dem hungrigen Maurice etwas zu essen und erfährt von seinem Leben. Von dem Tag an treffen sich Maurice und Laura jede Woche über Jahre hinweg, immer montags. Dies ist die Geschichte ihrer einzigartigen Freundschaft – die bis heute anhält.

Leseprobe unter diana–verlag.de · Besuchen Sie uns auch auf herzenszeilen.de